미메시스

미메시스

M I M E S I S

사회적 행동―
의례와 놀이―
미적 생산

C U L T U R E / S O C I E T Y / A R T

군터 게바우어·크리스토프 불프 지음 | 최성만 옮김

글항아리

고대 드라마 이론을 다루는 사람이 피할 수 없이 맞닥뜨리는 개념은
바로 미메시스다. 드라마는 아리스토텔레스의 『시학』에 "신화의 미메
시스"라고 쓰여 있다. 연극에서의 행동들은 실제 행동이나 서사된("신
화적인") 행동을 모방하는 예술적 동작이다. 따라서 미메시스는 두
가지 상이한 부류의 행동이 맺는 관계를 일컫는 표현이다. 그러나 그
두 행동은 실제 행동이다. 둘 사이에 차이가 있다면, 하나는 연기된
것인 반면 다른 하나는 원래 행동이라는 점이다. 미메시스는 어떤 현
실, 예술가가 자신이 고안한 행동으로 다시 한번 만들어내는 그 현실
과 관련된 놀이(연기, 연극)를 특징짓는다.

　미메시스가 드라마와만 관련되는 것은 아니다. 우리는 이 관계를
예술적이지 않은 행동에서도 발견할 수 있다. 춤, 제스처, 의례, 말하
기, 아이들과 스포츠 선수들의 놀이에서처럼 행동 모델들이 다른 적
절한 행동으로 재현되는 곳 어디에서나 미메시스적 관계가 존재한다.
연기된 행동은 마치 그것이 원래 현실의 자리에 들어선 것처럼 관찰

자들에게 나타난다. 미메시스적 세계는 '마치 …처럼'의 세계다. 그것은 모델이 되는 이전의 일차 세계, 그것이 관계하는 그 세계와 닮았다. 그러나 이는 전혀 다른 세계다. 이처럼 주어진 현실과 닮은, 스스로 생성된 세계를 만들어내는 일이 인간에게 더 깊은 의미를 띠는 것은 분명하다. 2500년의 시간을 넘어 문화사에서 미메시스가 거듭 현재화되어온 점이 이를 보여준다.

1992년 크리스토프 불프와 내가 미메시스에 관한 첫 번째 책을 출간했을 때 우리는 다소 잊혔던 미메시스라는 개념을 복권시킨다는 점을 확신했다. (이 점은 당시 볼프 레페니스가 『프랑크푸르터 알게마이네』 신문에 쓴 서평에서도 드러났다.) 우리는 그 책이 얼마나 큰 반향을 불러일으킬지 예상하지 못했다. 우리의 미메시스 구상은 시뮬라시옹, 시뮬라크르, 공연, 모방이라는 명칭으로 포스트모던 철학, 수행성 이론, 아비투스 개념을 비롯해 뇌과학 연구의 최신 모델 등 다양한 맥락에서 수용되었다. 우리는 수많은 문예학자를 고취시켰던 에리히 아우어바흐의 고전적 저작인 『미메시스』에서 연구를 시작했다.[1] 이 책은 오늘날까지 중요한 저작으로 남아 있기는 해도, 하나는 구약성서로 거슬러 올라가고 다른 하나는 호메로스의 텍스트에서 출발하는 **문학적** 재현의 전통을 재구성하는 작업으로 한정되어 있다. 아우어바흐는 다른 논문들에서 문학의 사회사를 다루기는 했지만 미메시스에 대한 자신의 해석을 사회적 발전과 실천들을 향해 열어놓지는 않았다. 그는 "사회적 미메시스"에 대해서는 천착하지 않았다. 그 이유는 명약관화하다. 그가 그러한 작업에 착수하려면 문학사

---

1 에리히 아우어바흐, 『미메시스: 서구문학에 나타난 현실묘사』, 김우창·유종호 옮김, 민음사, 2012(개정판).—옮긴이

적 연구를 버리고 사회학적 시각을 취했어야 했기 때문이다. 문학의
모델로서 점차 영향력을 잃게 된 미메시스는 18세기 말부터 시민 계
층의 사회적 태도의 원리로 자리잡기 시작한다. 모방은 스스로 흥기
하면서 부와 사랑을 추구한 시민 계층의 동력이 된다.

미메시스 개념이 부상하게 된 과정을 예시하기 위해 나는 이 개념
이 고대에 발생하게 된 경위와 오늘날 뇌과학에서—잠정적으로—도
달한 귀착점을 잠시 요약해보고자 한다.

유럽의 문화사에서 미메시스는 오랫동안 미학의 구상으로 여겨졌
다. 미메시스는 창조적 활동과 이 활동이 관계하는 대상 사이의 관
계를 표현하는 개념이었다. 이 관계는 양측을 관통한다. 회화에서 그
것은 그림을 그리는 방식과 예술가가 재현하는 대상 둘 다를 특징짓
는다. 미메시스적 활동은 예술가의 행위에 기입되어 있는가 하면, 재
현 과정에서 발견된다. 그리하여 어떤 화가가 그린 한 조각의 바다는
일정한 방식으로 대양을 내포한다. 그 바다는 대양을 예시하는 것이
다.[2] 거꾸로 대양은 대양의 이미지가 보여주는 어떤 것, 즉 그 이미지
에 재현되어 있는 일정한 특성들을 어딘가 모르게 내포하고 있다. 미
메시스를 "Imitation"으로 번역하는 것은 오해의 소지가 매우 많다.
미메시스는 모방된 것이 예술가의 행위에 이미 나타나 있음을 암시
한다. 그러나 이것은 맞지 않다. 오히려 예술가가 모범Vorbild(대상) 속
에서 이 모범이 그때까지 인식할 수 없던 방식으로 이미 지니고 있던
일정한 특성들을 발견하는 것이다. 미메시스는 모범에서 독특한 특
징들을 발견하는 예술가의 행위로서, 예술가는 이 특징들을 **자신의**

---

2   나는 예시Exemplifikation 개념을 넬슨 굿맨이 말한 의미에서 사용한다. Nelson Goodman,
Ways of Worldmaking, Indianapolis, 1978.

작품에서 표현하는 것이다. 미메시스가 모방된 것을 비로소 현상으로 나타낸다는 점에서 우리는 미메시스가 진실이다 혹은 허위다라고 말할 수 없다. 미메시스는 진실과 허위 사이의 인식론적 구별보다 더 오래된 것으로 추측된다. 미메시스는 세계 속에 이미 현전하는 것을 단순히 따라 하는 것이 아니며, 그런 까닭에 모방하는 작품에서 무엇이 진실이고 허위인지를 비교할 수 있는 것이 아니다. 미메시스는 행위의 요소들을 지니고 있기 때문에 그 자체가 상당 부분 실천에 속한다는 점을 보여준다. 미메시스는 이론theoria이나 이론적 직관 개념이 아니다. 그것은 이론과 실천의 구분 이전에 존재한다.

나는 우선 이 개념의 역사에서, 다음에는 일상의 미학에서 이것을 보여주고자 한다.

⑴ 미모스mimos(발표, 공연)는 기원전 5세기경에 미메시스 개념이 탄생하게 된 고대 그리스의 표현들 가운데 하나다. 미모스는 배우의 행동 분야에서 유래한다. 배우der Mime는 인간 삶의 독특한 특징들을 보여준다. 그는 음악 반주 속에서 리드미컬한 춤 형식들을 만들어낸다. 그는 이러한 예술적 수단을 통해 자신의 연기에서 특정한 인간의 성격과의 유사성을 산출해낸다. 예를 들어 그는 비겁한 사람과 소심한 사람, 허풍쟁이와 주정뱅이를 보여준다. 그의 연기는 일정한 특징들을 강조하고 그것들을 해석하면서 겁쟁이, 소심한 이, 허풍쟁이, 주정뱅이를 특징짓는 것을 인지할 수 있게 한다. 이 인물들의 특징이 그의 연출을 통해 비로소 만들어지는 것이다. 미모스는 특정한 성격(인물)을 이 인물들에게 비로소 실존을 부여하는 모종의 방식으로 생생하게 보여준다. 그는 자신이 연기하는 인물의 내면과 태도, 성격을 보여줄 의도에서 그 인물의 외모를 포착한다. 이런 식으로 그는

그 인물들이 관중에게 이해될 수 있게끔 한다.

(2) 일상의 미학에서 내가 보여주고자 하는 예는 사람들이 손가락으로 어떤 대상, 예컨대 찻잔의 윤곽을 그려 보여주는 행동이다. 여기서 생겨나는 이차원적 형식으로부터 애초에 그 찻잔이 제작된 모습이 재현된다. 가리키는 동작을 통해 찻잔의 제작 과정이 가시화된다. 찻잔을 처음 제작한 과정die poiesis이 다시 한번 재현된다. 미메시스적으로 가리키는 동작 속에서 제작하는 동작이 다시 생생하게 드러난다. 이렇게 함으로써 애초의 제작 계획과 의도가 이해될 수 있다. 미메시스는 우리에게 내적 과정들을 외적인 매체, 신체적 행동을 통해 보여줄 수 있다. 그렇기 때문에 미메시스는 특히 감정, 열정, 의도를 연기하고 재현하는 데 적합하다. 미메시스는 연기적 성격을 강하게 띤다. 우리는 그것을 "수행적performativ"이라고 지칭할 수 있다. 미메시스는 세계 속에서 무언가를 야기(대상을 산출)하는 과정과 세계를 변화시키지 **않는** 과정 사이의 관계를 나타낸다. 두 번째 유의 심미적 실천은 첫 번째 유의 실천에 특징적인 것, 보여줄 만한 가치가 있는 것을 찾아내고 재현하고자 한다. 이 특징적이고 보여줄 만한 가치가 있는 것을 찾아내 그것에 원래의 매체와는 다른 매체를 통해 어떤 형식을 부여하는 것이 예술가의 과제다. 이것을 심미적 지각에서 인식하는 것은 관찰자의 몫이다.

우리는 고대 그리스 철학에서 미메시스가 지닌 위상을 파악하려면 퓌지스physis, 즉 자연 개념에서 시작해야 한다. 고대에 퓌지스는 힘, 생명력, 생산을 뜻했다. 현대적 자연 개념과는 달리 퓌지스는 영혼을 뜻하는 프쉬케psyche와 함께 사유된다. 자연은 언제나 혼이 서린 자연이다. 플라톤에게서 세계의 영혼은 퓌지스에 선행한다. 퓌지스의 탄생은 예술작품을 수공업적으로 제작하는 일을 모델로 구상된다. 퓌지스의 창조자는 신적인 "제작자"인 데미우르고스다. 작품에서 그는 제작, 예술, 자연을 통합한다. 신적인 제작자의 미메시스적 활동에서 이승은 영원한 세계와 유사하게 만들어진다. 세계의 창조는 이상적인 모범의 모방이다.

플라톤은 인간의 예술을 신적인 예술과의 유비로 파악한다. 예술의 대상과 구조는 영원한 세계의 미메마타mimemata, 즉 모방의 산물인데, 다만 그것이 인간의 미메시스적 활동의 산물이기 때문에 질이 떨어질 뿐이다. 그러나 그것들도 약화된 형태로나마 여전히 자연의 힘을 내포하고 있으며, 이 힘이 그들 작품의 감성에서 표현된다. 이 점에서 미메시스는 폴리스의 질서에 문제성을 띨 수 있다. 즉 미메시스의 감각적 힘이 꺾이거나 "좋은 미메시스"의 사례들만 허용되어야 한다. "좋은 미메시스"란 소크라테스의 대화를 본떠 만들어진 것이다. 까다로운 경우가 아름다움이다. 물론 수학이나 음악의 하모니에서처럼 추상적인 구성물의 아름다움이 있다. 그러나 육체의 아름다움은 그것에 경탄하는 자들에게 어쩔 수 없이 관능적인 욕구를 불러일으킨다. 그렇기 때문에 플라톤에게는 아름다운 육체에 대한 사랑을 아름다움의 이념에 대한 사랑으로 변환하는 일이 절대적으로 요구된다. 플라톤이 『향연』에서 보여주듯이 인간은 아름다움에 대한 미메시스에서 아름다움의 이념에 대한 참여로 상승할 수 있다.

아리스토텔레스는 미메시스를 사물, 행동, 예술작품을 만들어낼 줄 아는 인간의 능력, 창조적인 능력으로 구상한다. 생산활동poiein, poiesis에서 자기 자신의 세계를 만들어내는 미메시스의 능력이 표현된다. 모든 미메시스적 생산활동에는 포이에시스의 활동이 숨겨져 있다. 그렇기 때문에 미메시스와 포이에시스는 불가분한 개념쌍을 이룬다. 미메시스적 세계는 상징적으로 생성된다. 그런 점에서 미메시스적 세계는 이미 존재하는 세계를 피상적으로 반복하거나 모방하는 일이 아니다. 미메시스적 세계는 완전히 독자적인 과정의 특성들을 지닐 수 있다. 무엇이 그 특수한 특징들일까? 가장 중요한 것들은 다음과 같이 규정할 수 있다.

- 상징적 세계는 목적합리적 세계와는 다른 고유한 구성 법칙들을 지닌다.
- 그 세계는 사람들이 특정한 의도를 가지고 만들어내기 때문에 고유한 의미를 지닌다.
- 미메시스는 첫 번째 세계의 특징들을 강조한다. 미메시스는 그 세계를 강조하거나 변경하거나 낯설게 만들기도 한다.
- 미메시스는 심미적 법칙에 따라 형상화된 세계를 새로이 형성한다.
- 미메시스는 놀이적 성격을 지닌다. 세계는 놀이를 통해 새롭게 만들어지거나 재연된다.
- 기존 세계에 대해 미메시스는 (예컨대 지배자들의 이미지를 가지고) 그 세계를 재현하는 과제를 떠맡을 수 있다.
- 미메시스는 (그리스 비극에서처럼) 적대관계에서 생겨나 폭력적인 갈등을 낳을 수 있다.
- 미메시스는 지칭된 사물을 대신하는 언어 기호들에서처럼 대리 기능을 수행할 수 있다.

미메시스로 창조된 것들은 세계의 잠재성potentia, 가능성을 보여준다. 예술적 구성물과 언어적 구성물은 아직 한 번도 실현된 적이 없는 어떤 것을 재현할 수 있다. 예술가는 그것을 원초적으로 산출하는 것이 아니라 자연을 따라 만들어낸다. 이것이 18세기에 이르기까지 유럽 예술의 기본 원리로 남은 자연의 모방이라는 원리다. 사람들이 자신의 힘으로 새로운 세계를 산출하는 독창적 천재를 숭배하게 되자 미메시스는 서구의 예술관을 각인시켰던 힘을 상실하게 된다.

이제 이 맥락을 뛰어넘어 우리 시대의 자연과학적 사유를 들여다보자. 오늘날 '**마치 …처럼**'의 미메시스적 구조는 뇌과학에 의해 발견되고 있다. 발견의 맥락은 새롭지만, 기조가 되는 생각들은 (저자들이 의식하지 못한 채) 미메시스의 구상을 이어받고 있다. 신경학자 안토니오 다마시오는 인간의 신체 조직 내부에서 신체의 시뮬레이션을 만들어내는 "**마치 …처럼의 고리**"에 관해 이야기한다.[3] 미메시스 관념에 더 가까이 다가간 것은 프랑스의 지각생리학자 알랭 베르토즈다.[4] 그는 우리가 뇌에서 만들어내는 이른바 "내부 모델", 더블Double(복제)을 구상했다. 이 더블은 일종의 도플갱어로서, 이것의 도움으로 우리는 우리의 신체 전체를 뉴런neuron으로 따라 만든다. 이 더블에서 우리는 우리 신체의 과정들을 시뮬레이션할 수 있는데, 그 과정들은 실제로 일어나기도 하고 단지 잠재적으로만 생성되기도 한다. 우리는 이와 같은 신체의 내부 복제 과정을 통해 세계를 향해 실제적인 또는 잠재적인 태도를 취한다. 더블은 자연적 신체처럼 운동적·감정적으로 반응하고, 가치 판단을 하면서 반응한다.

---

3 Antonio Damasio, *Self Comes to Mind: Constructing the Conscious Brain*, Vintage, 2010, 특히 제4장을 참조할 것.

4 Alain Berthoz, *La décision*, Odile Jacob, 2003, 특히 제6장을 참조할 것.

꿈에서 더블은 잠재적으로 투입되고 감정적 반응을 불러일으킨다. 이 사례는 더블이 실제 신체와 무관하게 작동하고 자기 행동의 시뮬레이션들을 생산할 수 있음을 보여준다. 일례로 베르토즈는 자연적 신체의 모든 역동적 특성을 지닌 유령신체corps phantôme를 든다. 또 다른 예는 자기상 인식heautoscopy으로서 자아의 이중화 현상, 즉 자기 자신이 자기 앞에 있거나 자기 아래에 있는 것으로 지각되는 현상이다. 나아가 체감Koenästhesie, coenesthesie 또한 예로 들 수 있는데, 감정이 신체의 경계를 넘어 대상으로 확장되는 경우다. 이때 신체 도식이 외부로 투사되며, 행동하는 자아와 자기 사이에 분열이 생겨난다.

신체더블의 현상에 관해 베르토즈는 다음과 같이 설명한다. 인간은 진화하면서 세계에 개입할 필요 없이 중요한 인지적·감정적·운동적 기능들을 시뮬레이션하는 것을 가능케 하는 메커니즘을 만들어냈다. 이렇게 발전한 결과 우리는 두 개의 신체를 보유하게 됐는데, 하나는 피와 살로 이뤄진 실제의 신체이고, 다른 하나는 실제 신체를 시뮬레이션하거나 모방하는 유령의 신체다. 두 신체는 주체가 깨어 있는 상태에서 끊임없이 상호 작용을 한다. 이 메커니즘이 우리가 입장을 바꿔보고 세계를 다양한 시각으로 바라보며 우리 자신을 다른 시점에서 관찰할 수 있는 능력의 바탕이 된다.[5] 이런 식으로 나는 내 대화 상대의 의도를 예상할 수 있고 그의 내면에서 일어나는 (사유, 기대, 원망, 의도, 견해, 느낌과 같은) 과정을 잠재적으로 모방하고 이

---

5 이와 매우 유사한 가설을 이른바 거울뉴런의 이론이 제시해주기도 했다. Marco Lacoboni, *Mirroring People: The Science of Empathy and How We Connect with Others*, Farrar, Straus and Giroux, 2009 참조. (국역: 마르코 야코보니, 『미러링 피플: 세상 모든 관계를 지배하는 뇌의 비밀』, 김미선 옮김, 갤리온, 2009.)

해할 수 있다. 이것이 가능한 것은 '내면의' 과정들이 타인처럼 폐쇄된 내부 공간에서 일어나지 않기 때문이다. 말하자면 우리는 우리 자신으로부터 나와서 우리 자신으로 되돌아간다고 할 수 있다.

미메시스 능력은 잠재적인 도플갱어의 도움으로 공동의 공간을 만들어내는데, 이 공간에서 우리는 상대의 의도를 파악할 수 있다. 마이클 토마셀로의 이론에 따르면 이 공동의 공간은 언어가 탄생하기 위한 필수적인 조건이다.[6] 인간과 가장 가까운 영장류와 같은 동물과 비교하면서 토마셀로는 동물에게는 함께 공유하는 의도를 만들어낼 능력이 결여되어 있음을 밝혀냈다. 동물은 타자와의 미메시스적 관계를 형성할 생물학적 가능성을 지니고 있지 않다. 아리스토텔레스는 이미 미메시스가 세계와 타인들에게 접근하는 통로를 여는 인간 특유의 방식임을 추측했다. 그의 가정은 오늘날 실험적으로 확인되고 있을 뿐만 아니라 상징적인 행동, 이해, 느낌의 전 스펙트럼으로 확대되고 있다.

군터 게바우어

---

6 Michael Tomasello, *Origins of Human Communication*, Cambridge(Mass.), 2008, 특히 제3장을 참조할 것.

제3장 사회세계에서의 미메시스

서 문

인간 존재는 언제나 세계 속에 있다. 우리는 태어나면서 세계로 나오고 처음부터 세계 속에서 살아간다. 그와 동시에 세계로 향하는 길들을 열어야 하는 과제가 사람들에게 주어져 있다. 그 세계는 형상화되어 있고, 정돈되어 있으며, 의미 있는 세계로서, 사람들은 이미 그 세계의 일부다. 사람들은 자신의 행동을 통해 그 세계 속으로 들어간다. 그들은 세계의 동행자가 된다. 그들은 세계의 맥락 속에 편입되고, 세계의 의미들을 이해하며 의도를 갖고 타인들에게 자신을 맞추기 시작한다.

　여느 생물들과 달리 인간은 세계 속에 있는 것만으로 충분치 않다. 사람들은 그 세계의 한 부분이 되어야 하고 그 속에서 한 역할을 해야 한다. 그들의 자연적 소질과 생물학적 프로그램들은 이러한 과제를 해내기 위한 필수 조건 이상의 아무것도 아니다. 하지만 사람들이 세계를 마주하여 취하는 태도는 처음부터 일정한 구조를 갖는데, 곧 세계를 향한 길들을 스스로 개척할 수 있도록 만드는 구조가 그것이다. 사람들이 세계를 마주하여 세계와 자기 자신을 여는 방식을 우리는 옛 전통에 따라 미메시스적mimetisch이라고 부를 수 있다.

"미메시스"라는 말은 사람들이 살아가는 세계를 향해 취하는 태도를 특징짓는다. 사람들은 세계를 받아들이지만, 그 세계가 자기 위에 군림하도록 수동적으로 내버려두지 않는다. 오히려 사람들은 세계에 건설적인 행동을 하며 응답한다. 그들이 세계로부터 수용한 것은 그들에 의해 고유한 행동 속에서 형식을 갖추게 된다. 미메시스가 시작되는 단계에서 세계는 물론 이미 주어져 있지만, 그 세계는 아직 특정한 형태를 띠고 있지 않으며 확정할 수 있는 어떠한 특성도, 또 이름 붙일 수 있는 특징도 가지고 있지 않다. 그 세계는 해석되지 않은 소재와 같은 것으로 주어지며, 이것이 행동하는 주체에게 영향을 미친다. 그 영향이 어떤 것인지, 어떻게 경험에 등장하는지, 어떤 형태를 띠고 구성되도록 하는지는 주체의 행동 속에서 결정된다.

사람들은 흔히 미메시스의 구상을 적용하게 되면, 주체가 자신과 무관하게 존재하는, 이미 꼴을 갖춘 어떤 세계 속에 살고 있다고 가정한다. 주체는 자신의 행위를 통해 비로소 그 세계에 최종적인 형태를 부여한다. 미메시스적 행위 속에서 주체는 주어진 세계를 자신의 형식 부여 작업을 통해 다시 한번 산출한다. 그것은 주체 **자신의** 세계다. 그러나 그와 동시에 주체는 자신과 함께 이 세계 속에서 살아가는 모든 사람과 그 세계를 공유한다. 미메시스적으로 산출된 세계들은 결코 유아론唯我論적이지 않으며 공동의 자산이다. 이런 측면에서 볼 때 미메시스는 두 가지를 의미한다. 즉 미메시스는 주어진 뭔가를 모방하는 일이면서 **또한** 그것이 주체에게 아직 확정된 형태를 띠고 있지 않은 한 그것을 구성하는 일이기도 하다.

미메시스

모방과 형식 부여는 서로를 배제하는 듯 보인다. 그러나 미메시스적 행동에서 이것은 배제의 관계가 아니다. 어떤 점토 덩어리에서 인간의 형상이 빚어진다면, 이러한 행동은 그러한 형상화 행위를 하도록 계기를 준 어떤 사람과 관련된다. 그러나 살아 있는 사람은 누구라도 형상에 대한, 점토로 된 조형적 형식들을 소유하고 있지 않다. 점토로 구워진 어떤 무언無言의, 움직이지 않는 인간의 이미지가 있어야만 비로소 조형자의 산출 작업은 한 형상의 모방으로 여겨진다. 미메시스적 행위가 모델을 그것의 모사Abbild와 똑같이 산출해낸다. 재현된 사람이 모범Vorbild으로, 그리고 점토로 된 형상이 모방Nachahmung으로 여겨진다는 사실은 그 둘 사이에 미메시스적 관계가 만들어짐으로써 생겨난다. 모델이 모범이 되는 것은 형식을 부여하는 모사가 있기 때문이다. 점토라는 재료로 하나의 형식이, 즉 재현된 사람을 넘어서는 형식이 만들어지는데, 이는 그 형식이 그 사람에게 어떤 확정된 형식을 부여하기 때문이다. 이 형식은 모범 없이도 존속한다. 어느 누구도 모델을 아는 사람이 없다고 할지라도 그 점토로 된 인물은 한 사람을 나타낸다. 그 점토상은 그것과 관계를 맺는 사람들의 형상 레퍼토리에 그 사람의 형상을 더해줌으로써 레퍼토리를 풍부하게 만든다. 즉 그 점토상은 관찰자에게 영향을 미친다. 하지만 인과적으로가 아니라 상징적으로 미친다. 미메시스적 행동을 통해, 단지 물질적으로만이 아니라 상징적으로도 존재하는 세계로 진입하는 길이 열린다.

미메시스적 행동을 가장 간단한 공식으로 표현한다면, 우리는 그것이 세계를 다시 한번 만들어낸다고 말할 수 있다. 여기서 만든다는 것은 상징적·물질적·실제적·신체적 측면을 지닌다. 그것은 주어진 세계를 인간적 전유의 의미에서 인간화하는 일이다. 미메시스적 과정들은 문화, 사회, 예술에서 일반적으로 가정하는 것보다 훨씬 더 큰 역할을 한다. 그것들 사이에 격차가 있음에도 불구하고 이미 플라톤과 아리스토텔레스는 예술·음악·문학이 생겨나고 발전하는 데뿐만 아니라 인간을 교육하고 형성하는 데, 또한 사회적 생활세계의 역동성에, 그리고 사회를 유지하고 변형하는 데 **미메시스가 지니는 인간학적 의미**를 거듭 강조했다. 미메시스 과정은 모방과 재현, 이미지와 허구, 타인에의 동화와 타인의 재현을 산출해낸다.

미메시스적 과정은 주어진 세계를 **반복하며 만들어내는 일**로 파악된다. 그런 행위 속에서 사람들은 세계를 다시 한번 **그들의** 세계로 만든다. 하지만 이론적 사유의 도움을 받아 만드는 것이 아니라 감각의 도움을 받아, 즉 감각적으로aisthetisch 만들어낸다. 행동하는 사람들은 그들이 다시 한번 만들어내는 세계에 열려 있고, 그들의 감각과 그들의 실천을 가지고 열려 있다. 이런 식으로 그들은 세계의 물질성과 타인들의 현전을 경험한다. 미메시스적 행동 속에서 그들은 **사이**Dazwischen를 산출해내고, 안과 밖 사이에 길을 뚫으며, 개인들 사이에, 사물들 사이에, 그리고 그것들의 내적 이미지 사이에 길을 만든다. 이렇게 해서 행동하는 주체들이 세계 그리고 다른 사람들에 동화되는 결과를 낳는 결합들이 생겨난다. 사회세계를 데카르트적 전통에서처럼 자아로 환원하는 것이 아니라 그와는 정반대로 주어진 관계의 틀들을 사회세계에 유사해지기와 동화되기를 통해 확장하는 것이 미메시스적 행동의 특징이다.

바로 이러한 특질이 현대에 미메시스 구상이 악평을 듣게 된 원인이 되기도 했는데, 곧 자동화된 반복 또는 어떤 모델에 동화된다는 것이다. 그러나 이러한 평가는 유사성이 차이를 의미하기도 한다는 점을 간과한다. 그리하여 타자와 똑같이 되려는 욕구는 사람들이 타자와 유사해지면서 동시에 그 타자와 자신을 변별하는 결과를 가져온다. 어떠한 서명도—설사 동일한 사람이 서명하는 경우에도—이전 서명의 정확한 복제가 아니면서 그것들이 유사하다는 이유로 한 사람에 속하는 것으로 인정받듯이, 미메시스 과정들은 유사한 것들로 귀결될 뿐 미메시스 관계의 근저에 놓인 모범들의 정밀한 복제로 귀결되지는 않는다. 미메시스적 행동의 결과들은 유사성을 지적하는 것만으로 충분한 설명이 되지 않는 경우가 많다. 유사성의 존재보다 더 중요한 것은 어떤 관계가 생성된다는 점이다. 이를테면 한 예술가가 다른 예술가들의 작품과 맺는 관계(가령 피카소가 만들어낸 벨라스케스의 「라스 메니나스Las Meninas」의 변주들), 한 사람이 다른 사람들과 맺는 관계, 의례적으로rituell 행동하는 개인들이 다른 의례적 행동이나 연출과 맺는 관계가 그것이다. 이처럼 어떤 **다른 세계와 관계 맺기**는 새로운 심미적 세계 또는 사회세계들을 산출할 수 있도록 해준다. 유사성이 그런 일을 용이하게 한다. 하지만 그 관계 맺기는 다른 세계와 경계 긋기나 그 세계를 거부하는 일일 수도 있다. 미메시스적 과정을 구성하는 특질은 관계를 만들어내기다. 관계를 완전하게 형성하는 일은 부차적이다. 따라서 미메시스적 과정들은 일부 미메시스 연구를 통해 충분히 고려되지 않은 **창조적 요인들**을 내포한다(Gebauer/Wulf, 1992; 1998).

무엇보다 사회적 행동을 구성하는 역할을 하는 **실제적 지식**을 발전시키는 데 미메시스적 과정이 핵심 역할을 한다. 그리하여 사회 제도 안에서 성공적으로 행동할 줄 아는 능력은 대체로 미메시스적 행동을 통해 습득된다. 이것은 가족이라는 사회세계, 교육 기관에서의 태도 및 노동세계의 조직체들에서의 행동 모두에 똑같이 적용된다. 미메시스적 과정에서는 행동하는 사람들에 의해 이미 습득된 것이 자신의 고유한 것으로 구성되며 습관이 되어 이용 가능해진다. 실제적 지식을 미메시스적으로 발전시키고 그것을 새로운 연관 속에 사용하는 일에서 역사적·문화적 맥락, 공간과 시간의 질, 행동의 리듬과 움직임은 중요한 의미를 갖는다.

미메시스 구상은 많은 문화적·심미적·사회적 현상을 서로 연관시키는 능력이 있다. 이러한 능력의 근거는 바로 그 미메시스 구상이 어떤 깊은 단계, 성장의 역사 중 초기 단계에서 시작한다는 점에 있다. 여기서 감각적 지각, 세계를 산출하는 작업, 형상화 작업, 실제적 해석의 작업, 사회적 행동이 아직 긴밀하게 엮여 있으며 세계의 물질성 및 타인들의 현전과 직접 관계를 맺고 있다. 이렇게 엮인 구조에서 문화와 미학과 사회세계라는 세 가지 커다란 영역이 출현한다. 미메시스 구상의 도움으로 이 발생사들을 말하자면 **생성 단계에서** 포착할 수 있다. 개별 분과학문으로 분열된 학문적 분석은 생성 단계부터 하나로 속해 있는 것을 나누기만 한다. 그러한 분석 작업은 감성과 사회, 사회적 행동과 미학, 몸과 질서, 반복과 갱신, 동일함과 욕구, 유사성과 차이 같은 것들의 내적 결합 상태를 놓치고 만다.

이 책은 문화, 미학, 사회세계에서 일어나는 미메시스 과정에 대해 서로 연관된 일련의 연구들을 담고 있다. 이 연구들은 지난 10여 년간의 작업에서 비롯되었으며 미메시스적 행동의 다층적인 인간학적 의미를 밝혀내고 있다.

제1장 **문화에서의 미메시스**에서는 미메시스 개념이 고대 그리스에서 유래한 경위, 그 개념이 플라톤에서 데리다에 이르기까지 인간학적으로 정초된 과정과 그것의 중심적 의미 층위들에 대한 서술을 다룬다. 그리고 나서 미메시스적 과정이 인간의 역사와 문화와 사회가 생성·유지·변화하는 데 지니는 인간학적 의미를 추적한다. 시간의 미메시스의 예를 통해 시간의 일상적 사용과 문학적 사용이 과학적인 시간 구상들과 어떻게 결부될 수 있는지 밝히고자 한다.

제2장 **미학에서의 미메시스**에서는 미메시스적 과정이 예술과 문학에 대해 갖는 의미를 중점적으로 다룬다. 우선 지각이 형성되는 데, 그리고 감각들의 역사적·문화적인 성격을 이해하는 데 미메시스적 과정이 갖는 의미가 탐구될 것이다. 그러고 나서 관객과 독자들이 이미지적이고 심미적인 현상들을 미메시스적 유사해지기의 도움으로 내적 이미지 세계로 수용하는 점을 보여줄 것이다. 또한 미와 미적 가상의 경험 및 미학·예술·음악과 같은 고유한 분야들이 구성되어온 과정이 미메시스적 과정의 토대 위에서 파악될 것이다. 프루스트의 『잃어버린 시간을 찾아서』와 보르헤스의 단편 「『돈키호테』의 저자 피에르 메나르」의 예를 통해 미메시스 구상을 문학의 인간학을 설계하는 작업에 투입해보고자 한다.

사회세계에서의 미메시스는 제3장의 주제다. 여기서 미메시스는 사회과학의 개념으로 다듬어진다. 여기서 이루어질 연구에는 미메시스적 과정이 사회적 생활세계가 구성되는 데 지니는 의미가 중심에 놓인다. 미메시스의 과정들이 어린아이들이 세계를 전유하는 데, 그리고 의례Ritual(의식, 예식)를 연출하고 공연Aufführung(상연, 연기)하는 데 어떤 역할을 하는지, 또한 그 과정들이 수행적 과정 속에서 공동체를 형성하는 데 어떻게 기여하는지 탐구될 것이다. 마지막 절에서는 언어놀이에 대한 루트비히 비트겐슈타인의 사상이 인간학적 구상으로 철저하게 해부될 것이다. 여기서 우리가 놀이를 미메시스의 관점에서 언어의 기능 작용에 대한 모델로 파악할 수 있다는 점이 드러날 것이다.

제1장

문화에서의
미메시스

—

1.

플라톤에서 데리다까지
미메시스의 구상

|

"미메시스"의 구상들을 되돌아보면 우리는 이 개념이 빈번하게 사용된 것에 비해 안정된 의미를 띠지 않았음을 발견하게 된다. 그 개념을 모방이라는 의미에 제한하는 항간의 관념들은 이중적 관점에서 부당한 것으로 드러남으로써 배제된다. 우선 미메시스는 "모방하다"가 아니라 "스스로 유사하게 만들다" "재현하다" "표현하다" "앞서 해 보이기vor-ahmen"를 의미한다. 또한 미메시스는 예술·시문학·음악에 국한되어서는 안 된다. 미메시스 능력은 인간의 행동, 표상, 말하기, 사유의 거의 모든 분야에서 작용하며 사회생활의 불가결한 조건을 이룬다. 그와 같은 이해에 비추어볼 때 미메시스와 현대인의 자발적 능력을 대립시키거나(Blumenberg 1981) 미메시스의 작용을 단지 현실을 다양하게 문학적으로 재현하는 행위(Auerbach 1982)로 보는 규정들은 미메시스를 너무 단순하게 이해한 소치다.

굴곡이 많은 미메시스의 변천사

우리는 과연 미메시스의 개념사적 발전을 이야기할 수 있을까? 이것은 그 단어를 아주 제한된 의미에서 사용할 때, 즉 현실의 대상들을 비현실의 매체에서 따라 하기, 흉내 내기, 모방하기를 지칭하는 것으로 사용할 때나 가능한 일이다. 그 개념의 스펙트럼에서 지극히 작은 조각 하나만 택하는 플라톤이 바로 그러한 경우에 해당된다. 실제로 "미메시스"는 인간에 의해 만들어지는 독자적인 어떤 세계(넬슨 굿맨, 1984년의 '세계 만들기worldmaking'의 의미에서)가 선행하는 실제의 세계, 또는 단지 가정되거나 표상된 세계와 맺는 가능한 관계들의 넓은 스펙트럼을 지칭하는 일반적인 명칭이다. 우리가 방금 특수한 맥락 없이 사용한 "선행하는 세계"라는 표현조차 역사적으로 상이한 방식으로 채워진다. 각 시대는 자신에게 맞게 미메시스 개념을 재단하여 사용한다. 그리하여 우리는 다양한 역사적 단계에 따라 구분하고 그때그때 지배적인 측면들을 부각할 수 있게 된다. 즉 플라톤 이전에 미메시스 개념이 사용된 방식들을 보면 재현의 측면이 강조된다. 콜러(1954)와 엘스(1957)와 쇠르봄(1966)에 따르면 언어학적으로 볼 때 미모스mimos가 어간이다. 이 어간에서 mimesthai와 mimesis, mimema, mimetes, mimetikos와 같은 낱말이 파생한다. mimesthai는 "모방하기" "재현하기" 또는 "초상 그리기"를 뜻한다. mimos와 mimetes는 모방하고 재현하는 사람들을 지칭하는데, 이때 mimos는 연극적 행위의 맥락을 가리키기도 한다. mimema는 미메시스적 행동의 결과를 나타내고 mimesis는 그런 행동 자체를 나타낸다. mimetikos는 모방하는 능력이 있는 어떤 것 또는 모방

가능한 것을 가리킨다. 미메시스가 음악과 춤의 영역에서 생겨났다는 콜러의 주장에 맞서 엘스는 미메시스 개념에 세 가지 의미 축이 있다는 것을 입증했다.

1. 동물이나 인간이 표현한 것을 직접 모방하기
2. 한 사람을 다른 사람이 직접 신체적으로 흉내 내지 않고 모방하기
3. 사람과 사물을 살아 있지 않은 매체를 통해 모방하기

mimesthai 그룹의 원천은 mimos라는 단어에 있다. mimos는 한 사람이 발표(낭독)하는 여러 부분이 포함된 발표 또는 두 명이나 그 이상의 사람들이 펼치는 연극 공연을 지칭한다. 배우der Mime 는 인간의 "실제 그대로의" 삶, 그 삶의 일상을 단순화하거나 강조하거나 풍자하면서 보여준다. 콜러, 엘스, 쇠르봄이 이구동성으로 지적하는 것은 미메시스 개념이 적용되는 분야가 확장되어왔다는 점, 그에 따라 그 개념은 "다른 현상들 속의 특징들과 유사한 특징을 갖고서 뭔가를 생생하고 구체적으로 재현하다"는 의미를 띠게 되었다는 점이다.

따라서 미메시스는 음악이나 춤과 특수한 연관 속에 있는 것이 아니다. 오히려 그 개념의 의미는 이 초기 단계에 익살을 연기하기, 배우는 이처럼 행동하기다. 그 의미는 부유한 자들의 축제 때 이들을 즐겁게 하기 위한 의도로 공연된 "하층민의" 삶을 가리킨다. 이러한 공연들은 종종 걸쭉하고 무례했다. 그 공연에서 사람들은 착각하거나 속임을 당했다. 그 후 미메시스는 점차 플라톤의 『국가』 제3권에서 전개되고 있듯이 "선망하다" "열망하다"라는 의미를 띠게 된다.

플라톤의 저작에서 "미메시스"는 수많은 이질적 의미를 지닌다. 모

방·재현·표현의 의미 외에 현상이나 가상을 만들어내는 측면이 강하다. 그러나 앞으로 드러나겠지만 플라톤의 전략적인 개념 사용법 못지않게 중요한 것은 그가 미메시스가 인간의 입장과 태도에 미치는 영향에 주의를 기울인 점이다. 그는 미메시스가 잠재적으로 그야말로 전염병처럼 번지는 능력을 지닌다고 본다. 미메시스는 그만큼 위험한 것으로 여겨져 말하자면 이론적 검역을 받게 된다.

아리스토텔레스는 모방하는 것 자체가 인간이 타고난 소질임을 지적한다. "그 소질은 어릴 적부터 나타나며 인간은 모방하는 데 각별한 능력이 있고 최초의 지식들을 모방하기를 통해 습득한다는 점뿐 아니라 누구나 모방에서 기쁨을 느낀다는 점으로 인해 다른 동물들과 구별된다."(Aristoteles 1984, p. 11) 이러한 미메시스의 특출한 능력은 인간학적 견지에서 볼 때 첫째로 인간의 때 이른 출생과 그로 인해 생겨난 학습에 대한 의존성과, 둘째로 인간의 잔여적인 본능과, 셋째로 자극과 반응의 결합과 결부된다.

아리스토텔레스가 이해한 바에 따르면 미메시스는 주어진 것을 본뜨는 것만이 아니라 주어진 것을 변화시키고 이로써 개별 특성들을 미화·개선·보편화하는 것을 지향한다. 시문학에서 미메시스는 가능한 것과 일반적인 것을 만들어낸다. 미메시스는 시문학적 재현의 능력으로 파악되며, 이 능력은 줄거리를 언어적·상상적으로 구상하는 작업으로 표출된다. 자연처럼 예술가 역시 미메시스의 도움으로 새로운 것과 다른 것을 만들어낸다. 예술가는 현실을 확장하는 능력이 있다. 주어진 것을 미메시스적으로 전유하는 가운데 수용자의 상상력이 모방 과정에 함께 참여하며, 그럼으로써 주어진 것은 모방하는 자에게서 새로운 질을 획득하게 된다.

고대 후기에 이르기까지 미메시스는 예술과 시문학 이론의 중심 개념으로 자리 잡았다. 중세에 세계는 읽고 미메시스적으로 해명할 필요가 있는 신의 책으로 나타나게 된다(Flasch 1965). 인간의 삶은 미메시스적 행동의 구상과 닮은 그리스도 본뜨기imitatio Christi를 요구받는데, 그리스도 본뜨기로부터 삶을 영위하는 일과 교육의 규범들이 도출된다. 그에 반해 르네상스 작가들에게 미메시스는 고대와 근세의 텍스트들 사이의 관계와 관련된다. 그들은 스스로 자신들의 문학 창작에서 미메시스적 관계에 있다고 보았다. 즉 그들은 고대인들을 추종하는 가운데 위대한 권위의 보호 아래 그들의 자아를 표현할 수 있게 된다고 여겼다. 이러한 개념 사용은 미메시스적인 것을 포함하는 사회적 관계를 통용시키게 된다.[1]

새로운 작가들이 고대의 위대한 권위들과 맺는 관계를 두고 루이 14세의 궁정에서 **신구**新舊 **논쟁**이라는 격렬한 토론이 불붙었다. 왕 자신도 포함하여 새로운 자들이 고대인들과 비교해서 독자성을 주장할 뿐 아니라 더 발전했다고 주장할 수 있을까? 아니면 동시대인들의 작품은 고대의 위대한 모델들과 미메시스적 이어짐의 관계에 있는 것일까? 고대에 대한 미메시스인가 아니면 그 시대의 자율성인가 —이 물음은 베르사유를 두 진영, 즉 **신시대**les Modernes **진영**과 고

---

1 사유가 미메시스의 범주들로 표출되는 또 다른 예를 근세 초기 자연의 이론에서 볼 수 있다. 유사성의 개념 아래 과학적 사유의 한 패러다임이 형성되는데, 즉 살아 숨 쉬는 세계와 우주의 다양한 과정을 하나의 상응관계들의 망 속에 포착하려고 한 사유가 바로 그것이다. 그리하여 예컨대 파라켈수스Paracelsus는 모든 인식은 소우주로서의 인간과 대우주 사이의 미메시스적 관계 위에서 형성된다고 보았다(G. Böhme 1989). 비록 그와 같은 생각들이 또 다른 역사적 시기에는 다시 밀려났을지라도, 그 표상들이 완전히 잊히는 일은 결코 없었으며, 거듭하여 변화된 맥락에서 등장한다(H. Böhme 1989). 그리하여 이를테면 게오르크 하만의 경우 자연은 해독할 필요가 있는 하나의 텍스트가 되고, 괴테에게는 지양할 수 없는 상응관계가 있으며, 보들레르에게는 인간과 세계사이에 조응correspondance이 존재한다.

대les Anciens 진영으로 갈라놓았고, 그들 가운데 어느 쪽도 궁극적인 승리를 거둘 수는 없었다. 18세기에도 역시, 재현의 측면에서, 상위의 정치가 미메시스를 넘겨받게 된다. 미메시스는 권력의 재현으로서 국가의 상징을 구성하는 한 요소가 된다. 미메시스는 최고의 권력을 이미지 차원에서 상승시키는 데 기여하게 된다. 미메시스는 권력에 좀더 높은 현실성의 가상을 부여하는 역할을 하며, 이러한 가상에는 권력의 실제적 담지자인 왕까지도 굴복하게 된다.

시민사회의 시대는 에리히 아우어바흐가 부각한 리얼리즘의 상승세를 몰고 오게 된다. 문학은 여전히 상승된 현실을 산출해내지만 이 현실은 더 이상 정치적 이상세계가 아니라 전범적인 시민적 생활세계와 감정세계다. "자연의 모방"이 표어가 된다. 모방 대상은 다른 어떤 것도 아닌 이성의 법칙에 따라, 즉 인간의 규칙들에 따라 생산된 것이다. 19세기에는 시민적 인간과 그의 사회적 실천이 그의 감성 및 충동들과 함께 문학적 재현의 대상이 된다. 시민사회가 스스로 미메시스적으로 묘사된다. 시민적 주체는 자신의 세계를 타인들과의 관계 속에서 산출해내는 사람으로 재현되는데, 그 주체는 똑같은 욕구를 지니며 똑같은 목표들을 추구하고, 이 목표들과 똑같은 것을 지향하며, 그에 따라 모방하는 자이고 그에 따라 결국에는 방향을 잃어버린 자이다.

1900년경 현대 예술이 변혁을 거치면서 모방이란 의미에서의 미메시스는 진부한 개념이 된다. 그런 변혁을 거친 뒤 플라톤과 아리스토텔레스에 의해 부각된 전통의 외부에서 또 다른 출구를 모색하는 시도들이 이루어진다. 미메시스적인 것은 특히 회화와 음악에서, 그리고 나중에는 문학의 영역에서도 커다란 혁명을 일으킨 작품과 성찰들 속에서 "서술" "재현" "대상성" "서사"라는 딱지가 붙어 미학적 토론에서 본격적으로 추방되기 시작한다. 모든 예술 분야에서 재현의 원칙이 파기된 연후에, 그리고 전통과의 단절에서 어떠한 새로운 미학적 형식과 충동들도 생겨나지 못하면서, 미메시스 개념은 현재 놀라운 르네상스를 맞고 있다. 아우어바흐가 망명기 이스탄불에서 쓴 책에서는 미메시스 개념이 서구 문학에서의 현실 묘사를 사회 현실에 접근시키는 주도적 이념과 같은 것으로 상승되는데, 그것은 오늘날에도 인상적인 작업으로 남아 있다(Auerbach 1982). 최근의 연구들에서는 문학적 묘사의 문제보다 미메시스의 인간학적 차원이 더 흥미를 끈다. 바로 이 측면이 미메시스 개념이 현재 다시 조명을 받게 된 상황의 중심에 놓여 있다. 그것은 이미 발터 벤야민에 의해 준비되었고, 테오도어 아도르노에게서 미학 이론의 핵심으로서 최고도로 펼쳐졌으며 마지막으로 르네 지라르에게서 부각되었다. 지라르의 기초인간학적 해석을 통해 미메시스는 인간의 질서와 성스러운 것이 작동하는 핵심 기제機制로 떠오르게 된다. 또한 자크 데리다에게서 미메시스 개념은 기호의 과정들을 새로운 시각으로 바라보는 데 사용되는데, 이때 기호학의 경계를 해체하게 된다.

미메시스 개념은 인간에 관한 이론에서 역할을 하게 된다. 그것은 순수하게 합리적인 양태의 제작과는 다른 개념을 지칭한다. 그것은 특히 신체적인 것, 감각적인 것, 감정적인 것 및 시간성과 같은 측면들이 강조되는, 인공물의 제작 과정을 지칭한다. 미메시스의 관점 아래 인간 행위를 바라보는 색다른 시각이 추구된다. 그 시각은 실천적 행동 및 다른 사람들과의 관계를 관찰의 중심에 두는 시각이다. 다음에서 우리는 미메시스의 역사적 입장들 가운데 중요한 몇 가지를 소개할 텐데, 그것들은 그 개념의 다양한 해석을 보여줄 것이다. 서술되는 모든 경우에서 각각의 미메시스 구상은 세계와 맺는 해당 작가 특유의 관계를 표현한 것으로 이해할 수 있다.

플라톤: 아름다운 것과 위험한 가상

플라톤의 저작에서 미메시스에 대한 통일된 구상을 찾는 것은 불가능하다. 그에게서 미메시스 개념은 맥락에 따라 상이하게 사용되며 또 평가되고 있다. 모방, 재현 및 표현, 더 나아가 경쟁, 변형, 유사성을 만들어내기와 같은 의미 외에 "미메시스"는 현상이나 가상을 만들어낸다는 의미를 지닌다.『국가』에서는 미메시스가 교육에 대해 갖는 특별한 의미가 강조되고 있다. 젊은이는 모상들을 경쟁적으로 추구하는 가운데 그 모상과 닮으려고 노력한다. 열악한 이미지를 재현하게 되면 청소년을 망가뜨릴 위험이 있다. 그렇기 때문에 시문학의 통제가 요구되고, 그 시문학 속에 묘사된 모델들에 대한 통제 또한 요구된다. 그리하여 경비병들은 그들을 강화시키는 대신 약화시키는 것들을 접해서는 안 된다. 교육은 그들이 자신들의 과제를 수행할 수 있는 능력을 키워야 한다.

　시문학의 내용과 시인들을 고르는 일도 이러한 관점에서 이루어져야 한다. 젊은 경비병들에게 가르침을 주고 그들이 성장할 수 있도록 해주는 시문학의 내용들만 널리 보급되어야 한다. 신이나 위대한 남성들의 결함을 묘사하는 일은 그렇기 때문에 금지되고, 그러한 묘사가 이루어질 경우 국가에서 허락하지 않는다. 이것은 신과 영웅들이 지닌 결함을 묘사하는 일이 진실에 부합하는지가 지극히 의심스러운 만큼 더욱더 요구되는 바다. 왜냐하면 플라톤에게 위대함과 취약함이 서로 합치하지 않는다는 것은 의심의 여지가 없기 때문이다. 미메시스는 그것이 지닌 윤리 이전적vorethisch 성격 때문에 그것이 부정적인 것과 관련되면 인간을 약화시키고 그들이 사회적 의무를 이행하지 못하도록 막을 위험이 된다. 따라서 미메시스적 대결을 위해 주어진 내용들을 고르는 일이 제어되지 않으면 안 된다.

바람직한 행동들을 묘사하는 일이 의미 있는 일이라는 점은 이러한 규정에서 생겨난다. 왜냐하면 그러한 묘사는 경쟁적인 추구의 의미에서 모방을 촉발하기 때문이다. 미메시스적 과정의 목표는 모범적인 행동 또는 사람을 본뜨기, 그들과 닮기, 그들에 동화되기다. 그와 같은 과정은 그것들이 분업과 집중의 과정에 예속되는 만큼 더 잘 이루어진다. 그 결과 경비병들은 그들의 임무를 수행하는 데 중요한 묘사된 행동들을 미메시스적으로 전유할 기회를 얻게 된다. 그들은 그러한 행동들에 집중해야만 한다. 왜냐하면 집중을 통해서만 필요한 것들을 배우는 데 요구되는 힘이 동원될 수 있기 때문이다. 미메시스는 여기서 윤리적 요소를 얻게 된다. 미메시스 능력의 도움으로 뭔가 모범적인 것이 모방되고 또 그를 통해 자기 것의 일부가 된다.

화가와 시인은 이와는 또 다른 규정을 받는다. 플라톤의 견해에 따르면 화가와 시인은 수공업자들과는 달리 일용품을 생산하지 않는다. 그들은 사물들 자체가 아니라 사물들의 현상만 만들어낸다. 그것들은 현상이 되어 나타나는 현상들이다. 그에 따라 회화와 미메시스적 시문학은 원칙적으로 모든 가시적인 것을 현상으로 나타나게 할 수 있다(『국가』 598a, b). 따라서 그들의 생산 작업에서 중요한 것은 이미지, 그리고 환영을 만들어내는 미메시스이고, 여기서 모델과 모사 사이의 차이는 중요하지 않다. 그들은 진정한 복제물이 아니라 현상으로 나타나는 것의 가상을 만들어내는 것이다(Zimbrich 1984).

플라톤에게 모방은 사물이 아니라 사물의 이미지를 생산해내는 능력이기 때문에 결함을 드러낸다. 이 이미지들은 대상과 유사한 관계를 지닌다는 점, 이때 실제적인 것과 상상적인 것이 결합된다는 점이 특징이다. 이미지가 유사성으로 규정될 경우 그 이미지는 현상의 세계에 속하며 또한 그것 자신이 아닌 무언가를 가시화한다. 이데아의 인식이라는 관점에서 볼 때 미메시스를 통해 만들어진 가상은 기만적이고, 결함이 있으며, 그에 따라 가치가 떨어진다. 물론 그 가상은 특수 영역, 즉 인식의 목표에 종속되지 않고 플라톤이 그것을 위해 마련해주는 특수한 영역에 자리 잡는데, 곧 미학의 영역이 그것이다.

플라톤의 저작에서는 장차 예술, 시문학, 음악에 대해 미메시스가 띠게 될 의미가, 비록 부정적인 방향이기는 하지만, 이미 암시되어 있다. 즉 미학적인 것의 분야가 하나의 고유한 영역으로 구성되며, 이 영역에서 예술가와 시인이 장인으로 등장한다. 예술가와 시인은 물론 플라톤이 보기에 존재자를 생산할 능력은 없지만, 그 대신 철학이 제기해야 하는 진리에 대한 요구, 이상국가의 토대에 놓이는 그 요구로부터 자유롭다. 그에 따라 미학 분야는 철학이 다루는 사안들, 철학이 수행하는 진리와 인식의 탐구, 선과 미를 얻으려는 노력으로부터 어느 정도 독립된다. 이에 대해 치러야 할 대가는 이상국가로부터 배제되는 일이다. 이상국가는 예술과 시문학의 예측할 수 없는 성격을 용인하려 들지 않기 때문이다.

플라톤은 예술과 시문학이 이데아를 재현하는 능력이 없다고 본다. 왜냐하면 예술과 시문학은 미메시스와 연관되지 메텍시스 Methexis와 관련되지 않기 때문이다. 여기서 이데아에 대한 직관과 진선미의 인식에 대한 철학의 권한에 비해 미메시스가 폄하되는 사정이 연유한다. 다른 한편 플라톤의 철학은 미메시스가 교육, 정치, 미학에 대해 지니는 의미를 인식하는 데 매혹된다. 이러한 측면에서 우리는 플라톤의 철학 자체가 미메시스적 성격을 띤다는 점을 간파할 수 있는데, 플라톤의 철학은 소크라테스와 그의 대화 상대자들을 묘사하고, 대화 속에서 어떻게 인식이 추구되는지, 대화에 참여한 사람들이 진선미에 어떻게 접근하는지를 보여주는 데 그 관건이 있기 때문이다. 플라톤 자신이 만들어낸 미메시스적 산물들에는 그가 고안하고 서사한 철학적 신화들도 포함된다.

플라톤 특유의 모순된 미메시스 비판은 옛 철학의 전통, 즉 그의 스승인 소크라테스도 체현하는 비非문자적 전통에서 문자로 기록되는 가르침, 문자성으로 가능하게 된 중요한 특성들을 전유하는 그 가르침으로 넘어가는 시기에 그가 취한 입장과 밀접한 연관이 있다. 이 배경을 염두에 둘 때 미메시스에 대한 플라톤의 평가는 연기演技적 성격이 강한 구술적 상황과 관련된 이미지적 언설을 개념적인 담론으로 대체하려는 그의 노력과 연관된다(Havelock 1963). 플라톤의 시대에 완전하게 발달하고 널리 퍼진 문자문화와 함께 사실과 이론의 새로운 언어가 생겨난다. 이 상황에서 미메시스는 시인의 발화 행위와 현실을 묘사하는 시인의 특수한 힘을 특징짓는 개념이 된다. 학문의 절대적 확실성(에피스테메episteme)에 비해 볼 때 미메시스는 단지 상대적이거나 제한된 타당성만 주장할 수 있게 된다.

플라톤은 구술의 전통에서 유래하는 미메시스, 즉 시인과 관객의 복잡한 맥락, 신체적이고 감정적인 과정, 낭송되는 자료에서 형태를 띠게 되는 미메시스와 논쟁을 벌이는데, 특히 구술문화적 측면을 주목한다. 그는 미메시스라는 말이 맥락에 따라 다양하게 사용되는 데서 출발하여 하나의 철학적 개념을 구성하는데, 이에 따르면 미메시스는 인식의 관점에서 볼 때 의심스러운 방식을 나타낸다. 즉 미메시스는 견해doxa이고, 사건들에 대한 지식으로서 이 지식은 실제적인 경험들, 따로 떼어진 단위들로 분할되고 복수적이며 인과관계의 체계에 통합할 수 없는 실제적인 경험들에 결부되어 있다는 것이다. 견해는 플라톤의 규정에 따르면 존재가 아니라 생성, 일자가 아니라 다수, 비가시적이고 사유 가능한 것이 아니라 가시적인 것에 해당된다. 에릭 해블록이 개발한 이 해석에 따르면 플라톤이 미메시스라는 말을 사용하는 것은 구술문화의 지식과 인식의 방식들을 무력화하려는 전략에 상응한다. 글로 쓰인 텍스트는 한 가수가 공연하는 것과는 달리 상황으로부터 거리를 취하고 생각들을 추상화하는 전혀 다른 형식을 가능케 한다. 텍스트는 검토의 대상이다. 그 텍스트는 통일된 형태를 취하며, 텍스트 저자의 인격은 이 형태 뒤로 물러날 수 있다. 그와 동시에 문자는 저자가 언어에서 개인적인 표현을 취함으로써 미메시스를 개인적으로 꾸밀 수 있는 가능성을 부여한다. 플라톤과 함께 사회적 컨트롤과 개인적 컨트롤 사이의 대결, 그리고 분화된 표현 방식에 대한 탐구가 시작된다. 미메시스가 미학의 특수한 분야에 귀속됨으로써, 플라톤에 의해 꼴을 갖춘 미메시스 개념에는 예술과 음악에 대한 이론적 고찰을 위한 길이 열리는데, 아리스토텔레스에게서 이 이론적 고찰이 처음으로 완성된 형태를 갖추게 된다.

아리스토텔레스:
자연을 산출하는 힘에 대한 미메시스

아리스토텔레스는 예술이란 모방이라는 플라톤의 해석을 넘겨받는
다. 그리하여 그에게 음악은 에토스의 모방이다. 음악은 가시적인 선
들을 형상화하는 회화 및 조각과는 달리 귀로 들을 수 있는 내적인
움직임을 생성한다. 이 움직임은 어떤 성격의 표현이며 윤리적으로
영향을 끼친다. 『시학』에서 비극을 특징지을 때 신화, 줄거리 또는 **플
롯**의 미메시스가 그 중심에 있다(Ricoeur). 이 미메시스는 행동하는
인간을 체현하고 연극화하는 과정으로 이루어진다. 시적인 재현을
통해 미메시스는 현실과 하등의 직접적인 관계도 없는 허구적 세계
들을 만들어낸다.

　비극은 이미 일어난 일을 재현하는 것이 아니라 그 주제들, 그리
고 줄거리의 구상들을 실제로 일어난 것은 아니지만 **일어났음 직한**
신화들에서 취한다. 비극의 줄거리는 관중이 미메시스적 태도를 취
하고 "가공스러운 것"과 "통탄할 것"을 체험하며 카타르시스적 경험
을 하고 그로써 자신의 성격이 강화되는 식으로 공연되어야 한다
(Ricoeur 1989). 줄거리의 세세한 요소들이 아니라 전체의 예술적 조
직을 통해 비극의 카타르시스적 효과가 생겨난다. 부정적인 본보기
들이 가져오는 결과를 우려하는 플라톤과는 달리 아리스토텔레스
는 바로 그것들에 대해 미메시스하는 데서 그 영향을 줄일 가능성을
본다. 예술적 미메시스는 일반적으로 "미화"와 "개선"에 목표를 둔다.
그것은 가능한 것과 보편적인 것을 형상화하는 일이다. 이로써 단순
한 모사 과정에 내포되어 있지 않은 새로운 요소가 모방 과정에 들

어오게 된다.

시문학, 회화, 음악은 자연을 모방해야 한다. 이것을 어떻게 이해할 것인지는 바탕에 놓인 자연 개념에 달려 있다. 아리스토텔레스에게서 자연 개념은 자연을 객체로 축소시키는 19세기와 20세기의 개념이 아니다. 오히려 **퓌지스**physis는 그것에 내재한 힘, 생명을 산출하는 생동하는 자연을 가리킨다. 그리하여 시문학, 회화, 음악과 같은 예술이 이러한 자연을 모방한다면, 그것은 무엇인가를 단순히 재생산하거나 "자연주의적으로" 복제하는 일이 아니다. 우리가 정신적 원리가 작용하는 "생동하는 자연"이라는 관념에서 출발한다면, 자연의 모방은 다른 의미를 함축하지 않으면 안 된다. 예술은 자연이 지닌 힘을 모방해야 한다. 예술은 **능산적 자연**natura naturans이 보여주는 것과 같은 생산력을 보여주어야 한다.

이렇게 생각하게 되면서 주어진 현실의 모방은 뒤로 물러난다. 그 대신 예술가가 자기 안에 지닌 어떤 이미지, 그것이 세계에 주어져 있는 어떤 사물이나 사람에 얼마나 부합하는지의 물음과 상관없이 지닌 어떤 이미지가 재현되어야 한다. 모방한다는 것은 어떤 모사를 만들어내는 일이 아니라 어떤 이미지를 만들어내는 일을 뜻하는데, 이 이미지는 모종의—정신적—모범에 관련되기는 해도 모방한다는 것은 단순히 그것을 복제한다는 뜻이 아니다. 미적-미메시스적 행위는 화가와 시인의 목전에 있는 어떤 내적인 이미지를 형상화한다. 이 때 예술적 형상화 과정을 통해 무언가 새로운 것이 탄생한다. 형상화 과정을 이끈 구상은 점점 더 이미지, 드라마 또는 음악작품 속으로 해체되어 들어가며, 이것들은 상상했던 구상과는 다른 매체 속에서 생겨난다. 여기서 변형과 생략과 보충 같은 일이 일어나고, 그리하여 유사성이 더는 일반적인 기준이 되지 못한다. 피디아스가 조각한 유명한 작품 〈제우스〉는 사람들이 예전에 본 그 어떤 본보기와도 관계가 없다. 그 작품은 예술적 과정 자체에서, 재료를 가지고 작업하는 가운데 생겨난 것이다.

아리스토텔레스는 『시학』에서 미메시스 개념의 두 가지 측면을 발전시킨다. 우선 그는 플라톤에 기대어 미메시스가 이미지를 생산하는 데 중요한 역할을 한다는 점을 강조한다. 그러고 나서 그는 이미지에서 시작하여 생산된 작품 쪽으로 진행하는, 제작 과정으로서의 미메시스에 대한 자신의 구상을 발전시킨다. 그가 이해하기로 미메시스는 눈앞에 존재하는 것을 따라 제작하는 일만이 아니라 그것을 변형하는 것, 이로써 개별적 특성들을 미화하고 개선하고 보편화하는 것을 지향한다. 시문학에서 그와 같은 미메시스적 생산은 가능한 것과 보편적인 것을 만들어낸다.

아리스토텔레스에게서 미메시스는 이론적 개념이 되며 체계적인 맥락으로 엮인다. 미메시스는 자연(능산적 자연)을 생산하는 방식과 관련되며 인간의 근본적 특성, 즐거움의 원천, 교육의 능력이라는 특성을 띠게 된다. 그러나 미메시스는 아리스토텔레스에게서도 여느 개념들과는 달리 정상적인 개념이 되지 못한다. 미메시스를 이론화하기에 까다롭다는 것은 그가 그 개념을 사용할 때 특정한 규정이 없다는 점, 그 개념에 대한 정의가 결여되어 있다는 점, 미메시스가 인간에게서 토론의 여지가 없는 전제 조건의 영역에 깊이 묶여 있다는 점에서 표현되고 있다. 이러한 인간학적인 규정 때문에 아리스토텔레스의 미메시스 개념에 어떤 기호학적인 구조를 상정하려는 시도는 실패할 수밖에 없다.

권력의 도구로서의 미메시스

프랑스 루이 14세 치하의 절대주의 시대에 미메시스는 정치권력을 재현하는 중요한 원리가 된다. 여기서 미메시스는 르네상스 시대에 그랬던 것과는 달리 더 이상 개인이 자기 자신에게 권한을 부여하는 행위(Weimann 1988), 즉 어떤 자아로서 상위 권력의 이름으로 언표하고 항의하고 세상사의 흐름을 교정하는 일이 아니다. 루이 14세의 궁정에서는 역관, 드라마 작가, 화가, 궁전과 정원을 설계하는 건축가 등 개개 인물이 어떤 재현하고 해석하는 거대한 기계의 부품이 되어 정치권력을 기호와 상상의 분야에서 구축하고 형상화하는 작업에 참여하는 역할을 부여받는다. 이 기호와 상상의 분야는 왕권의 한 원천으로 꾸며진다. 예술가는 미메시스적 세계를 생산하는 역할을 수행하는 자로서 절대주의 궁정에서 왕의 초상, 왕의 상징적 존재, 왕의 핵심을 재현하는 데 투입된다(Marin 1981). 이 이미지는 현실에서 우연히 드러나는 왕의 모습보다 더 중요하다. 그 이미지에는 권력을 쥐고 있는 자로서의 실제 왕도 종속된다. 루이 마랭은 루이 14세 치하에서 작용한 미메시스의 힘을 역관의 예에서 보여준다. 역사가인 그는 일어난 사건들에서 일련의 중요한 국사들을 연출해내는데, 심지어 그 사건들이 아직 일어나는 와중에도 그런 작업을 한다. 그는 사건이 일어나는 세계를 제대로 읽어내고 그에 맞는 상징들로 포착하며 그 상징들에 맞게 서사적 맥락을 구성할 줄 안다. 그가 엮은 이야기들로부터 세계에서 가장 강한 남자로서의 왕의 이미지가 탄생한다. 왕의 행동들은 이러한 재현 작업을 통해 기적으로 변모한다. 역관이 그린 왕의 초상에서 역사와 역사의 주역은 광범위하게 허구로 만들어진다.

왕은 이상적으로 행동하는 자인데, 그것은 그가 그 시대의 역사 속에서는 지구상에서 행동하는 유일한 자이기 때문이다. 왕은 역사적 시간의 제작자, 유일무이한 한 개인에 의해 만들어지고 다른 모든 개인의 시대 체험이 엮이는 유일무이한 시간의 제작자인 것이다. 왕의 역사적 시간은 여느 경험적 개인의 시간, 실제의 삶의 시간이 아니라, 재현된 시간이다. 이 재현된 시간을 보고하는 역사가는 왕이 일인칭으로 말하는 모든 것, 나로 표명되는 모든 문장을 삼인칭의 문장들로 옮겨 쓴다. 정치권력은 말하자면 자기 스스로를 재현하며, 자기 스스로 자신의 역사를 화자의 익명의 목소리와 문자의 도움을 받아 이야기하는 듯이 보인다. 그 화자는 정치권력이 그에게 보여주는 것만을 본다. 역사기술가에 의해 만들어지는 행동들은 어떤 이상적인 공간, 세계사의 공간 속에 위치하게 된다. 역사가의 이야기는 독자를 하나의 연극 장면의 관객으로 만들고, 독자를 세계사의 극장에 시선을 던질 수 있는 위치로 데려간다. 그 극장에서 루이 14세는 역사의 무대 위 배우들의 끈을 묶는다. 그러나 이 장면은 실제로는 이미지들을 "시뮬레이션하는 대가"인 화자의 작품이다.

역사 기술의 효과들이 사전에 시뮬레이션되고 계산되기 때문에 역사적 서사는 왕의 어떤 이해관계를 폭로할지도 모를 허구적 특성들은 모두 감춘다. 그럼으로써만 정치적 목표, 독자를 주권자인 지배자 아래 예속시키는 일, 그리고 지배자의 절대적 권력이 성취될 수 있다. 이것은 서사적 전시의 전술에 관한 문제다. 루이 14세의 역사를 기술한 역사가 펠리송은 그가 기술하는 인물의 흔적들을 텍스트에서 지워 없애는 것을 목표로 삼았다. 그의 이야기의 생동감은 독자에게 마치 사물들이 스스로 말하는 것 같은 인상을 줘야 한다. 역사 기술가는 행동하는 왕의 바로 옆자리라는 우월한 위치를 찾는다. 이 위치에서 그는 자신이 서술하는 것의 아름다움을 확보한다. 이 목적을 위해 그는 독자를 열광하는 관객으로 만들 연기적performativ(수행적) 글쓰기 방식을 발전시킨다. 왕에 대한 서사는 그 나름대로 내러티브 영역에서 그 글쓰기의 전략과 전술을 따른다. 그 서사는 공간과 시간 속에서 벌어지는 사건들을 왕이 지닌 실체의 항구적이고 보편적인 표지로 나타나게 하는데, 왕의 실체는 반복적으로 그려짐으로써 역사 속에 새겨진다.

사건, 연설, 이미지, 문자 사이의 차이들은 모두 지양된다. 기록된 것은 독자에게 어떤 연설을 들을 때처럼 생생한 느낌을 불러일으키게 된다. 텍스트는 이미지처럼 작용하게 된다. 도표는 역사의 실체를 포착하게 된다. 글로 쓰인 텍스트는 실체가 드러나는 것을 가능하게 하며, 독자는 왕의 초상에서 절대 권력의 화신을 볼 수 있게 된다. 읽을 수 있는 것은 가시화되고, 가시적인 것은 읽을 수 있다. 그와 같은 이미지 전략은 유사성과 의미를 주로 관습에서 유래하는 것으로 보는 포르루아얄의 얀센파 교도[2]들의 기호론과 같은 시각에서 볼 때는 의심스럽게 나타났을 게 틀림없다.[3]

프랑스 절대주의 왕정에서뿐만 아니라 시민사회의 시대에도 미메

---

2 얀센주의Jansenism, 장세니즘Jansénisme: 종교개혁에 대항하여 17~18세기 일어난 종교운동으로 선의 실행과 영혼의 구원에 대한 인간의 자유의지를 부정하고 은총의 절대성을 주장했으며 신앙의 순수성을 중시했던 가톨릭교회 개혁 세력의 일파다. 동일한 가톨릭교회 개혁의 내부에서 적극적인 사회활동을 행한 예수회와 반대로 시대 현실로부터 스스로를 소외시킴으로써 신앙의 순수성을 유지·고양시키려고 했다. 장세니스트들Jansénistes은 파리 교외의 포르루아얄 수도원을 본거지로 삼아 초기 교회, 바울, 아우구스티누스로의 회복을 통한 종교적 쇄신을 꾀했다.—옮긴이

3 얀센파 교도들로부터 재현의 구상에 대한 가장 단호한 비판이 나왔다. 특히 라파예트 부인의 『클레브 공작부인』(1678)을 참조할 것.

시스는 권력을 구축하는 데 활용되었다. 그러나 전혀 다른 방식으로 활용되었다. 18세기에 들어 권력만이 아니라 문학이 세계를 미메시스적으로 산출하는 방식도 근본적으로 달라졌다. 시민계급이 사회적으로 주도적인 역할을 맡는 데 대한 요구가 그들의 취미와 감정의 문화에서 뚜렷이 드러난다. 좋은 취미와 고귀한 감정들을 함양하는 데 미메시스가 중요한 몫을 차지한다. 그리하여 특히 시민 드라마가 감정을 인간의 보편적인 속성으로, 하지만 다른 어떤 계급도 아니고 시민계급에 의해서만 이상적으로 구현될 수 있는 그러한 속성으로 서술하는 데 적합한 장소가 된다. 이러한 도덕적인 심급으로서의 기능에서 연극은 관객들에게 자기 재현과 태도 해석의 모델들을 제시한다. 모방에 관한 토론, 예술 창작에 미메시스가 지닌 역할에 관한 격론을 거치면서 상상력의 분출과 예술작품의 자율성에 대한 생각이 점차 강조된다. 모리츠와 칸트 이래로 예술적 창작물들은 더 이상 오로지 모델로 주어진 세계와 관련을 맺지 않게 된다. 미메시스적 세계가 다른 세계와 맺는 생산적 관계는 이로써 포기된다. 예술의 원칙으로서의 미메시스는 대부분 모방으로 축소되고 미학에서 중요성을 상실한다.

인류학적 범주로서의 미메시스

자연의 모방이라는 원칙이 포기됨으로써 미메시스 개념이 더는 사용되지 못하게 된 것은 아니다. 20세기에 미메시스는 인간의 토대가 되는 능력으로서 말하자면 재발견된다. 발터 벤야민은 "미메시스 능력"의 도움으로 인간이 특수한 종류의 유사성인 "비감각적 유사성"을 인식할 수 있다는 점을 가정한다(Benjamin 1977a; b). 애초에 인간의 신체는 춤, 제스처(몸짓, 동작), 언어, 상상력에서 유사성을 만들어내는 데 쓰였다. 이 과정에서 재현과 표현은 서로 불가분하게 결합된 미메시스의 두 양상으로 나타난다. 세계, 타자, 자기 자신에 대한 미메시스적 관계가 점차 후퇴하면서 그 결과 사람들은 감각적 유사성을 잃게 된다. 세계에 대한 미메시스적 관계는 부분적으로 "비감각적 유사성의 서고"인 문자와 언어로 이양되었다. 이러한 부분들이 인간이 지닌 미메시스적 힘들의 도움으로 읽기와 쓰기 과정에서 독해되고 소생할 수 있다. (벤야민의 『1900년경 베를린의 유년시절』에 서술된 것처럼) 어린아이와 주변 세계의 만남에서도 이루어지는 이러한 종류의 과정에서 대상들, 대상들의 의미, 대상들의 과거 사이의 비감각적 상응관계들이 섬광처럼 포착된다.

벤야민의 구상에서 특이한 점은 미메시스가 어떤 하나의 기호보다 훨씬 더 많은 것을 포괄한다는 점이다. 미메시스는 오히려 근본적인 인간학적 능력으로 간주된다. 아도르노에게서도 미메시스적 과정을 통한 기호의 사용에 인간학적 토대를 상정하는 방식이, 벤야민에게서는 다른 방향에서 구상되고 있다. 아도르노는 『계몽의 변증법』 이래 인간이 외적 자연 및 내적 자연과 맺는 이중적 관계를 기술하기 위해, 아울러 지배관계로부터의 해방의 기회가 드러나게 하기 위해 미메시스 개념을 사용한다(Horkheimer/Adorno 1981). 선사시대에 인간은 적대적 자연에 맞닥뜨렸을 때 죽은 척하는 반사작용을 통해 말하자면 마스크를 썼는데, 그렇게 함으로써 공포를 물리치려 했다. 아도르노는 인간이 마스크 속에서 자신의 특성들을 고착시키는 것이 나중에 발전되어 자유로이 이용할 수 있게 된 최초의 기술 형태라고 보는데, 즉 그 기술은 주체가 자연과 자기 자신, 그리고 다른 주체들에 대해 지배력을 행사하는 도구가 된다. 이것이 더 발전하여 합리성이 인간 자신 속의 자연을 억압하는 쪽으로 펼쳐진다. 예술작품들만이 인간을 구제하는 옛 미메시스의 잔재들을 보존해왔다. 예술작품들은 "미메시스적 태도의 도피처"다(Adorno 1970, p. 86). 그와 동시에 예술작품들은 당대 합리성의 일부다. 고대 미메시스의 단계로 소급하는 일이자 합리적이고 기술적으로 구축된 제작물이라는 양의적인 구성을 통해 예술작품들은 현대에 자연 지배를 교정하거나 중화하는 역할을 보여준다.

예술의 미메시스적인 것의 고유한 성격은 아도르노에 의해 사회 현실에 자신을 밀착시키는 행위라는 이미지로 특징지어진다. 미적인 미메시스는 사회의 외부 환경, 사회적 실천에서 평탄하지 않은 부분들, 갈라진 곳, 균열이 난 곳, 틈새들을 반영하는 일종의 각인을 형성한다. 사회 현실에 적응하는 일이 예술작품에서는 자연을 예속시키는 힘들을 동원하지 않고 수행된다. 즉 주체가 예술작품에서 사라지는 것이다. 예술작품에서 경험의 기초 층위들이 활성화된다. 예술의 미메시스적인 요소는 "합리성에서 벗어나지 않고 그 합리성을 비판하는 합리성"이다(Adorno 1970, p. 87). 그리하여 예술작품은 사회 현실 자체 못지않게 끔찍하고 폭력적인데, 하지만 현실에서가 아니라 가리키는 제스처로서 폭력적이다. 예술작품은 자기 자신을 지시하는 자율적 제작물로서 사회적 경험에서 "문명에 의해 폭력적으로 잘려나가고 억압"되었던 층위들을 다시 접근 가능하게 만든다(Adorno 1970, p. 487). 미적인 것 속에는 자연과의 화해를 기대하게 하는 이미지들을 만들어낼 잠재력이 있다.

자크 데리다는 미메시스를 다룰 때 텍스트 개념을 중심에 둔다. 텍스트들은 뜻대로 이용할 수 없다. 텍스트들은 앞서 지나간 것과의 연관 속에 있다. 텍스트들은 원천도 내부도 외부도 아니며 언제나 이중적이다. 모든 텍스트는 더블로 시작한다. 앞서 지나간 것 없이 시작이란 없다. 텍스트의 미메시스는 원초의 모델이 없다. 이 미메시스의 상호 텍스트성은 해체를 요구한다. 상형문자에서와 마찬가지로 텍스트들 속의 언명할 수 없는 것을 해독할 필요가 있다. 텍스트들은 인간의 흔적이다. 모든 텍스트는 시작이면서 반복이다. 텍스트에 미메시스적으로 접근하는 일은 그것의 이론적 파악에 선행한다. 미메시스적 접근은 폭로, 숨김, 마스크 쓰기와 유희하며 극단들 사이에서 진동한다. 데리다의 글 『이코노미메시스Economimésis』에서 이 점이 분명하게 서술된다(Derrida 1975; 1972; 1967). 목표는 거대 담론이나 문화적 형상들에서 미메시스를 탐구하는 일이 아니라 이론적이고 실천적인 형태들에서 드러나는 미메시스를 탐구하는 일이다. 미메시스적 과정들은 폭로 작업과 유희를 벌인다. 그 과정들은 은폐하고 마스크를 쓴다. 동물과 식물 사이에서 진동하는 "미모사"가 과학, 문학, 예술, 사회적인 것 사이의 경계를 넘는 미메시스의 이미지가 된다(Silvan 1987). 명백하게 만드는 일이 아니라 차이가 바로 스스로 포착되지 않으면서 이미지, 말, 생각, 이론, 행동들을 복제하는 데 기여하는 미메시스의 원칙이다.

미메시스는 데리다의 견해에 따르면 이중적 성격 또는 '사이'적 성격을 띤다. 미메시스는 양가적ambivalent이다. 미메시스 없이 어떠한 인식도 가능하지 않다. 미메시스는 놀이, 경전 외적 텍스트의 복제품에서 활성화된다. 진리는 미메시스에 대한 준거점이 아니다. 그와 동시에 미메시스적 움직임 없이, 그리고 그 움직임 바깥에서 진리란 없다. 미메시스는 텍스트와 기호를 다룰 때 표현되며, 존재와 부재의 유희에서 표현되는 인간 자유의 표현이다. 여기서 유사성이 많이 생겨나면 생겨날수록 미메시스적 활동과 그 활동의 결과는 출발 텍스트와 그만큼 더 차이가 난다.

데리다가 텍스트에 다가가는 방식 자체가 미메시스적이다. 해체 과정에서 텍스트의 요소와 입장들이 움직이고, 흩어지며dissemination, 새로운 방식으로 생산적이 된다. 텍스트의 요소들은 다른 요소들과 결합되어 새로운 텍스트를 만들어낸다. 각각의 텍스트는 다른 텍스트와 관련되는 규제된 놀이, 우연과 필연성으로 이루어진 놀이로서, 이 놀이에서 한 텍스트가 복제된다. 모든 텍스트의 내용은 원칙적으로 종결지을 수 없으며 결정할 수 없다.

미메시스와 연기演技

데리다의 해석이 비록 극단화된 것처럼 보일지라도, 미메시스의 '사이'적 성격을 강조함으로써 그는 미메시스의 역사에서 거듭해서 등장했던 특정한 전통 노선을 이어간다. 물론 미메시스적 행동들은 종종 기호 형식으로, 즉 기호의 사용, 의미 구성과 해석의 과정들로 기술할 수 있기는 하다. 이러한 의미에서 미메시스의 중요한 특성들이 이를테면 아리스토텔레스에게서나 프랑스 절대주의 시대에서나 18세기에서나 기술될 수 있다. 그러나 그보다 더 중요한 것은 미메시스의 또 다른 측면인데, 연기적인 요소, 신체적이고 감각적인 요소, 미메시스 과정의 확산, 마법적인 기호 사용, 이미지적 요소, 결정 불가능한 요소, 사회적 영향들이 그것이다. 이 특징들은 모두 이미 플라톤 이전 초창기에서 인지할 수 있는 것으로 공연이라는 사회적 상황에서 이 개념이 생겨난 배경으로 소급한다.

원래 리듬이 있는 행동, 신체적 요소가 강하게 드러난 연기적 성격Performanz은 시간이 흐르면서 다양하게 강조되었다. 예컨대 그리기 행위나 쓰기 행위로서, 자신의 손으로 제작하는 일, 말할 때나 악기를 연주할 때 음을 산출하는 일, 소리 내어 읽기, 끝으로 거의 눈치 챌 수 없는 신체적 특징을 지닌 조용한 읽기에서 그 성격이 드러난다. 그러나 미메시스적 행동에는 늘 신체적 요소가 남는다. 이처럼 신체가 참여한다는 점, 그리고 행동하는 사람이 다른 사람들과 맺는 관계에 미메시스가 인식 방식들에 대해 지니는 변별성이 놓여 있다. 미메시스는 주어진 세계에 영향을 미치고 그 세계를 전유하며, 변화시키고 반복하거나 새롭게 해석하는 것을 목표로 삼는다.

미메시스는 이론화하기가 어렵다. 미메시스를 개념적, 논리적으로 파악하고자 하면 열려 있고 규정되지 않은 미메시스적 행동들에 그것들이 지니고 있지 않으며 그 행동들의 본질적 특징들을 탈취하는 어떤 명백함, 일면성, 논리를 부여하는 셈이다. 그 특징들이란 그것들의 해석 능력, 시간적 구조, 실천 속에서 주어진 내적인 관계들을 가리킨다. 미메시스의 힘은 대부분 그것이 만들어내는 이미지들 속에 있다. 미메시스는 현상들의 세계, 가상의 세계, 미학의 세계를 산출해낸다. 이미지들은 물론 물질적 현존을 지니지만, 그 이미지들이 재현하는 것은 경험적 현실에 통합되는 부분이 아니다. 그것은 이 경험적 현실과는 다른 지식의 질서에 속한다. 이미지들은 인간과 경험적 현실 사이의 관계를 만들어내는데, 그렇지만 이미지들은 환영, 허구, 기만의 측면도 지닌다. 이미지들은 자율성을 띠는 경향, 현실과의 연관이 없는 감각적 사건들, 시뮬라크르, 시뮬라시옹이 되는 경향을 보인다.

미메시스가 생성된 세계의 자기준거성[오로지 자기 자신과 관계하는 상태]으로까지 수행되면 상과 모사 사이의 차이가 사라진다. 현대에 이르기까지 현실의 구상에서 본질적인 점은 미메시스적 세계는 그것이 관계하는 이전의 세계와 어떤 차이나 틈으로 변별된다는 것이다. 미메시스는 역사적으로 언제나 다른 세계를 **따라** 어떤 세계를 산출한다는 의미에서 이해되어왔다. 두 종류의 세계 사이의 이 차이가 더는 존재하지 않을 경우 미메시스는 그 자체 속에 갇힌다. '사이'적 성격이 없는 미메시스가 어떤 지위를 가질지는 미메시스의 역사에서 답변할 수 없다. 한 형태의 미메시스가 종말에 다다른 것은 처음이 아닐 것이다. 오늘날 그렇게 될 가능성이 시뮬라시옹과 자기준거의 과정 속에서, 거의 출구 없는 결과를 몰고 올 조짐을 보이며 열리고 있다.

제1장 문화에서의 미메시스

인류학적 개념으로서의
미메시스

앞의 첫 절에서 우리는 미메시스를 인간이 세계와 관계 맺는 특수하고 역사적으로 가변적인 방식들로 특징지었다. 이러한 시각은 뜻밖일 수 있는데, 그도 그럴 것이 일반적으로 미메시스는 미학 분야와 모방이라는 의미로 한정되기 때문이다. 우리가 이 개념에 대한 초기 해석, 즉 플라톤 이전 시기의 해석이나 20세기에 전개된 새로운 해석들을 다루게 되면, 그 개념이 지닌 인류학적 차원이 열린다. 미메시스의 과정들은 인간 및 인간이라는 종의 삶과 발전 과정 전체에 중요한 역할을 한다. 주체가 주변 세계, 그리고 살아 있는 자연이나 살아 있지 않은 자연과 맺는 관계들에는 특히 그 초기 발전 단계를 두고 볼 때 대상에 밀착하는 행위, 다시 한번 만들어낸 행위, 존재하는 것을 동화시키는 행위, 현상들을 모방하는 행위가 특징적이다. 이것은 세계와 감각적인 관계가 구축되는 신체적 과정에서 일어나고, 구성적인 행동들에서 일어나는데, 물론 인지 과정의 단계 아래에서 일어난다. 우리는 이러한 과정을 신체를 통해 세계를 알게 되는 과정이라고 부를 수 있다. 이 과정에서 사람들은 벌써 세계의 규칙성, 물질적 상태, 타자와의 상호 작용에 대한 최초의 인식들을 얻는다. **신체를 통한 인지인 것이다**(Bourdieu 1997). 미메시스적 행동에서는 **진실**과 **거짓**의 구별도 **선과 악**의 구별도 존재하지 않는다. 미메시스적 과정들은 태도, 느낌의 방식들, 표상들에 정향하는데, 그것도 이것들의 진리론적인 평가와 윤리적 평가에 앞서 정향한다.

미메시스는 예술, 과학, 삶 사이에 경계를 짓는 행위의 아래 단계에서 일어난다. 미메시스는 삶의 사물화한 맥락에 동화되는 일로 이끈다. 미메시스는 세계를 이미지화하는 데 작용하며 시뮬레이션 과정에 작용한다. 물론 미메시스는 합리적 요소들을 내포하지만 이 요소들은 목적합리적으로 장악하려는 손아귀에서 벗어난다. 미메시스적 과정에서 인간은 세계에 동화된다. 그 과정들은 사람이 외부세계를 자신의 내부세계로 끌고 들어오고 내부세계를 표현하는 것을 가능케 한다. 그 과정들은 대상들에 가까워지는 것을 가능케 하고 이로써 원시적 방식의 이해를 가능케 한다. 어떤 이는 미메시스적 능력의 도움으로 자신과 타자 사이의 유사성을 지각하며 자신을 타자가 지각했다고 경험한다. 이런 식으로 인간은 행동과 시각과 감정의 일치에 이르게 된다.

한 상징세계를 미메시스적으로 산출하는 일은 다른 세계들과 관계를 맺는다. 미메시스적 산출은 세계들을 매개하고 사람들을 매개한다. 여기서 아직 예속관계는 없다. 이 과정은 오히려 앞서 이루어진 행동과 전통을 인정하는 결과를 낳는다. 물론 상징세계들을 변화시키는 과정에서 권력관계가 개입할 수 있다. 타자와 전통에 정향한 행동으로서 미메시스는 유아론적 인식의 이상, 이론과 실제의 엄격한 분리, 자율적 자아와 그 자아를 창조적 자아로 찬미하는 이데올로기가 유일한 권력으로 사회적 사유와 과학적 사유 위에 군림하는 상황이 사라지는 시대에 다시 의미를 얻게 된다.

미메시스의 도움으로 인간의 사회적 행동 능력에 핵심적 의미를 지니는 지식, 신체와 밀접하게 연관된 실제적 지식이 발전한다. 미메시스 과정에서는 **행동의 요소와 지식의 요소**가 얽히는데, 이 두 요소는 내적으로 서로 구별되지 않은 채 "실제적 감각"(Bourdieu), 실제적 행동지식으로 결합된다(Gebauer/Wulf 1993; 1998). 문자가 없는 문화권에서는 이 **신체적 행동지식**이 비상한 의미를 지닌다. 이 신체적 행동지식은 리듬, 제스처, 소리로 특징지어지고 주체의 신체 전체를 포괄하는 행동들, 이를테면 낭독하는 자와 그 낭독을 듣는 청자의 행동들로 표현된다.

유럽에 문자가 도입되기 전에는 신체를 미메시스적으로 사용함으로써 문화적 내용들이 표현되고 보존되었다. 그 내용들은 말해지고, 암송되고, 연기되었으며, 공연에 참여한 사람들에 의해 청취되고 보존되고 전승되었다. 이것은 제스처적 소통으로 이루어졌다. 제스처는 연기적 성격을 띠고, 신체를 관습적으로 사용하는 일이며 연출하는 성격을 띤다. 신체 전체가 진동하여 울리고 공진을 불러일으키는 악기처럼 도구가 된다. 사람들은 여기서 일어나는 일을 (문자가 없는 서아프리카의 문화들이나 옛 유고슬라비아의 음유시인들에게서 관찰되었던 것과 같은) 구전되는 포에지poésie와 관련지어 서술할 수 있다. 이런 유의 시문학은 연기 형식이 아닌 다른 방식으로 존재하지 않으며, 이야기꾼과 노래하는 자의 기억이 아닌 다른 곳에 존재하지 않는다. 개개의 공연은 매번 새롭게 원작을 산출하며, 이 원작은 다른 공연들과 동일하지 않지만 대부분 매우 흡사하다. 그 공연은 예전의 사건들을 새로이 산출하는 일이고 새롭게 구현하는 일인데, 그때그때마다 고유한 성격을 띤다. 각각의 공연은 낭독된 내용에 대한 기억을 새롭게 하고 강화하며 그 내용에 새로운 강세를 부여한다. 미메시스는 **신체적 매체**로서 다른 인물들을 지향하며, 다른 사람들이 그 미메시스에 반응한다는 점에서 그것은 참여하는 사람들 사이에 상호적인 관계를 형성한다. 제스처적인 대화에서 말로 표현된 메시지가 교환되는 것은 아니다. 신체는 자신을 직접 전달하며 신체의 움직임은 문화적 의미들을 활성화한다.

문자문화권에서는 미메시스적 행동들이 제스처적 성격과 연기적 성격을 띤다. 그 행동들의 요소가 타인에게 일종의 연출로 작용한다. 수용자는 미메시스적으로 행동하는 자의 공연과 연출을, 특정한 과정들을 무엇인가로 보라는 요구로 지각한다. 문자는 목소리의 발성 과정을 성문화하고 보존한다. 이 맥락에서 지금까지 거의 주목받지 않은 그 밖의 문화적 형식들이 신체의 움직임과 리듬을 보존하고 있다. 춤, 팬터마임, 체조, 스포츠가 그것이다.

다음에서 세계와 맺는 중요한 미메시스적 관계를 전범적으로 서술하고자 한다. 앞 장의 첫 절에서 이미 플라톤이 『국가』에서 미메시스에 부여하는 의미를 짚어보았다. 플라톤은 자라나는 사람들에게 미메시스가 지니는 의미를 중시하면서 미메시스를 교육과 광범위하게 동일시한다. 청소년은 모범들을 통해 길러지기도 하고 망쳐지기도 한다. 그렇기 때문에 청소년에게는 올바른 모델이 제시되지 않으면 안 된다. 국가는 청소년이 어떤 모범들을 접하는지를 제어한다. 플라톤은 모델 앞에서 자유로울 가능성을 거의 인정하지 않는 것이다. 플라톤이 보기에 모델들에는 그 모델들을 경쟁적으로 본받고 자신도 똑같이 되도록 요구하는 성격이 강하게 내재한다. 그에 반해 아리스토텔레스는 미메시스를 통한 교육이 플라톤이 가정하듯이 강압적으로 이루어지지 않는다는 점을 지적한다. 그의 견해에 따르면 모델과 균형 있는 대결을 통해 그 모델들에 압도되지 않을 가능성이 생긴다.

이처럼 교육 과정에서 작용하는 미메시스에 대한 플라톤과 아리스토텔레스의 상이한 평가에서 이미 미메시스의 양가적 성격이 뚜렷이 드러난다. 미메시스는 인간의 행동 공간을 확장할 수도 있고 그 공간을 제한할 수도 있다. 미메시스는 자유와 자율에 기여할 수도 있고 결정론과 적응에 기여할 수도 있다. 미메시스 과정은 인간을 완전하게 만드는 데 기여할 수도, 개선 불가능성에 기여할 수도 있다. 미메시스적 행동에서의 이 양 측면이 서로 구별되지 못하는 예도 드물지 않다. 왜냐하면 미메시스적으로 습득한 것이 길들여지는 방향에 대해 결정하는 일은 맥락과 관계에 달려 있고, 따라서 어떤 맥락과 관계와의 연관 없이 가능하지 않기 때문이다.

미메시스는 계통발생에서나 개체발생에서나, 문명화 과정에서나 사회화 과정에서나 세계를 대하는 태도에 중심 역할을 한다. 미메시스는 문화, 사회, 교육에서 불가결한 전제이며 인간의 행동, 상호 작용, 생산 등 많은 영역을 관통한다. 미메시스 과정은 인간이 자연, 사회, 타인과 맺는 관계에 영향을 끼친다. 사람들 사이의 만남은 모두 그들의 미메시스적 능력에 의존하는데, 그것은 이러한 공감, 이해, 상호주관성 없이는 만남이 가능하지 않기 때문이다. 미메시스 능력은 사회와 문화의 기본 조건들에 속한다. 이 생각을 다음에서 몇 가지 기초적인 세계 관계의 사례를 통해 예시하고자 한다.

의태擬態: 생태학적 미메시스

적응 과정의 형태를 띤 미메시스의 형식들은 인간에게서만이 아니라 동물과 식물들에서도 발견된다. 물론 그러한 과정은 식물과 동물의 세계에 유전적으로 프로그램되어 있고 적응에서의 이점으로 특징 지어진다. 이때 사람들은 미메시스보다는 의태Mimikriy(흉내 내기)라는 말을 사용한다. 여기서 세 가지 요소가 역할을 한다. 모범, 모방하는 자, 그리고 신호를 수신하는 자 또는 동물이 그것인데, 동물은 모범과 모방하는 자 사이에서 어떤 확실한 구별도 할 줄 모른다(Barret 1987). 모방되는 것은 색깔, 형태의 특징, 행동 형식들이다. 인간의 미메시스와는 달리 식물과 동물의 의태에서는 진화의 결과가 관건이다. 진화 과정은 여러 세대에 걸친 선택과 돌연변이를 통해 생존에 더 적합한 특징들을 만들어낸다. 진화를 통한 의태의 발전을 위한 전제 조건은 모방하는 자가 의태를 통해 얻는 번식에서의 이점이다.

식물계에서 가장 널리 알려진 의태의 형식 가운데 하나는 스스로 잡아먹히지 않으려는 목적에서 먹을 수 없는 종을 모방하는 데 있다. 이 경우 적응하는 식물의 단순한 생존이 이미 그런 능력이 없는 다른 식물들에 비해 생존의 이점이 된다. 이와 유사한 것이 적에게서 식별되지 않고 잡아먹히지 않기 위해 형태와 색을 주변 세계에 적응시키거나 죽은 척하면서 생존하는 동물들에게도 해당된다.

이 의태 과정들은 환경에 더 낮게 적응하는 것을 목표로 하며, 이러한 적응이 식물 또는 동물에게 더 나은 생존 기회를 준다. 그 과정들은 돌연변이를 통해 시작되며, 생존을 위해 올바른 방향에서의 선택을 통해 유지된다. 이와 유사한 과정들이 원인猿人들의 역사도 규정했고 어째서 특정한 형태의 오스트랄로피테쿠스가 계속 진화하지 않았는지 하는 가설을 뒷받침해준다. "추측해본 인류 역사의 기원" (Kant)에 위험한 자연 앞에서의 공포가 있었다. 『계몽의 변증법』에서 호르크하이머와 아도르노가 제기한 테제에 따르면 초기 인간에게는 생존을 확보하기 위해 스스로 죽은 척하기, 즉 작은 동물들에게 볼 수 있는 경직의 반응을 보이는 길밖에 없었다. "죽은 것에의 동화" 덕택에 초기 인간은 공격을 피할 수 있었다. 인간은 살아남았는데, 물론 "무방비한 희생자"(Horkheimer/Adorno 1981)로 살아남았다. 인간은 막강한 자연을 지배하는 단계에 이르기에는 아직 먼 상태였다. 그러나 인간이 이처럼 경직, 단단해지기, 낯설게 하기, 물화 과정을 낳으며 막강한 생활 환경에 적응하는 것으로부터 자신의 유일한 생존 기회를 본다는 점에서 인간 진화의 가장 초기 단계에서 이미 오늘날까지 인간을 지배하는 문명화 과정의 한 측면을 엿볼 수 있다. 이 측면은 그 원천과 근거를 "죽은 것"에의 동화에 둔다. 미메시스는 문명의 방향으로 내딛는 첫걸음으로서, 이 첫걸음은 인간에게서 최초의 희생, 즉 인간의 활기를 요구하고 있다.

미메시스와 마법

인간은 자연에 대한 거리와 자연으로부터의 독립을 마법을 발전시키며 얻는다. 이 마법이 주변 세계에 대한 관계에서 주도적인 특징이 되면, 인간은 단순히 자연에 적응하고 "죽은 것에 동화"되는 것과 달리 새로운 단계의 역사로 진입한다. 이제 인간은 자신의 행동을 통해 자연에 영향을 끼치기 시작한다. 인간은 자연에서 관찰한 맥락에 대한 표상을 발전시키면서 자신의 행동을 통해 이 맥락에 영향을 끼치고 자 한다. 이런 식으로 인간은 자연이 수행해줄 것을 기대하는 무언 가를 자연에 지시하기 시작한다. 그렇게 해서 인간과 자연 사이의 미메시스적 관계가 점차 변한다. 죽은 것에의 동화를 통해 생겨난 것이 우선 막강한 자연 앞에서 죽은 체하기의 조건반사였다면, 인간은 이 제 점차 원하는 상태를 선취하여, 자연이 그것을 "따라줄" 것을 기대 하게 되었다.

모든 초기 문화에서 자연과 다른 사람들에 대한 권력을 얻으려 는 시도인 마법의 효력은 마법적 행동을 수행하는 자의 감정의 강 렬함과 미메시스적 표현에 달려 있다. 예를 들어 마법적 행동을 통 해 공포를 막아내야 할 경우가 생기면, 주술사는 마치 자기에게 불안 이 엄습하는 듯한 태도를 보여야 한다. 그는 몸을 떨고 소리를 지르 며 마치 겁에 질린 듯이 연출해야 한다. 즉 주술사는 두려워했던 감 정에 미메시스적으로 동화되어 그것을 모든 이의 눈앞에서 제어할 줄 알아야 한다. 다른 경우에는 어떤 의례의 도움으로 목적한 바를 모방하려는 시도, 즉 어떤 행동을 통해 그 행동의 결과를 선취하려 는 시도가 이루어진다. 결정적인 것은 마법적 힘을 객체, 공포 또는 자연 쪽으로, 이것들이 전염되고 또 투입한 마법적 힘에 미메시스적 으로 대응하기를 바라면서, 전이하는 일이다. 이러한 전염을 보장하 기 위해 소음을 동원한다든지 소망과 관련된 말이나 신화적인 암시 를 생생하게 사용하든지 해서 주문으로 불러내는 행위가 연출된다 (Malinowski 1973). 미메시스 과정의 핵심은 바라는 상황의 이미지와 그 상황을 변화시키는 데 필요한 행동들의 이미지를 구상하는 데 있으며, 모방을 통해 그 이미지가 실현되는 것에 기여하려는 목적에서 그 이미지를 모방하는 데 있다(Taussig 1993).

초기 문화에 연장과 도구를 사용하는 일이나 도구적 사유와 행동이 독자적인 역할을 하고 이러한 것들의 용처와 사용 범위에 대해 분명한 관념들이 지배하지만, 오로지 마법이 동원되어야 하는 분야와 맥락이 있다. 이런 분야와 맥락에서 주술사의 과제는 자신이 보유한 수단들로 자연과 다른 사람들에게 영향력을 행사하는 일이다. 레오폴트 치글러의 가정에 따르면 이러한 일은 "모방Ahmung"을 동원하여 이루어진다. 이것은 더 이상 인간이 자연을 모방한다는 뜻이 아니다. 오히려 "인간은 먼저 해 보인다. 그는 연기를 하며 연출을 한다. 그는 자신이 발원하는 **능산적 자연**으로부터 기대하는 것을 표정으로 드러내는데, 그가 할 수 있는 한 최고로 적나라하게 표현한다."(Ziegler 1953)

마법적-미메시스적 태도의 출발점은 인간에게 있지 자연에 있는 것이 아니다. 인간이 바로 스스로 자연으로부터 기대하는 것을 그 자연에 지시한다. 자신의 감정과 재현을 강렬하게 드러냄으로써 인간은 자연의 위력에서 벗어나고 자연에 영향력을 행사하고자 한다. 우리는 여기서 인간이 자연으로부터 점차 해방되는 과정의 시원을 볼 수 있을 것이다. 그렇다면 미메시스는 "발원하는 **능산적 자연**"에 동화됨으로써 그것으로부터 영향력을 얻는 힘일 것이다. 미메시스에는 과학에서와는 달리 주체-객체의 분리가 없으며 객체화된 세계를 인식하고 지배하려는 주체의 시도가 없을 것이다. 오히려 자연과 밀접한 관계를 맺고 있는 인간의 동화와 접근 과정을 통해 자연에 인간이 뜻하는 대로 영향을 끼친다. 환경에는 사람들이 인간으로서 그 환경으로부터 기대하는 것이 암시된다. 생성하는 자연이 "모방"을 통해 인간의 소망에 원하는 응답을 하도록 유도되어야 한다. 물론 인간의 소망은 여전히 자연과 조화를 이루고 있으며, 아직은 자연으로부터 풀려나와 독립하지는 않았다. "모방"의 과정은 원인과 결과의 구분이 아직 이루어지지 않은 우주적 질서를 만들어내려는 최초의 시도를 나타낸다. 소망상과 소망의 행동들을 재현함으로써 마법은 자연이 이 상들을 모방하도록 이끄는 것에 목표를 둔다. "상像"에서 발생하는 영향이 신뢰를 받고 있으며, 이 영향을 통해 원하는 상과 행동들이 자연과 다른 사람들 측에서 유발된다.

대중의 형성

미메시스적 전염은 마법적 과정에서만 일어나는 것이 아니다. 그 전염은 오늘날에 이르기까지 대중이 형성되는 데서도 등장한다. 그 속에서 분리하던 막들이 내던져지고 사람들이 갑자기 똑같이 느끼게 되는 대중은 방전, 심지어 종종 파괴, 분출, 엑스터시 쪽으로 밀려가는데, 그러한 대중이 탄생하는 데서는 완성을 향해 나아가는 과정에 저항하는 태곳적 요소들이 가시화되어 드러난다. 대중으로부터 더욱더 많은 사람이 전염된다. 대중은 사람들의 개인적인 경계를 제거하고 스스로 무한히 확장되고자 한다. 이때 분화되지 않은 공통점과 결속의 느낌이 생겨난다. 엘리아스 카네티의 견해에 따르면 대중은 더욱더 자라나고자 한다. 대중 속에는 평등이 지배한다. 대중은 밀도를 좋아한다. 대중은 한 방향을 찾는다(Canetti 1976). 이 네 가지 특성 각각은 미메시스 능력과 관련된다. 대중의 성장은 전염을 통해 이루어진다. 마치 신체에서 신체로 옮겨가듯이 흥분과 엑스터시가 전이된다. 확산되는 흥분에 대한 의식적인 경계짓기는 성공하지 못한다. 동일함의 소용돌이가 개인을 잡아챈다. 차이들은 해체된다. 한 목표를 향해 모든 차이가 평준화된다. 타자에 동화되는 과정을 통해 대중의 신체, 개개의 신체들을 자신 속에 빨아들이는 대중의 신체가 생겨난다.

　이러한 동일성에 대한 체험 속에 많은 사회적 평등 이론들의 토대도 놓여 있다. 단지 유사성이 아니라 평등이 목표이며, 대중에 대한 미메시스가 목표다. 사람들 사이에 아무것도 가로놓여서는 안 된다. 방전의 순간 최대의 밀도에 도달한다. 그 밀도도 신체적으로, 용해를 통한 강렬함의 상승으로 감지된다. 이러한 상호 침투의 과정이 이루어지려면 대중이 움직여가는 방향, 소속된 모든 이에게 공속감을 매개해주는 어떤 방향이 필요하다. 각각의 개인 외부에 놓여 있는 목표, 그들의 개인적 목표들을 배후로 밀어내는 그 목표를 통해 각 개인이 한 방향을 지향할 수 있게 된다. 목표를 미메시스적으로 넘겨받는 상황, 각 개인이 이 목표에 동화되는 상황에 이르게 된다. 이로써 파열의 위험을 피할 수 있다. 우선 도달되지 않은 목표 위에서 단합이 생겨나는데, 이 단합이 개인들을 목표 쪽으로 결속시킨다. 의태는 여기서 개인적인 행동 공간들을 모두 제거하는 행동으로 나타나며, 이 행동이 한 목표를 향한 전염, 동일화, 획일화를 가져온다. 발을 리듬에 맞춰 움직이는 것과 같은, 대중 속에서 형성되는 리듬들은 밀도, 평등, 특정 목표를 향함과 같은 대중의 감정을 다시 강화한다.

　대중을 지탱하는 감정에 따라 다음과 같이 다섯 종류의 대중으로 구별할 수 있다.

- **선동대중**: 이 대중은 희생자들을 붙잡고 함께 살해하는 것을 목표로 형성된다.
- **피란대중**: 이 대중은 위협을 통해 생겨난다.
- **금지대중**: 이 대중은 돌연 넘어서는 안 되는 경계를 세우는 어떤 금지를 통해 구성된다(이를테면 파업에서).
- **반전反轉대중**: 이 대중은 지금까지 유효했던 규범들로부터 함께 해방됨으로써 생겨난다(이를테면 바스티유 감옥 습격).
- **축제대중**: 축제에 대중의 목표가 있다. 자의적으로 향유되는 가운데 밀도와 평등이 주어진다.

각각의 대중이 형성되는 데에는 그 대중을 구성하는 구성원들이 한가지 목표를 향해 나아가는 미메시스적 움직임, 각각의 신체의 상호적인 미메시스, 각 신체가 대중의 신체 쪽으로 결합되는 일이 중요한 요인이다. "남자와 여자" "산 자와 죽은 자" "친구와 적"과 같은 이중적 대중에게서도 각 대중이 다른 대중의 삶을 유지해주는 만큼 미메시스적 관계가 주어져 있다. 서로 상응하는 대중은 미메시스적 관계 속에서 마주한다. 이 관계로부터 일군은 "남자" "산 자" "친구"로, 다른 일군은 "여자" "죽은 자" "적"이 된다. 각 대중의 내부에서 동화 과정이 이루어지며, 이 과정은 동시에 그에 상응하는 다른 대중과의 변별성을 만들어낸다.

미메시스와 폭력

미메시스적 마법의 맥락에서 논의되었던 미메시스의 "전염적 성격"에 대한 인식은 사회적 폭력의 발생에 대한 한 중요한 이론의 출발점이 된다(Girard 1987). 한편으로 미메시스는 인간의 이심성離心性, Exzentrizität을 통해 가능하게 된 능력으로 이른 나이부터 학습할 줄 아는 능력이다. 사람들은 다른 사람들을 모방하는 가운데 그들이 해 보이는 것을 습득한다. 여기서 관건은 "습득의 미메시스"다. 한 문화에서 개발된 견해, 능력, 태도들이 이 미메시스의 도움으로 세대에서 세대로 전수되고 수정된다. 인간의 미메시스 능력은 사회를 구성하고 개인들을 성장케 하는 데 필수적이다. 그렇지만 그와 함께 그 능력은 사람들 사이에 폭력이 생겨나는 원인이기도 하다. 왜냐하면 견해와 행동 형식들을 미메시스적으로 습득하는 일은 모방되는 사람과 모방하는 사람 사이의 경쟁과 적대관계를 동시적으로 조성하기 때문인데, 이 적대관계가 폭력적 행동의 시발점이 된다. 모순적 상황이 생겨난다. 즉 모방자가 추구하는 피모방자의 일정한 특성들에 대한 습득은 서로 변별되고자 하고 유일무이하고자 하는 둘의 바람과 어울리지 못한다. 차이와 유일무이성에 대한 이 바람 속에서 미메시스를 통해 생성된 평등과 다양성이 위협이 되며, 이 위협은 사회의 잠재적 폭력성을 증가시킨다.

커다란 감정적 강렬함을 지닌 행동들은 각별히 미메시스를 도발하는 것처럼 보인다. 웃음과 사랑과 폭력의 전염적 성격은 잘 알려져 있다. 초기 문화에서 각각의 폭력적 행동에는 계속해서 폭력적 행동이 이어지며 응수했다. 거듭해서 폭력의 "악순환"이 생겨났으며, 이

악순환으로 인해 폭력의 규모와 강도가 커지고 강화되었다. 그로 인해 사회 결속이 위협받는 일이 심심찮게 일어났다. 사회는 오늘날에도 각종 금지와 의례를 통해 미메시스적 성격의 폭력적 행동들을 제어하려고 한다.

폭력적 행동들이 분출하는 미메시스적 위기, 금지 또는 의례를 통해 그 위기를 가라앉히는 데 더는 성공하지 못하는 그러한 위기가 닥치면 "희생양"을 의례적으로 바치는 상황에 이르기도 한다. 이를 통해 위기를 잠재울 수 있게 된다(Girard 1988). 이러한 상황에서 잠재적인 희생 제물이 공동체에서 선정되어 희생양으로 규정되고 공동으로 희생된다. 공동체가 결속하는 가운데 일종의 "적수의 미메시스", 즉 적으로 선언된 희생 제물에 맞서는 동맹이 생겨난다. 통상적으로 스스로 방어할 줄 모르고 죽임을 통해 더 이상 추후의 폭력적 행동들이 야기되지 않도록 하는 누군가가 만장일치로 지목된다. 물론 희생 제의 자체가 일종의 폭력적 행동이다. 하지만 그 행동이 폭력적 행동들의 미메시스적 순환을 종결지을 것으로 기대된다. 왜냐하면 그 행동은 종종 우연의 원칙에 따라 지목된 희생 제물에 맞서 집단의 유대를 강화하고, 그 집단에게 이 행동을 통해 자신들에게 내재한 폭력으로부터 해방될 것 같은 가능성을 주기 때문이다. 위기의 종결은 다음과 같은 귀환의 메커니즘을 통해 성취된다. 즉 일단 희생 제물이 사회에 내재하는 폭력에 책임이 있는 것으로 만들어진다. 희생 제물은 자신이 지니지 않은 권력을 지닌 것으로 여겨진다. 그렇지만 사회는 이로써 자신의 잠재적 폭력에서 풀려난다. 다른 한편 희생 제물에게는 사회가 희생 제물이 죽은 뒤에 체험하는 화해의 힘이 있는 것으로 여겨진다. 이 두 경우 모두에서 희생 제물이 기대했던 결과를 가져오는 것을 보장하게 될 원인 귀속과 전이가 관건이다. 평온을 되찾은 것이 곧 희생 제물이 미메시스적 위기에 책임을 지녔다는 점을 입증하는 증거로 나타난다. 하지만 이 확신은 환상이다. 사회가 희생 제물의 공격 때문에 수난을 받는 것이 아니라 희생 제물이 사회의 폭력으로 인해 수난을 받는 것이다. 그렇지만 이 귀환의 메커니즘이 작동하려면 희생 제물에 대한 전이가 그 자체로 꿰뚫어볼 수 없어야 한다. 만약 이러한 일이 발생하면 희생 제물이 화해의 힘, 해방을 가져오는 힘을 잃게 될 위험이 있다.

미메시스는 사회를 구성하고 해체하는 데 처음부터 작용한다. 미메시스 과정들은 사회적 위계와 질서들을 침투하며 사회 구조들이 생겨나는 데 영향을 미친다. 그 과정들은 양가성으로 특징지어진다. 즉 그 과정들은 한편으로 질서를 세우는가 하면, 다른 한편으로 이 질서를 위협하면서 파괴하기에 이른다. 그 과정들은 한편으로 포착되고 유도될 수 있는가 하면, 다른 한편—이를테면 대중 현상에서와 같이—제멋대로 자라나서 통제 불가능해지기도 한다.

미메시스와 타자

다양한 역사적 발전 과정 속의 사회에서 미메시스 과정들이 수행하는 건설적 역할과 파괴적 역할을 분석해봤는데, 이제 다른 사람들과 조우할 때 미메시스가 수행하는 핵심 역할을 밝혀보고자 한다. 다음에서 상술할 것의 출발점은, 두 사람이 만날 때, 한 사람이 다른 사람과 마주 설 때, 서로 바라볼 때, 서로 관계를 맺을 때, 각자 다른 사람의 의식을 해명하고자 시도할 때 어떤 과정이 진행되는가 하는 물음이다(Merleau-Ponty 1966; Plessner 1982). 다른 사람의 의식을 내가 경험하는 것은, 그 사람의 감정 표현과 내 감정이 서로 관련을 맺고 내 미메시스적 표현이 내 정신 상태와 비교되는 가운데서만 가능하다. 타인을 지각하는 것은 그러한 경험들에 앞서 이루어진다. 관찰된 나의 표정과 타인의 표정 사이의 관계들은 내게 그 타인에 대한 정보를 줄 수 있다. 메를로퐁티의 견해에 따르면 바로 여기에 상호주관성의 원천이 놓여 있다. 이 상호주관성은 내 신체, 내 의식과 타인의 신체 사이의 내적 관계, 그 타인을 이 체계의 완성으로 나타나게 하는 이 관계를 통해 성장한다. 타인의 명백함은 나 자신이 내게 투명하지 않고 내 주관성이 내 신체를 뒤에 끌고 다니기 때문에 가능하다(Plessner 1982, p. 393). 내가 무엇보다 근筋 감각적으로 감지하는 내 표현운동들과 내가 무엇보다 눈으로 수용하는 타인의 표현운동들은 "내부"로 향하고 "외부"로 향하는 "내적 지각"을 통해 서로 관련을 맺는다. 이 "내적" 지각과 "외적" 지각이라는 두 형태 사이의 결합이 막스 셸러[1]의 견해에 따르면 표현감각이다.

내 시선이 타인의 시선과 마주치는 데 나와 타인의 상호성에 대한 근본 경험이 놓여 있다. 내가 타인의 눈을 본다면 그도 나를 볼 것이고, 이때 내 눈만 보는 게 아니다. 그 타인은 일정한 외모를 갖고 있다. 그와 동시에 그는 나를 바라보고 있고 나와 마주 서 있다. 그와 나는 위치를 바꿀 수 있다. 시점의 교환 가능성에서 그는 하나의 "타자"인데, 그것은 내가 그에게 타자인 것과 같다. 시선은 외적 지각이

---

1 Max Scheler, 1874~1928: '생철학'적인 경향을 보인 독일의 철학자. 만년에는 '철학적 인간학'을 구상하면서, 철학을 세계관이자 형이상학적인 지식이라고 했다.—옮긴이

자 내적 지각에 속한다. 시선은 감각적인 이미지적 성격과 이 이미지적 성격에서 드러나는 표현성을 만들어낸다. 그와 동시에 시선은 그둘을 통해 만들어진다. 타인을 만나는 시선의 주도 아래 신체 도식의 상호성, 아마도 운동 능력의 발달 및 제어와 함께 가는 그 상호성이 발견된다. "내 눈이—이 눈으로 나는 바라보는데—나 자신에게 비가시적으로 남아 있다는 바로 그 이유로 시선을 보내고 받는 자로서의 그의 눈은 나의 눈과 상호관계를 맺게 된다."(Plessner 1982, p. 395) 이로써 타인의 얼굴과 모습은 나의 "운동 도식"에 그려진다. 그의 외모는 시선운동에서 재생 가능하게 남으며, 그와 동시에 그의 움직임들을 내 운동 체계 안에서 재생하는 데 충분히 불변적으로 남는다. 타인의 얼굴은 내 얼굴이 반사된 모습이다. 이것은 (그 타인의) 신체 전체에 해당되는데, 그 신체의 각 부위는 나의 운동장들 Bewegungsfelder에 대응하는 짝들이다.

타인과 마주치는 시선 속에 신체 도식의 상호성이 포착된다. 물론 그러기 위해서는 시선이 이러한 의미에서 체험되어야 한다. 이것이 인간에게 가능한 것은 인간의 이심적 입장 때문이다. 이심적 입장이 시선들의 조우, 바라보는 자들의 조우, 시선에서의 상호성을 비로소 허용한다. 이심성은 상호성의 조건이고, 타인의 신체와 움직임이 시선의 도움으로 자신의 신체 도식에 관련되고 모방될 수 있기 위한 조건이다. 미메시스 과정에 이를 수 있으려면 일어난 사건이 해체되는 일과 그것이 인간의 상상력 속에서 모사되는 일이 필요하다. 그러기 위해서 신체와 재귀적 관계를 맺을 것이 요구된다. 체현과 대상화 작업이 미메시스의 전제 조건이다. 모든 미메시스적 행위는 자기 자신의 신체를 지시한다. 인간이 현상으로 나타나는 이미지들을 이미지들로서 모방할 수 있는 반면, 동물들은 단순히 따라 하기만 할 수 있으며, 그 과정에서 일정한 움직임들이 반복된다. 현재에 결부된 단순한 따라 하기와는 달리 인간은 사회적 존재로서 선행자 또는 분신(도플갱어)을 통해 가능해진다. 명명 행위에서 이를테면 각각의 이름을 담지하는 뛰어난 사람들과의 관계가 만들어진다. 아이는 이 이름들에 대해 모방과 본받기의 관계에 들어선다. 그와 같은 미메시스적 과정이 진행되면서 아이는 일정한 모범, 과제, 의무에 대응하는 새로운 사회 구성원이 된다.

인류학적 관점에서 볼 때 미메시스는 자극과 반응 사이의 틈, "우주에서 인간이 차지하는 특수한 위치"(Scheler), 이심성(Plessner)을 통해 가능해진다. 이심성은 인간이 자신에 대해 지닌 "지양할 수 없는 원격의 위치"를 위한 조건이고, 이로써 외부에서 받는 인상들을 대상화할 수 있는 주어진 가능성이며 인류학적 전제 조건으로서 신체 도식의 상호성을 경험하기 위한 조건이다.

사회적 미메시스와 미학적 미메시스의 수렴

미메시스는 인간의 발생사에서 건설적 힘으로 작용하기도 하고 파괴적 힘으로 작용하기도 한다. 미메시스는 완성과 개선 불가능성 사이의 긴장관계, 인간의 자기 창조를 구성하는 긴장관계에 매여 있다. 미메시스는 죽은 것에의 의태로 영락할 수도 있고, 문화적-사회적으로 주어진 것을 변화시킬 힘으로서 생산적이 될 수도 있다. 우리가 인간의 역사에서 미메시스의 이러한 역할을 주장한다면 다음과 같은 시각들이 생겨난다. 즉 미메시스 과정은 행위자가 이미 형성하여 습득한 것이 작동되게끔 한다. 그리하여 사람들은 따라 하는 가운데 이미 존재하는 운동성의 도식들을 다시 진행시킨다. 반복을 통해 고유한 무엇이 구성되는데, 이전에 구현된 도식과 전혀 일치할 필요가 없다. 우연히 발견한 도식들이 아니라 재인식될 수 있는 습관화된 도식들이 관건이다. 미메시스는 행동 도식들, 그리고 상위의 기호적인 차원에서는 명명과 의미 작용과 재현의 기술들이 자유롭게 작동하게끔 하는 일이다.

미메시스 과정은 유사성에 토대를 두지 않는다. 한 미메시스적 세계가 다른 세계와 맺는 관계가 설정된 연후에야 두 세계의 비교가 가능해지며 비교점tertium comparationis이 규정될 수 있다. 유사성은 미메시스적 관계 맺기의 한 결과다. 모방은 미메시스의 특수한 경우일 뿐이다. 한 대상이나 사건이 타자의 상, 모사 또는 복제로 간주되는 것은 그 둘 사이에 미메시스적 관계 맺기가 이루어졌을 때 비로소 가능하다. 미메시스적 관계 맺기에서 어떤 상징적으로 생성된 세계로부터 어떤 이전의 세계가 해석되는데, 이 이전의 세계 자체는 이미 해석되어 있다. 미메시스는 이미 해석된 세계들에 관한 새로운 해석을 낳는다. 이것은 반복이나 단순한 복제에도 해당된다.

미메시스는 상징적으로 생성된 세계와 다른 세계 사이에 걸쳐 있는 사이적 존재다. 이 관계 속에서 어떤 세계가 진정한 세계이고 어떤 세계가 가상적이며 환영적으로, 유희, 과장, 캐리커처로 여겨지는지가 확인된다. 미메시스는 가능한 현재로부터, 살아 있는 기억으로서 시간의 흐름으로부터 건져내어진 실제의 현재를 만들어낼 수 있다. 미메시스는 현상들의 감각적 측면들을 포착함으로써 현전과 복제 가능성을 가져다준다.

미메시스의 힘은 본질적으로 그것이 산출해내는 이미지들 속에 놓여 있다. 미메시스는 현상, 가상, 미학의 세계를 산출한다. 이미지들은 물론 물질적 현존을 지니지만, 그것들이 재현하는 것은 경험적 현실을 구성하는 불가결한 부분이 아니다. 이미지가 재현하는 것은 경험적 현실과는 다른 질서의 지식에 속한다. 이미지들은 인간과 경험 현실 사이의 결합을 만들어내지만 환영, 시뮬레이션, 허구, 기만의 측면도 내포한다. 이미지들은 자율화되는 경향을 보여준다. 이미지들은 그런 뒤 현실과 관련이 없는 감각적 사건들, 시뮬라크르, 시뮬라시옹들이 된다. 주체 없는 이미지와 텍스트가 생겨난다. 미메시스는 자기준거적이 된다.

대중매체의 탄생과 확산은 이러한 과정을 촉진한다. 매체가 보여주는 이미지들은 가정된 현실과 미메시스적인 관계에 있다. 그 이미지들은 현실을 따라 만들어내고, 그 현실을 변화시키며 집어삼킨다. 이미지들은 미니어처가 되고 가속화되면서 일상생활에서 현실 경험과 진리의 대용물이 된다. 일상적 체험에서 볼 때는 현실이 이미지들이 되는 것이 아니라 이미지들이 현실이 된다. 복수적인 이미지 현실들이 생겨난다. 현실과 허구 사이의 차이는 사라진다. 이미지들은 곧장 이용 가능해지고 그렇기 때문에 전능함에 대한 인간의 소망에 부응한다. 모든 것이 가능해지는데, 적어도 이미지 속에서는 가능해진다. 이미지들은 사라진 이미지와 현실을 찾는 과정에서 이미지들을 시뮬레이션한다.

미메시스적 세계에 역사적 현실과의 관계에서 본래적인 의미가 부여된다면, 기호의 권력은 상승하며 (정치적) 권력은 기호의 도움으로 강화된다. 그렇다면 미메시스적 세계는 상위의 현실을 나타낸다. 미메시스적 세계는 세계를 마땅히 되어야 할 세계로 재현하는 무대를 세운다. 미메시스는 이런 식으로 실제의 행동 속으로 작용한다. 즉 태도의 본보기를 만들고 권력을 연출하며 현실을 정의한다. 권위적인 정권들은 미메시스적 방식을 이용해 연출된 허구적 사건들, 현실의 위치를 차지하는 그 사건들을 구축한다. 사회적 허구들을 산출하는 일로서 미메시스는 미학 분야에서 나와 사회적 힘으로 작용한다.

3.

시간의 미메시스

시간을 다루는 법은 인간의 사회적 실존에서 습득된다. 부르디외의 사회학을 기초로 한다면, 시간과의 관계는 일련의 조건들에 묶여 있다. 시간과의 관계는 사회의 역사적 시간, 사회 계급과 계급의 분파들, 행동이 이루어지는 장場, 그 장의 특수한 구조들로 특징지어진다. 그러나 시간과의 관계는 개인이 자신의 역사에서 경험한 모범들, 모델들, 연습, 규율들에 의해서도 형성된다. 시간의 사용은 행동이 이루어지는 매체에도 달려 있다. 그리하여 사회적 행동이 지금과 여기에 묶인 신체적 활동으로서 수행되느냐 아니면 회귀와 선취, 시점時點과 시각視覺의 교체를 작동시키는 이야기들에서 수행되느냐 하는 근본적인 차이가 있다. 사회적 행동의 다양한 시간의 관점과 달리 "인류학자와 사회학자들이 흔히 만족하는 선형적인 삶의 이야기들"의 시간 구조는 인위적인 빈곤화로 나타난다(Bourdieu 1992, p. 179). 사회생활에 가담한 사람들은 자기 자신의 이야기를 할 때 복잡한 시간 구조들을 사용하는 일이 흔하다. 그 시간 구조 속에서 줄거리 가닥들은 겹치고 교차하고 서로 관련되며 교체됨으로써 과거와 현재가 뒤섞일 수 있다. 우리가 실증주의적인 과학관의 검열이 가하는 압박에 굴복하여 실제 사회생활에서 발견되는 이 복잡한 시간 구조들을 선형적으로 순차적인 계열로 환원한다면 이는 오류일 것이다.

부르디외가 제안한 것처럼 우리가 사회과학의 시간적 차원을 강조할 뿐만 아니라 기술 가능하게 만들고자 한다면 우리는 제일 먼저 실제 사회생활 자체에서의 개별 시간들의 다양성을 포착해야 한다. 이것은 다음 장에서 개관할 것이다. 이어서 우리는 사회과학은 어떤 시간 모델들을 문학에, 더 정확히 말해 글로 쓰인 문학이 시간을 재현하는 방식에 힘입고 있는지에 대한 물음을 제기할 것이다. 선형적인 사건 재현이 글로 쓰인 텍스트들, 특히 문학 텍스트들의 도움으로 구성되었다는 추측이 옳다면, 사회과학이 오늘날 복합적인 시간 과정들의 재현을 가능케 하는 그와 같은 시간 모델들을 문학에서 취할 수 있다는 것도 가정할 수 있다.

일상생활에서의 시간

시간을 사회적으로 사용하는 일은 시간에 대한 실제적 감각[1]에 의해 규정된다. 이 감각은 가장 이른 유년기부터 어떤 과정 속에서 형성되는데, 이 과정이 진행되면서 여러 시간 형식이 용해된다. 이렇게 해서 시간을 다루는 여러 형식을 포괄하는 어떤 습관, 그 자체가 시

---

1   이하 우리는 시간에 대한 이 실제적 감각을 "실제적 시간 감각"으로 줄여서 지칭한다.

간성을 띠는 것으로 이해되어야 하는 어떤 습관이 생겨난다. 이때 시간성은 그 습관의 발생사와 관련되고 다른 한편 그 습관을 과학적으로 다루는 일의 시간성과도 관련된다. 이 습관이 "예전의 경험들, 즉 각각의 유기체마다 지각과 사유와 행동의 도식들이라는 형태로 침전되는 경험들, 그러면서 모든 규칙과 명시적인 규범들보다도 더 확실하게 시간의 경과 속에서 실제 활동들의 일치와 항상성을 보증해주고자 하는 경험들의 능동적인 현전을 보증한다."(Bourdieu 1987, p. 101)

시간 습관

습관을 만들어낸 시간 구조들은 그 습관의 시간적 측면2을 통해 인간의 사회적 실천을 규정하는데, 여기서 규정한다는 것은 기계적 결정론의 의미가 아닌 지향적이고 도구적이며 제도적인 시간지식으로 규정한다는 뜻이다. 이 시간지식은 예견되지 않은 시간적 실제 활동들을 위한, 습관에서 주어진 구성의 가능성들에 영향을 미친다. 한 문화권에서, 그리고 한 역사적 시대에 시간을 다루는 형식들 가운데 어떠한 형식이 강조되고, 또한 어떠한 형식이 망각되는지, 즉 "무의식"에 넘겨지는지가—물론 시간을 다루는 그 형식들이 그 '무의식'으로부터 계속해서 영향을 미칠 수 있다—바로 이처럼 시간 습관이 형성되면서 결정된다. 이렇게 볼 때 습관은 그 습관을 만들어낸 과거 전체가, 변화 속에서도 지속성을 보증하면서 현존하는 모습이다.

---

2 이하 습관의 시간적 측면을 "시간 습관"으로 줄여서 지칭한다.

시간 습관은 문화권마다 매우 상이한 시간 규범에 따라 특징적으로 형성되는데, 이 시간 규범들은 그와 동시에 실제적 시간 감각을 매개로 사회 형식들에 지속적인 영향을 끼친다(Hall 1973; Wendorff 1988). 이는 카바일족의 사회적 교환 형식에 대한 부르디외의 분석에서 분명하게 드러난다.[3] 선물을 주고받는 일이 성공적으로 이루어지는 데는 시간의 차원이 결정적 의미를 지닌다. 왜냐하면 선물과 그 선물에 보답하는 선물의 교환은 시간적으로 구조화된 상호성의 사이클 속에서 이루어지기 때문인데, 이 사이클의 바탕에는 의무상 당연히 하는 기계적 성격의 교환이 놓여 있지 않다. 이 교환에서는 한편으로 개연성의 논리로 보면 어떤 선물에 대한 보답이 이루어질 거라고 가정할 수 있다. 다른 한편 각각의 사회적 규칙이 불확실하기 때문에 보답이 이루어질 것인지, 이루어진다면 언제 어떤 규모로 이루어질 것인지는 알 수 없다. 이 불확실성은 시간의 차원이 지닌 리듬과 방향성 및 불가역성을 관찰해보면 알 수 있다. 교환 행위는 시간적 질서 속에서 내리는 일련의 개별적 결단들의 결과로 이루어지는데, 그 결단들의 구조는 시간 습관에 의해 구성된다. 이 시간 습관은 물론 그것이 함의하는 도식들을 구현하지만 어떤 규칙, 원칙, 계산, 추론을 반드시 따르는 것은 아니다. 개별 행동들의 시간적 순서는 아무런 결정의 여지가 남아 있지 않을 정도로 엄밀하게 정해지지 않는다. 선물 교환이 원하는 사회적 효과를 가져오기 위해서는 시간적으로 지연된 여러 상이한 개별 행동이 이루어질 필요가 있다. 즉 주는 행위와 받는 행위 사이에 적절한 시간적 거리가 놓여 있지 않으

---

3 P. Bourdieu, Sozialer Sinn, 앞의 책, 특히 1권 6장 참조. (카바일족은 북아프리카 토인의 한 종족이다.—옮긴이)

면 그 교환은 영향력을 상실한다. 보답하는 선물을 할 때까지 시간이 지나치게 짧으면 그것은 그 선물을 받는 사람에게 상처를 주게 된다. 반면 그 시간이 지나치게 길면 보답하는 선물은 원했던 효과를 거두지 못하게 된다. 다른 사회 상황에서와 마찬가지로 여기서 지연과 서두름을 "능숙하게" 결합함으로써 선택하는 적절한 시점이 결정적인데, 그 결합이 바로 실제적 시간 감각에 의해 이루어진다.

시간이 세계, 타자, 자기 자신에 대한 관계를 만들어내면, 여러 상이한 시간 형식이 이 관련 점에 대한 여러 상이한 관계를 만들어낸다(Tholen/Scholl 1990). 이 이질적인 시간 형식들을 조율하는 것은 실제적 시간 감각에 달려 있다. 각 개인은 외부세계나 자기 자신과의 관계를 조종하며, 또한 자신의 삶을 조직하는 시간적 자기조종 체계를 발전시킴으로써 자신의 개인화와 사회화의 과정들을 조정할 책무가 주어지는데, 개인은 결국 실제적 시간 감각의 도움으로 시간이라는 사회적 제도의 외적 강압을 소화할 수 있게 된다. 개인은 사회적 행동들의 속도와 기간을 결정한다. 즉 개인은 얼마나 많은 시간을 어디에 쓸 것인지, 그리고 이 시간과 다른 사람들이 들이는 시간적 에너지 사이의 관계를 어떻게 평가할 것인지를 결정한다. 경과되는 시간을 통해 사건들의 사회적 분류, 이질적 사건들의 종합, 평가가 이루어진다.

그리하여 한 사람이나 사물을 위해 시간을 들이는 일은 의미 부여와 참여의 표현으로 여겨지는 데 반해, 시간을 빼앗는 것은 무관심과 폄하의 표현으로 여겨진다. 누군가에게 다른 사람을 위해 낼 시간이 없다면 이로써 거부나 위계의 사회적 관계가 표현되는 셈이다. 개별적인 경우마다 여기에는 다양한 원인이 있으며, 실제적 시간 감각은 그 행동의 방향을 정할 때 그 원인들을 고려한다. 그렇지만 그 원인을 포괄적으로 해석하지는 않는다. 시간을 정확히 지키는 일도 이와 유사하게 복잡하다. 노동의 맥락에서 보면 우리 사회에서 시간을 정확히 지키는 일은 필수적인 것으로 여겨지며, 이미 시간을 조금만 벗어나는 것도, 특히 지각할 경우에, 허용되지 않는다. 사적으로 약속하는 것이라면 시간을 지나치게 정확하게 지키는 게 오히려 부적절하다. 지각한 시간이 일정한 정도를 넘고 해명도 없을 경우 그것은 여기서도 폐를 끼치는 것으로 체험된다. 다른 문화권에서 온 사람들은 우리에게 중요하게 여겨지는 시간 지키기가 종종 이해할 수 없다는 듯한 반응을 보인다. 그들은 시간을 지키는 일에서 오히려 부적절하며 사람들을 배려하지 않는 사회적 태도를 본다. 이러한 사례들에서 시간을 다루는 문제가 얼마나 어려운지, 여기서 규칙에 대한 의식이 그런 문제들을 해결하는 데 얼마나 도움이 되지 않는지가 분명히 드러난다. 그 사례들은 사회적 시간 구조들, 습관들, 개인적 시간 도식들, 행동 공간이 혼합된 복잡한 관계를 가리킨다.

시간 습관과 실제적 시간 감각은 한 문화권과 한 시대 그리고 한 사회 계급에서 시간을 구성할 때 "양식의 통일성"을 보증한다. 양식이라는 개념은 시간을 다루는 일의 심미적 차원을 가리킨다. 시간이 구성되는 방식은 어떤 특정한 계급에 귀속되는 것에 상응한다. 시간 리듬 자체를 규정할 가능성도 마찬가지다. 여가 시간과 여유Muße 개념이 지니는 상이한 의미는 사회적이고 심미적인 차이를 분명하게 가리킨다. "여가 시간"이 목적합리적으로 조직된 노동 시간에서 남은 "자유로운" 시간을 지칭하고, 이 시간은 또한 여가 산업이 제공하는 상품에 의해 채워지는 반면, "여유"는 특수한 문화 자본을 소유한 자들에게만 허용된, 시간을 주권적으로 이용할 가능성을 지칭한다.

시간 형식들

우리 사회에서 시간 습관은 오랜 역사적 과정을 통해 생겨난, 어떤 유일한 시간 형식으로 환원할 수 없는 복수의 시간 형식들을 포괄한다(Kamper/Wulf 1987; Elias 1984). 여기에는 1) 하루 일과의 리듬, 2) 날과 달과 해의 순환적 시간 조직, 3) 선형적 시간이 속하는데, 이것들은 실제적 시간 감각이 형성되는 데 함께 작용하며 이하에서 간략하게 그 중심적 구조의 요소들을 설명해보고자 한다.

1) 인간의 몸에서는 그 몸에 특징적인 고유한 일과의 시간 리듬이 작용하는데, 이 시간 리듬은 24.7에서 26시간의 주기를 지니며, 그것이 본질적으로 인간의 신체적 상태를 조종한다는 점에서 실제적 시간 감각이 발전하기 위한 전제 조건을 이룬다(Aschhoff/Wever 1962). 이 일과의 리듬은 낮과 밤의 교체, 기온 변화, 기후 변화, 달의 영향과 같은 외적인 시간의 리듬들이 없더라도 유지된다. 일과의 리듬은 체내 호르몬 수치, 혈압, 체온을 조종할 뿐만 아니라, 반응 시간, 통증의 감지, 깨어 있는 정도, 기분 상태 등에도 영향을 미치며, 깨어 있거나 잠을 자는 상태, 음식물의 섭취와 배출, 성적 능동성 및 수동성과 같은 리듬에도 영향을 준다.

2) 실제적 시간 감각을 각인하는 두 번째 시간 형식을 이루는 것은 날, 주, 월, 해의 주기적 순환이다. 여기서도 자연에서 주어진 것이 작용하지만 한 인간의 삶에서 일찍부터 문화적으로 형성된다. 달

력을 만들고 그와 결부하여 시간을 조직하는 일은 이러한 사회적 과정의 표현이다. 성스러운 날과 범속한 날을 구별하는 교회 역년의 구성은 달력의 순환적 성격을 뒷받침한다. 달력의 범속한 기능의 의미가 증가하면서 달력의 구조 내에서도 선형적 시간 형식이 중요해진다.

3) 달력의 섬세한 구조에서 점차 선형적 시간 질서가 발전하게 되며, 이는 인간의 삶을 광범위하게 규정하는 시간 지배의 결과를 초래한다. 이러한 발전의 결과 시간에 대한 양적인 이해 방식이 중심을 차지한다. 시계가 보급되면서 사람들은 보편적으로 지시되는 시간에 맞추게 된다. 일정을 표시한 달력은 개별적인 시간 사이의 질적인 차이를 더는 구별하지 않는다. 근대적 삶의 합리화와 가속화 과정의 결과 시간은 획일화되고, 그와 결부되어 삶을 운용하는 데서 규율과 합리화가 생겨난다.

여기서 시간에 대한 선형적이고 양적인 이해 방식과 더불어 질적인 시간 경험, 삶의 다양한 차이를 통해 주어진 개인적 시간 경험을 확인할 수 있다. 측정 가능하고 한결같으며 동질적이고 비가역적인 양적인 외적 시간과는 반대로, 인간의 질적인 내적 시간은 비동질적이고 한결같지 않으며 기억의 도움으로 재구성할 수 있고, 여러 상이한 시간 경험을 지닌다.

그리하여 황홀한 시간 체험을 할 때에는 경과한 시간이 짧고, 고통을 느끼거나 우울한 정서 상태, 또는 지루함을 느낄 때에는 시간이 긴 것만 같다. 환각제를 복용하거나 발작 증세를 보일 때에는 시간 체험이 길게 확장된다. 강박증의 경우는 신경증 환자의 현재와 미래가 제한된다(Fachinelli 1981). 통상적으로 시간은 사건이나 상황들의 변화로 경험된다. 변화가 없으면 시간 경험도 없는 것처럼 여겨진다(Kaempfer 1991). 시간은 변화된 상황들을 앞 시간, 뒤 시간, 동시적 시간으로 조직하며, 병존, 수렴, 분기를 만들어낸다. 사회적 제도로서 시간이 구성하는 변화된 상황들의 배치는 변화된 상황들 사이의 시간적 관계를 만들어내는 기호들의 도움으로 이루어진다.

시간 모델들과 미메시스

사회생활을 구조화하는 시간 형식이 다양하다는 것을 감안하면 사회과학에서 시간적 차원을 고려하는 정도는 매우 적은 것으로 나타난다. 실제 사회생활에서 찾을 수 있는 모든 시간 모델 가운데 가장 간단한 모델로서 자연과학에서 구성된 시간의 줄기에 따라 정리된 선형적 시간이 채택된다. 실제로 이 단순한 시간 구성은 대부분의 과학적 개념 형성과 설명 도식의 이상화된 형태 및 논리화된 형태들에서 표현되는 탈시간적 구성에 비해 볼 때 진일보한 것이다. 부르디외는 자신의 시간성을 방법론적으로나 개념적으로 파악하는 작업을 진지하게 여기는 사회과학은 좀더 복합적인 시간 모델들을 필요로 한다는 점을 지적했다. 사회학이 다루는 시간성은 이중적 시간성이다. 우선 습관은 시간적 차원을 지닌다. 우리는 이 시간적 차원을 "습관이 실현되는 행동 속에서" 인지한다(Bourdieu 1992, p. 113). 다른 한편 사회생활은 그 특수한 장 구조와 객관화된 형식들(제도, 규칙, 체화된 형태들)을 두고 볼 때 "세대에서 세대로 이어지는 역사적 작업에서 생겨난" 것이다(같은 곳). 시간은 그 지속하는 구조들에서 "잠재성"에 포괄되어 있다(위의 책, p. 112).

　사람들이 찾는 복합적인 시간 모델들은 사회생활에 존재하며, 특히 행위자들 자신의 재현된 행동들에 존재한다. 그러나 비단 여기서만, 즉 행동하는 사람들의 "자연적" 서사에서만이 아니라 서사문학에 바로 복합적 시간 구조들을 제대로 찾을 수 있고 세부적으로 만들어낼 실험적 장 전체가 들어 있다. 버지니아 울프, 윌리엄 포크너, 제임스 조이스 또는 클로드 시몽의 서사문학이 보여주는 시간적 차원들은 우리가 보기에 "전통적인 소설들을 읽으면서 우리가 익숙해진 서사적인 이야기들보다도 오늘날 더 '실제적'이고(이 말이 의미가 있다는 전제 아래), 인류학적으로 더 진실하며, 시간 경험의 진실에 더 가까이 있다"(Bourdieu 1992, p. 179). 문학에 내포된 시간 모델들은 사회과학자들에게 중요한 시사점을 주는데, 사회과학자들은 시간적 차원을 그들이 재현하고자 하는 것에 수용할 수 있을 테고, 그들이 "자신의 과학적 장의 검열 기구들"(위의 책, p. 178)에 맞서 시간화한 구성물들을 구상할 계기를 준다.

　행동과 서사에 나타나는 시간 구조들은 가르치거나 다른 명시적 방식으로 전달되지 않는다. 그 시간 구조들은 행동이나 언어적 재현을 통해 생성된 세계의 일부로서, 미메시스를 통해 생겨난 세계다. 이 맥락에서 우리는 사람들이 시간을 구조화하거나 모델화하는 미메시스적 행동들에서 발견하는 몇 가지 특성에 주목할 필요가 있다. 미메시스를 통해 생성된 세계는, 그것이 (모방하는 제스처처럼) 축소된 것이든 아니면 (어떤 서사작품 전체처럼) 비상하게 복잡한 것이든, 고유의 삶을 지니기는 할지라도 **또 다른 세계와의 관계 속에** 있다. 그것이 (단순한 신체적 모방을 통해) 다른 사람의 행동과 관련되든,

아니면 실제의, 허구적인, 또는 이상화된 어떤 실천과 관련되든, 아니면 미메시스적으로 생성된 다른 세계들, 이를테면 신화, 이미지, 서사들과 관련되든 다른 세계와의 관계 속에 있다. 우리는 시간 구조들의 미메시스를 누구나 거쳤던 원시적인 학습 행위에서 시작하여 문학의 복합적인 이야기들에 이르기까지 모든 차원의 행동에서 발견한다. 문학의 서사에는 다시금 사회과학적 연구 작업이 자체의 구성물을 갖고서 미메시스적으로 관련을 맺는다. 앞으로 우리는 그와 같은 시간 모델들의 "세계 횡단적 사용Transwelt-Gebrauch" 양태를 고찰하고자 한다. 이러한 사용 양태는 실제적 행동, 재현, 예술, 과학의 다양한 세계를 관통한다.

시간 구조들의 미메시스적 매개

어린아이들이 시간을 사회적으로 다루고 실제적 시간 감각을 형성하는 것은 대개 성인의 시간적 태도에 대한 미메시스를 통해서다. 태어날 때부터 아이들은 부모나 다른 성인이 사회 상황 속에서 시간적 측면에서 어떻게 행동하는지를 경험하는 가운데, 미메시스 과정을 통해 그들의 태도뿐만 아니라 그들의 실제적인 시간 감각을 습득한다. 아이들은 한 가족과 사회 계층 및 문화의 시간 질서 속으로 성장해 들어간다. 아이들은 자신이 종종 직접 신체적으로 경험한 성인의 행동들, 시간을 구조화하는 그 행동들과 자신을 연관시키는 법을 배우며, 그 행동을 모방하고, 그것에 대답도 하는 가운데 수정하기 시작한다. 미메시스적으로 습득된 시간 리듬과 시간 배치가 생겨나며, 이것들이 시간을 독자적으로 다루는 시발점을 이룬다.

교육 기관에 들어가면서 선형적 시간 구조에 익숙해지는 것이 중요해진다. 새로운 시간 도식들이 질서의 도식들로 학습된다. 그와 동시에 규율과 신뢰와 작업 능력의 새로운 형식들이 습득된다. 그리하여 규율은 시간적 순차에 따른 일련의 행위들을 요구하고, 신뢰는 행동의 올바른 시점을 요구하며, 작업 능력은 행위의 시간적 구조화와 합리화를 요구한다. 교육 기관들은 시간 습관과 실제적 시간 감각을 발전시키는 데 중요한 기여를 한다. 수년에 걸쳐 익숙해지는 과정과 수많은 미메시스적 과정을 통해 교육 기관은 사회적 시간 규범을 아이와 청소년들의 신체에 새겨넣는다. 이때 처음에 외적인 시간 질서가 개인적인 시간 의식과 시간 감각으로 발전하게 된다. 시간의 경제학이 아이와 청소년들의 신체에 뿌리를 내리면서 내용에서 분리되어 일반화할 수 있는 시간 질서가 세워진다. 학교생활이 지속되면서 시간이 바뀌는 리듬과 수업에서 시간을 다루는 모델들의 도움으로 신체적 시간 질서가 세계와 관련되어 형성된다. 장래의 삶의 시간 조직을 선취하는 "시간-놀이"가 학교에서 연출되며 아이들에게 학습된다. 여기서 결정적인 것은 시간의 투입과 시간의 이해관계, 시간의 결과들의 적절성에 대한 느낌이 형성된다는 점이다.

사회적 시간 규범들의 유의미성과 유효성에 대한 실제적 믿음은 "'정서 상태'가 아니고 도그마나 세워진 교설('신념들')의 덩어리를 고의로 인정하는 일은 더더욱 아니며, 오히려 이렇게 표현해도 된다면, 어떤 **신체의 상태다**"(Bourdieu 1987). 학교생활을 통해 사회적 시간 규범들의 자명성을 암묵적으로 경험하게 된다. 미메시스적 신체 반응과 자동적인 신체 도식들을 통해 실제적인 시간 감각이 형성되며, 이 시간 감각이 실행된 형태들은 그것들이 행동하는 자 자신에 의해 모든 견지에서 파악되지 않는다 해도 의미 있는 것으로 여겨진다. 가족과 더불어 학교가 어떤 시간의 신화를 만들어내는 데 일조하는데, 이 시간의 신화는 실제적 시간 감각에 각인됨으로써 그 자체가 변화 가능하다는 점이 의식되지 않으며 사회적 시간 규범들이 거의 자연적 성격을 띠게 된다.[4]

문학의 시간 모델들

"미메시스"는 실제적 행동을 복잡한 텍스트 형식들에까지 연결시키는 다리 역할을 하는 구상이다. 모든 차이를 넘어 다양한 차원에 공통된 점은 미메시스적으로 생성된 시간 구조들이 수용자에 의해 반복되고 모방된다는 점이다. 그렇기 때문에 시간적 구조들이 한 단계에서 다른 단계로 이식되고 거기에서 시간 차원의 구성을 위한 모델들로 사용되는 것이 가능하다. 그처럼 시간 구조들이 세계 횡단적으로 사용되는 모습을 몇 가지 사례를 통해 다음에서 간략하게 서술하고자 한다. 우리는 우선 사회과학 자체에 구성적이면서도 이상화되는 과학적 구조물들에서는 말하자면 은폐되어 있고 인식되지 않은 채로 있는 시간 구조들을 선별해서 살펴본다.

---

4 지배받는 사람들과 권력놀음 사이의 은밀한 공모관계와 연관하여 부르디외는 교육 체제의 개혁 프로젝트들을 인용하는데, 이 프로젝트들은 "학교 시간표를 시간들로 분할하는 구조, 즉 교육학적인 결정들의 앙상블 전체를 사전에 규정하고(실제적 연습보다 강연을 우선시하는 체제 등) 이로써 변화를 위한 행동 공간과 함께 그 변화의 성공 가능성을 제한하는 그 분할 구조를 문제시하지 않는다. 이러한 공모관계는 자기 스스로를 의식하지 못하는 타협주의의 형식이다……"(정치적 장과 상징적 권력: 피에르 부르디외와의 대화Politisches Feld und symbolische Macht. Gespräch mit Pierre Bourdieu, *Berliner Journal für Soziologie* 4, 1991, p. 497).

사건의 질서-서사의 질서

사회과학을 제일 먼저 특징짓는 것은 사건들이 등장하는 순서를 바꾸고 새로이 배치할 가능성이라고 할 수 있다. 사건의 질서를 앞에 두고 이렇게 자유로운 것은 허구적이거나 경험적인 현실을 서사적으로 다룰 때 볼 수 있는 전형적인 현상이다. 화자는—유럽에서 가장 오래된 예라고 할 수 있는 『일리아스』에서 볼 수 있듯이—현재에서 출발하여 과거로 뛰어듦으로써 예전의 행동들을 현재의 상태가 나타나게 된 원인으로—아킬레우스의 분노—서술하는 가운데, 재현된 사건들의 순서를 특정한 지점에서부터 뒤집는 자신의 고유한 질서를 구성한다. 현재로 묘사된 관점에서 출발하여 과거로 돌아가 회상하는 작업은 유럽의 서사시 전통에서 주요한 특징이다. 서사적 재현 작업은 묘사된 사건들에 대한 거리를 설정하고—현재 시점으로부터 물러나는 가운데—과거 속에서 현재의 상태에 이르게 한 원인을 찾는다. 그러나 언어적으로 꾸며낸 세계의 구성적이고 해석적인 측면은 재현된 세계를 최종적으로 떠나는 게 아니라 그 세계에 결부된 채로 있는데, 다름 아닌 바로 그 세계의 한 버전이라는 요구를 통해 결부되어 있다(Goodman 1984). 우리는 대부분의 이야기에서 단지 서사된 버전들만 갖고 있고 허구적인 원천의 세계를 이 시사된 버전들을 통해서만 알고 있기 때문에, 이 버전들에는 이 경우 새로운된 사건들에 대한 지식에 구성적인 의미가 부여된다.

사회과학 분야들은 한 사회의 다양한 시점에서의 다양한 상태들과 관계를 맺고 이 상태들을 서로 결합하고 비교하고 대조하는 가운데, 이야기들과 유사하게, 자신의 시간 질서를 형성한다. 이때 사회과학은 시간적으로 분할된 사건들을 하나의 개념으로 수렴하거나 시간적으로 앞선 사건들을 나중에 이루어진 발전의 원인으로 특징짓는다. 계급, 성향, 정체성, 상징적 폭력과 같이 시간적 성격을 지닌 많은 사회과학적 구상 가운데 인격의 구성이라는 사례만 들어보기로 하자. 인격과 같은 가설은 현재의 관점에서 여러 과거 시점에서 이루어진 많은 관찰을 특정한 기술記述 개념들 아래 묶을 때에 비로소 만들어질 수 있다는 사실이 금세 분명해진다. 과거의 사건들을 체계적으로 다루는 일은 그 과거가 일정한 관점에서 이용 가능해질 때에만, 즉 그 과거가 현재에서 분리되어 있고, 작성되고 기록되고 보고되거나 열거된 일군의 자료를 담고 있는 커다란 저수조처럼 관찰될 때에 가능하다. 저장된 시간으로서 과거는 현재와는 다른 시간적 성격을 지닌다. 구술문화에 대한 연구, 특히 문자문화로의 이행기에 대한 연구를 통해 분명해진 것은 현재로부터 구별되는 이용 가능한 어떤 과거의 시간 표상은 순수하게 구술적인 전통에서는 아직 발전될 수 없다는 점인데, 그 이유는 거기에 과거를 포착하는 데 필요한 것으로서, 연기적(수행적) 행위와 무관한 매체란 없기 때문이다.

추상과 이상화

구술문화에서 여러 사태와 축적된 지식은 오로지 그것들이 다소 규칙적인 소리로 표현되고 구전적 시문학의 공연에서 낭송되는 가운데 기억될 수 있다. 기억의 기능들은 시적인 언어, 그 언어의 음향, 리듬, 그것의 공식적인 표현과 의례화를 통해 구현되며, 이 행위들에 관객이 능동적으로 참여한다. 고대 그리스에서는 표음문자가 널리 사용되고 식자층을 넘어 일반인에게 확산됨으로써 (예컨대 공공 학교를 통해) 과거가 더는 변할 수 없는 완결된 시간으로 객관화되어 각각의 현재에 인용될 수 있게 되었다. 음성적인 의사소통의 매체가 가시적인 객체로 전환됨으로써(Havelock 1963, p. 112) "객관적 현실로서의 인류의 과거에 대한 감각"이 생겨났다(Goody/Watt 1981, p. 45~104). 표음문자의 도움으로 "총체적인 정신 상태"[5]의 직접적인 현재의 자리에 현재화된 시간이 들어서게 된다. 시간은 지칭되고 고립되고 저장되며 불러내지고 자유로이 이용될 수 있게 된다. 플라톤의 철학은 새로운 시간관을 이데아론과 인식론에서 통용시킨다. 시간의 축에서 무시간적인 것이 관조된다.

지나간 시간이 소리 내어 읽는 행위를 통해 현재화되는 한 새로운 시간관은 아직 온전히 이용될 수 없었는데, 그 이유는 구체적인 사건들에서 텍스트가 발성되어야 했기 때문이다. 문자가 도입되고 훨씬 더 지난 뒤에 이루어진 묵독을 통해 텍스트에 기록된 과거의 특수한 현존 방식이 생겨날 수 있었다(Svenbro 1988). 문자가 도입됐지만 오로지 소리 내어 읽힌 시대에는 말하자면 목소리가 참여하는 상황이 텍스트에 함께 정초되어 있다. 텍스트는 사람들이 그것을 낭송하지 않으면 불완전한 채로 머무를 것이다.

일인칭으로 표현된 초기의 비문들에서 그 속에 등장하는 자아는 비문의 저자를 가리키는 게 아니었으며, 돌 자체가 말하는 것이었다. 그 표현 방식은 암묵적으로 독자에 대한 호소, 즉 그 비명에 자신의

---

5 E. Havelock, 앞의 책, p. 134. 구술문화에서 문자문화로 이행하는 시기를 다룬 연구에 대한 비판과 그 후속 연구에 대해서는 M. 기제케의 다음 연구를 참조할 것. M. Giesecke, *Der Buckdruck in der frühen Neuzeit. Eine historische Fallstudie über die Durchsetzung neuer Informations-und Kommunikationstechnologien*, Frankfurt a. M., 1991. 기제케는 해블록과 구디/와트의 견해를 몇 군데 중요한 지점에서 수정하는데, 이 수정 사항들은 우리가 고찰하는 맥락의 핵심과 관련되지는 않는다.

목소리를 부여하고 이 목소리를 통해 텍스트를 생존하게 만들라는 호소가 내포되어 있다. 묵독이 "고안"되기 전에 글로 쓰인 텍스트는 아직 자신의 목소리를 지니고 있지 않으며, 문자는 자신의 고유한 생명을 지니고 있지 않다. 비명에는 소리 내어 읽는 행위를 통해 재생산되는 원초적 사건이 내포되어 있다. 말하기와 읽기라는 두 길은 아직 구분되어 있지 않았고, 그것들의 공간과 시간은 아직 분리되어 있지 않았다. 그에 반해 플라톤의 『대화』에서는 소크라테스의 텍스트가 독자의 목소리를 더는 요구하지 않으며, 독자가 그 대화를 소리 내어 발음할 것을 요구하지 않는다. 문자는 스스로 실현되기 위해 어떤 보완 행위를 필요로 하지 않으며, 순수한 재현이 되었다. 문자는 상상력 속으로 옮겨졌고, 비감각적이 되었다.

문자는 정신 속에 존재하는 표상이 되어 이상적인 시간 형식을 소유하며 모든 과정은 내부로 옮겨져 자율적이 된다. 스벤브로의 테제에 따르면 텍스트에 기술된 사건들이 원래 큰 목소리로 재현된 연후에 내면화되면서 묵독이 시작된다. 이 과정에서 극장은 특수한 역할을 부여받는다. 연극은 문자로 기록된 최초의 문학 장르에 속한다. 텍스트를 이용하는 관객에게 연극은 두 가지 방식으로 존재하는데, 하나는 공연으로, 다른 하나는 문자 형식으로 존재한다. 텍스트의 이 두 가지 존재 방식은 서로를 대변할 수 있다. 무대에서는 배우가 텍스트를 대체하고, 묵독할 때에는 문자가 배우를 대체한다. "글로 쓰인 것의 공간은 자신의 논리를 연극에서 차용하는 일종의 '장면'이며, 이때 관객의 역할은 독자에게로 옮겨진다. 독자는 그 연극을 내면화한다."(Havelock 1963, p. 198) 내면으로 가져온 시간은 이상화되면서 자신의 시간 차원을 준^準논리적 조직으로 변형하고 이로써 자신의 시간성을 부인하는 경향을 보인다.

묵독이 도입되면서 서사의 버전들을 미메시스적으로 생산하는 일이 새로운 의미를 띠게 된다. 서사된 세계는 시간적 관계들—재현된 사건들의 순차적 연계, 동시성, 시간적 차이—을 부분적으로 시간 경험에서 분리된 방식으로 재현할 수 있는 정신적, 이상화된 시간 구조들을 통해 조직된다. 이 시간 형식들의 도움으로 규칙과 법칙적인 맥락들을 구성하고 시간 속의 인간의 행동을 체계화하는 일이 가능해진다. 사람들이 그 규칙과 맥락, 행동을 이론적으로 개념화할 수 있기 때문이다. 묵독이 통용되는 문화는 정신적 구조물과 이상화하는 구조물을 형성하는 경향이 있는데, 그로 인해 인간의 태도를 원인, 성향, 의도, 개연성과 같은 범주로 분석하는 경향도 생겨난다.

이상화한 시간을 통해 태도를 이론화하는 작업은 그 경향상 탈시간화의 결과를 낳는다. 그리하여 시간적으로 서로 결부된 사건들이 원인-결과의 도식에 따라 해석되며, 각 성향은 실체적인 특성이 되고, 느낌들은 내부에 침전되는 실제의 사물들로 간주되며, 습관은 태도를 결정짓는 기질로 새로이 해석된다. 이러한 도구 및 그와 비슷한 도구들을 동원하여 인격을 이론적으로 기술하는 모든 작업은 이로써 그 안에서 해당 징표, 징후, 기준들이 등장하고 그것들이 구성되는 시간적 차원을 더는 인식할 수 없게 만들 위험에 처한다. 이처럼 실체적 사유를 통해 시간이 실종되는 경향에 맞서기 위해 필요한 것은 개념의 형성 과정에 포함된 시간적 차원을 거듭해서 상기시키는 일이다.

유럽의 서사문학에서는 18세기 이래로 시간화하려는 강력한 경향을 엿볼 수 있다. 우리는 몇 가지 특이한 시간 구조들을 선별하여 부르디외의 제안을 따라 그것들을 사회과학 연구의 모델들 형태로 서술하고자 한다.

여기서 선별된 문학의 시간 모델들에는 상이한 세 가지 역사 단계가 상응한다.

1. 재현된 것들의 이상화된 시간이 일종의 경과된 시간으로 "번역된다". 이 재현들은 행동의 양상을 띠게 되는데, 이를 통해 그 재현들은 인간 행위의, 이제 막 생겨나고 있는 개념적 산물들로 나타난다. 역사적으로 볼 때 이러한 현상은 드니 디드로나 고트홀트 에프라임 레싱 같은 작가들이 행동주의적 재현 양상과 그에 적합한 문학 형식을 발전시켰던 계몽주의 시대에 시작된다.

2. 인물들이 역사적 과정에 처한 현상, 거의 포착할 수 없는 현상들로 파악된다. 인물들은 시간 속에서 발견할 수 있는 특성들을 통해 특징지어지는데, 그것도 이미 습관의 특성들을 강조하는 방식으로 특징지어진다.

3. 인물과 사건을 구성하는 데 사용된 개념적 표지들이 정교한 서사기법적 처리 과정을 통해 거듭해서 시간적 변화 과정에 포획된 것으로 재현된다. 규칙적인 것, 익숙한 것을 기술할 때 시간적 과정의 항구적인 변화 과정이 부각된다.

행동주의적 양상

레싱은 글을 쓸 때 기호들이 선형적으로 배열되는 것이나 읽을 때 소리들이 이어지는 것을 시간적 관계로 해석한다. 이러한 시각에서 보면 언어는 일종의 행동의 시간을 내포하는데, 이 행동의 시간은 물론 어떤 재현된 사건의 시간과 동일하진 않지만 모종의 생성 과정을 발전의 형태로 재현하도록 해준다. 호메로스는 아킬레우스의 방패를 "완결되고 완성된 것이 아니라 생성 중인 방패"로 묘사한다. "우리는 방패를 보고 있는 것이 아니라 그 방패를 완성하는 신적인 장인을 보고 있다." 이러한 "기교"를 써서 "동시적으로 존재하는 것이 (…) 어떤 연속적인 것으로 (…) 변한다"(Lessing 1968, p. 135). 이러한 "호메로스의 **행동**"은 대상의 묘사를 코드화된 제작 시간으로 시간화하고(Lessing 1968, p. 116, 강조는 G./W.), 이 제작 시간이 다시금 독서를 통해 방출된다. 대상 묘사의 시간화 과정은 (소리 없는) 독서를 통해 이루어지며, 재현된 대상의 시간적 차원을 재활성화하는 행위로 해석된다. 글을 쓸 때 저자는 삶의 시간을 기호로(특히 "자연적 기호"로) 변화시킨다. 그가 기록한 것은 시간의 저장고가 되고 시간을 특수한 기억에 보관하는 작업이 된다. 시문학의 언어에서는 자의적인 기호들이 자연적 기호들로 격상되며(Todorov 1984), 독자는 이 기호들을 자신의 상상력 속에서 다시 행동들로 살아나게 하고 자기 삶의 시간 속에 통합한다.

레싱이 인용한 『일리아스』의 사례들은 아직 허구적 시간에 속하지만, 그는 자신의 드라마에서는 삶의 시간을 시민적 생활세계의 시간과 동일시한다. 양식화된 무대의 시간은 한 사회 계급의 행동이 지니는 시간 구조들을 구현한다. 물론 다양하게 분화된 사회 공간은 그 공간 속에 존재하는 다양한 개별적 시간들과 아직 결합되어 있지 않다. 이것은 스탕달과 발자크에게서 일어나는데, 두 작가에게서 서로 다른 방식으로 일어난다.

습관의 구성이 지니는 시간적 양상

『뤼시앙 뢰방』이나 『적과 흑』 같은 스탕달의 소설들에서 습관 구성이 지니는 시간적 함의가 드러난다. (저자가 이것을 의식적으로 추구했는지는 말하기 어렵다.) 어쨌거나 눈에 띄는 것은 서사와 독서의 시간이 소설 속 인물들의 구성에 작용한 모습이다. 이야기가 서사되는 시간의 줄을 따라 주인공들의 특징이 서사의 다양한 시점에 배분되는데, 그것은 외양 묘사에서 시작해 점차 내면으로 파고 들어가면서 인물과 인물의 행동이 보이는 외적인 양상과 이 양상들에 상응하는 내면의 양상들을 치밀하게 묘사하는 데로 발전한다. 독자는 독서하는 시간에, 그리고 줄거리가 펼쳐지는 시간을 따라서, 재현된 인물의 특징들을 모으는 작업을 하게 된다. 그 특징들은 텍스트가 제공하며, 그리하여 독자는 그 특징들을 일정한 습관으로 일상적 경험의 의미에서 요약할 수 있다. 이때 독자는 그 특징들이 다음 순간에는 다시 상대화될 수 있음을 늘 감안해야 한다. 서사 과정에서 점진적으로 펼쳐지는 이 과정은 독자에 의해 추체험되며, 그렇게 해서 소설 속 인물들은 결코 정체되는 법이 없고 오히려 기대하지 않았거나 심지어 모순적인 경험들을 통해 유동하게 된다. 가면을 쓴 것같이 고정된 것들이 다시 해체된다. 그리하여 독자가 독서 과정에서 시도하는 단계적인 인물 구성은 늘 유연한 상태이고 변할 수 있으며 결코 확정적이지 않다. 인물이 누구냐 하는 것은 경험할 수 있지만 어떤 개념으로 최종적으로 확정할 수는 없다.

인물들이 확정할 수 없는 존재들이라는 점은 사회세계에 대해 스탕달이 말하는 진리다. 인물들은 물론 모종의 성향, 에너지, 재능, 성격을 지니지만, 이것들이 어떻게 발전하고 어떤 행동 방식으로 표출

제1장 문화에서의 미메시스

되며 어떤 결과를 가져올지는 사회적 상황에 달려 있다. 이 사회 상황에는 특히 정치적 상황이 속한다. 인물들은 개방되어 있고, 행동들을 통해 비로소 "만들어진다". 행동들은 사회를 지배하는 그룹들(성직자와 재계의 인물들)에 의해 규정되는 권력의 조건들에 예속되어 있다. 사회적으로 정의된 상황에서 개인적 성향들은 사회적 조건들의 조직과 부딪친다. 한 인물의 역사는 그렇기 때문에 원초적으로 설정된 어떤 핵심이 전개되는 과정이 아니며 (특히 정치적인) 역사 속에서 이루어지는 어떤 과정이다. 그래서 한 시대에 전형적인 행동 전략들, 특징적인 지향 방식과 이해관계들이 있다. 그러나 그와는 정반대의 것, 즉 영웅적인 개인들에게 부과되는 무거운 규제들에 맞서는 개인적인 저항과 돌파의 시도들도 있다.

발자크와 비교해볼 때 스탕달의 시간 모델이 얼마나 진보한 것인지 알 수 있다. 발자크는 한 인물을 등장시킬 때면 처음부터 포괄적인 성격 묘사를 하는데, 이때 그의 묘사는 습관의 재현을 훨씬 넘어서고 주변 환경 전체를 포괄한다. 그와 같은 총체적 성격 묘사는 시간이 정지한 상태에서 나오며, 초시간적으로 통용된다. 성격을 구성하는 이후의 사건들은 본질적인 것을 첨가하지도 않고 모순적으로 작용하지도 않는다.

각각의 주요 인물에 대해 발자크는 일종의 "사용설명서"를 첨부하는데, 대부분은 그 인물이 행동하는 인물로 재현되기도 전에 행해진다. 그러면 독자는 이 사용법을 적용하여 어느 정도 서사 속 인물들이 그 사용법에 부합한다는 점을 확신할 수 있다. 바로 이처럼 준논리적 연쇄 상황에 발자크적 "사회 이론"의 약점이 놓여 있다. 인물들을 비교적 탈시간화한다는 점에서 발자크는 그 인물들을 자신이 묘사한 것들에 부합되도록 하고 확정된 인물들로 고착시킨다. 이후에 인물들이 변모한다면 그것은 그들의 성격에 이미 기입되어 있기 때문이다. 스탕달이 서사된 시간을 시대사와 교차시킨다면 발자크는 이 시대사를 신화화를 위한 계기로 삼는다. 스탕달이 인물들의 내면을 묘사할 때는 그의 서술은 한 관찰자의 사회적 시간에 결부된 채로 있다. 발자크의 경우 "올림푸스"적 시점에서 관찰함으로써 습관의 구성물들을 확정하고 개념들로 안정화시키며 그것들을 시간적으로 변화하지 못하게끔 보호하는 경향을 띤다.

반복의 양상

스탕달의 서사는 일단 만들어진 인물 구성들이 다시 시간화하는 시간 모델을 전개한다. 프루스트의 커다란 주제는 시간화와 무시간성의 긴장이다. 『잃어버린 시간을 찾아서』에서 프루스트는 복합적인 시간 모델을 전개하는데, 이 모델에서 한 가지 양상만 언급하고자 한다. 그것은 습관 개념의 시간적 측면에 해당되는 양상이다. 프루스트는 인물의 구성이 습관의 징표들을 통해 객관적 시각에서 띠게 되는 확실성의 형식을 실험한다(Gebauer 1981). 이런 방식으로 확실한 인식들을 얻고 사물과 인물들이 확고한 의미를 얻게 되는 서사된 과거에 대한 시각을 얻을 수 있는 것처럼 보인다. 그러나 고정되고 탈시간화된 습관 양식들을 서술하게 되면 사실들에 대해 맹목적이 될 뿐만 아니라, 또한 그러한 서술은 끊임없이 유동하는 경계를 지닌 지역들을 예리한 선으로 나누는 지도를 만들어내게 됨으로써 그 지역들의 정체가 충분히 의심스러워진다. 프루스트적 서사 기법은 관점들

제1장 문화에서의 미메시스

을 처음에는 확실성을 가지고 제시하지만 나중에는 그 확실성을 서사된 사건들에 대한 새로운 해석을 통해 다시 파괴한다. 습관의 징표들이 지녔던 안정성과 편안함은 시간의 흐름 속에 해체되며, 급기야 각각의 인물 구성이 다소 부서지기 쉬운 제작물로 인식되기에 이른다. 이러한 일은 프루스트가 처음에 확실하게 여겨지는 사건의 버전에 그것과 일치하지 않는 두 번째 버전을 겹쳐넣음으로써 가장 효과적으로 이루어진다. 서사가 진행되면서 이미 해석된 사건들에 대한 재해석이 끊임없이 이루어진다. 역사가는 그 버전들의 **배후를** 찾아서 통일적인 연대기를 재구성하는 것을 목표로 삼는 반면, 『잃어버린 시간을 찾아서』에서는 우리가 사건들의 여러 버전만을 소유할 뿐이라는 점이 거듭해서 드러난다.

제라르 주네트는 특히 이 소설의 초반부에 서사가 "거의 불가해할 정도로 흐르고 있음"을 지적했다(Genette 1972, p. 128, 1982). 프루스트는 그야말로 반복법을 독특하게 사용하는데, 반복되는 사건들, 습관적인 행동들, 거듭되는 의식들, 의례적 행위들이나 습관적인 행사들을 기술할 때 사용하며, 하루, 한 주, 한 해의 사건이 그러한 것들로 이루어지는데 그것은 한 가족이 펼치는 삶의 토대와 같은 것이다. 이러한 서사 방식은 똑같은 것이 겉보기에 늘 동일하게 회귀하는 모습을 일련의 역동적이고 유동적인 현상들로 보여준다. 그 서사 방식은 개별 사건이 아니라 시간이 연이어 흐르면서 형성되는 일군의 사건을 묘사하며, 그 사건들의 동종성, 아니 획일성을 강조하고 개별적인 특성들을 들어 재현하지만 그 사건들은 상이한 계기와 다양한 시점時點에서 그때그때 고유한 개성을 띠며 등장한다.[6] 그리하여 일정한 조건 아래서는 습관적으로 일어나는 무언가가 기술되며, 일반적인 것의 개별적인 예시들, 그 특수성을 유지하는 그러한 예시들을 통해 서술된다. 일반적인 것은 개인적인 것에서와 다르게 존재하지 않으며 개인적인 것은 그것이 일반적인 것을 표현하는 한에서만 서술된다. 일반적인 것은 시간적이지 않고, 언제나 개인적 시간들 속에서 탐구된다. 거기서 일반적인 것은 여러 상이한 현상 방식으로 등장하지만 결코 완전히 개념에 부합하는 방식으로 등장하지는 않는다. 그것은 그 일반적인 것이 고정된 정체성을 지니고 있지 않기 때문이며, 미래와 마찬가지로 과거도 예상 밖의 것이라는 표지 속에 있기 때문이다.

일어난 일은 일어나지 않은 일과 마찬가지로 불확실하므로 기대는 끊임없이 실망으로 바뀐다. 무언가가 경험과 앎을 근거로 기대된다면, 그것은 기대가 큰 만큼, 그리고 그것이 나타나리라는 희망이 정당한 만큼 더욱 확실하게 일어나지 않는다. 프루스트적 서사의 움직임은 반과거가 거듭 중단되고, 반복된 묘사들이 빈번하게 단순과거로 이전함으로써(Genette 1972, p. 173, 177f.), 또 이런 식으로 늘 똑같은 것이 일회적인 것의 재현 형식으로 서술되는 가운데 표현된다. 이렇게 한 사회 계급의 분파에 특징적인 사건들의 경과가 드러난다. 이때 습관의 표지들이 사용되는데, 이 표지들은 그러나 개념적 형태로 머물러 있지 않고 개인적인 행위들로 표현되며 이로써 시간적 관계 속으로 잠긴다.

『잃어버린 시간을 찾아서』는 그것이 영원한 것, 시간을 벗어난 정

---

6 G. Genette, Figures III: 프루스트는 예를 들면 개별 사건들을, "마치 어떤 반복되는 계열의 도해와 확인인 듯이(그리하여 이런 일이 있었다c'est ainsi que……), 또는 그와는 반대로 방금 제시한 어떤 규칙의 예외인 듯이(그렇지만 한 번은une fois, pourtant……) 서술한다"(p. 166).

　　　제1장 문화에서의 미메시스

수들을 찾아가는 작업일지라도 시간적 운동으로 가득 차 있다. 이 저작은 그것의 시간적 구조로써 사회에 대한 묘사가 지닌 결정적인 논리적 난관을 해결한다. 여기서 논리적 난관이란 사회의 묘사가 스스로 시간의 흐름에서 벗어나면서 자기 자신의 시간성을 재현 속으로 반입할 수 없다는 데 있다. 이 저작은 바로 반복적인 묘사를 통해서 선형적 시간으로부터의 해방, 개념적 구성과 체계화하는 해석들의 경직성으로부터의 해방, 묘사와 이해의 탈시간화로부터의 해방 전체를 성취한다. 반복적으로 묘사하는 긴 단락들에서 이 소설은 무시간성의 경향을 띤다. 독자는 저자와 텍스트를 쫓아가면서 묘사된 사회와 그 사건들의 연대기를 시야에서 잃어버린다. 독서하는 시간에 사건들은 거듭해서 멈추며 시간의 환희 속에 머문다. 사회과학 분야들은 사회의 시간과의 관계를 포기하지 않고, 사회적 연대기를 자신의 복합적인 시간 구조들에 대한 확고한 기준점으로 삼으며 자신의 시간적 조직 속에 삽입하는 일을 중요하게 여겨야 한다. 끝으로 다양한 개인적 시간들을 사회의 시간과 교차시키고 사회적 연대기의 토대 위에 여러 시간의 차원들을 서로 결합함으로써 독자가 자기 자신의 시간을 복합적인 구성 안으로 끌어들일 기회를 얻게 되는 문학작품의 예로 우베 욘존의 소설 『기념일』을 언급하고자 한다.

욘존의 소설은 그 기본 구조가 1967년 8월 20일에 시작하여 1968년 8월 20일에 끝나는 연대기로 되어 있다. 이 기간 동안 매번 다른 날짜의 표기 아래 세 목소리의 이야기가 교차되면서 짜여 있다. 신문 독자[7]의 목소리는 그때그때 어떤 날의 『뉴욕타임스』에 실린

---

7 "신문 독자"가 남성인지 여성인지 알 수 없다. 왜냐하면 이 소설은 신문 기사를 인용하는 것이 여성 주인공인지 남성 화자인지 알 수 없게 열어두고 있기 때문이다.

기사들, 특히 미국에서의 폭력 사태와 베트남에서 벌어진 일들에 관한 기사들을 요약하거나 글자 그대로 인용한다. 다음으로 게지네 크레스팔과 그녀의 딸 마리의 뉴욕에서의 습관적 일상을 묘사하는 화자의 목소리가 있다. 예를 들어 은행에서 일하는 딸이 겪는 사소한 사건들(은행은 그녀를 체코슬로바키아로 보내려고 한다), 거리에서, 지하철에서, 집에서 겪는 사건들, 다른 사람들과의 만남, 친구관계, 지인들과의 우연한 만남이 프루스트에게서와 마찬가지로 반복적으로 서술된다. 익히 알려진 것이 새로운 모습으로 서술된다. 끝으로 메클렌부르크에서 마리에게 이야기하는 게지네의 목소리가 있는데, 그녀는 아버지의 인생에 관해 이야기한다. 나치가 등장하기 전과 나치 치하의 시기, 전쟁과 전쟁이 끝난 뒤, 처음에는 영국인들 사이에서, 그다음에는 러시아인들, 끝으로 동독에서 겪은 것들을 일종의 연대기로 요약하여 들려준다. 그 이야기에는 화자인 게지네의 전 생애가 연루되어 있다. 이 세 목소리가 어우러지면서 어떤 열린 시간 구조가 생겨나는데, 그것은 잘 정돈되어 있기는 하지만 과거를 완결되지 않은 것으로 재현하며, 이로써 그 과거가 결국 현재에 이르게 되고, 그 현재 또한 다시금 흘러가는 것으로 경험된다. 소설의 시간들이 근본적으로 열려 있다는 것은 그와 동시에 독자도 자기 삶의 시간을 다양한 차원에서, 해마다, 또는 날마다 이야기되는 사건들과 비교하고 그 시간을 소설 속 이야기에 상상적으로 통합해보라는 일종의 제안이기도 하다.

『잃어버린 시간을 찾아서』나 『기념일』에서와 같은 복합적인 시간 모델들은 사회과학자들에게 개념적이고 이론적인 구성물들이 어떻게 시간화될 수 있는지 그 가능성을 암시해준다. 19세기 이래로 서사문학은 사물과 사람들을 묘사하는 장치 자체가 시간 속에서 구성되었다는 점, 이 시간적 양상은 늘 이론적 구성물들에서 억압될 위험에 처해 있다는 점을 상기시켜준다. 부르디외는 사회학자들 가운데 아마도 이 효과를 누구보다도 더 강조한 인물일 것이다. 그의 저작 도처에서 개념들의 경직성을 극복하고 독자들의 실제적 감각에 호소하려고 하는 구절들을 만날 수 있다. 무엇보다 이론적인 분석들을―여러 차원의 시간과 내적인 발전 과정을 서술하며, 과거를 상기하는 작업을 통해―긴 문장으로 서술하면서 개별적 사례들을 통해 예시하고, 이때 매 단계로부터 새로운 요소들을 발견하며 특수한 것에서 보편적인 것을 인식하게끔 하는 단락들에서 부르디외의 사회과학에 대한 이해가 분명하게 드러난다. 이러한 종류의 단락들에서 서사적 특징이 두드러지게 나타난다. 실제로 이는 부르디외의 사회학에서―그리고 아마도 시간적 양상들을 감안하는 모든 사회과학에서―중요한 역할을 한다.

한 장場의 역사적 발생사, 사회의 변형 과정, 전략들이 단계적으로 실현되는 과정, 여러 세부 내용이 조합되어 복합적으로 어우러지는 과정―이 모든 것은 과학의 고전적인 형식적 도구들을 가지고서는 더 이상 재현될 수 없다. 그것들은 오히려 서사 영역에 속한다. 과학에서 서사적 형식들을 지적하는 것은 단지 하나의 가능한 실을 보여주는 것일 뿐이며 그것 자체가 해결해주는 것은 아직 아무것도 없다. 그와는 반대로 그것은 새로운 문제들, 즉 오늘날 역사학에서 볼 수 있는 것처럼 서사적인 요소를 경솔하게 다룰 경우 시야에서 놓치게 될 문제들을 제기한다. 학자는 자신의 대상에 대해 어떤 서사적 시점視點을 취해야 하며, 재현된 세계와 맺는 거리두기와 가까이 다가

가기의 관계 및 서사 행위 자체의 역사성은 어떻게 규정되어야 하는가? 다양한 세부 내용은 어떤 관점에서 결합되어야 하는가? 서사 행위는 과학적 개념, 구조, 체계화, 자료들과 어떻게 조합될 수 있는가? 서사적인 것의 과학적 위치는 이러한 문제들을 해결하는 데 달려 있다. 부르디외의 저작에서 우리는 과학과 서사가 통합되는 인상적인 사례들을 찾아볼 수 있다. 하지만 두 방법을 결합하는 작업에 대한 이론적 설명은 아직 이루어지지 않았다.[8]

그와 같은 통합 작업의 주요 문제는 서사적인 것을 과학적 개념 및 방법들의 구성적인 것과 균형을 이루는 평형추로서 투입하는 데 있다. 과학적 개념과 방법들은 대상을 자율적이고 균질한 것으로 만드는 경향이 있기 때문이다. 이처럼 통일화하는 경향에 맞서 복합적인 시간적 조직은 실천이 지닌 가변적이고 분화된 요소를 통용시킨다. 한 가지 예를 들자면 한 장을 발전시키는 데는 어떤 속도와 방향으로 개별 과정들이 진행되느냐가 매우 중요할 수 있다. 우리가 현대 회화라는 장의 구성을 기술하고자 한다면, 각 양식이 발전해간 상이한 속도를 파악하는 일은 불가결하다. 1907년경 파리에서 입체파 초기의 추상화에서 있었던 엄청난 혁신 작업의 템포, 특히 브라크와 피카소 사이에 이루어진 대화, 그 뒤 뉴욕에서 뒤샹의 〈레디메이드〉에 이르기까지 매달 새로운 화풍이 생겨난 과정이 있었다면, 피에트 몬드리안은 길을 느리게 간 경우이지만, 그렇더라도 그는 그 길을 가장 순수한 추상에 이르기까지 전대미문의 철저함을 가지고 밟아나

---

8 시간의 철학을 과학적 설명과 교차시키고자 한 폴 리쾨르의 시도(『시간과 이야기』, 전3권, Paris, 1983~1985)는 인상적이기는 하지만 해석학이나 실존철학과 변별되지 않는다. 특히 하이데거를 끌어들이는 작업은 그가 실제에서 발견할 수 있는 다양한 시간 형식에 천착하거나 자기 자신의 구성 작업의 시간성을 인식하는 것을 방해하고 있다.

갔다.

　사회과학자라면 시인처럼 글을 쓰지 않을 것이다. 사회과학자에게는 과학적 개념과 방법을 사회 분석에 적용하고 그와 동시에 시간적으로 상이하게 발전한 경로를 추적하는 것을 가능케 하는 시간적 구성이 필요하다. 그에게는 그러한 발전의 형태들을 모사할 일종의 유기체적 조직이 필요하다. 부르디외의 경우 그의 사회학적 연구들을 조직하는 것은 권력의 양상이다. 그의 과학적 연구 결과들에 사회학을 넘어 의미를 부여하는 것은 무엇보다 권력과 그 권력의 변형의 역사, 권력이 지닌 폭력성의 역사다.

제2장

미학에서의
미메시스

4

미메시스와 시각성

보기(보는 행위das Sehen)의 과정들은 인간의 미메시스 능력을 참조하지 않고서는 충분히 설명할 수 없다. 아래에서 이 테제를 순수한 보기라는 가정에 맞서 제시하고자 한다. 이때 우리는 미메시스 능력이 두 세계 사이의 매개를 만들어낸다는 점을 가정한다. 즉 그것은 현존하는, 상징적으로 해석된 세계와 두 번째 세계, 즉 특수한 과정을 통해 생성되는 세계 사이의 매개다(Goodman 1984). 첫 번째 세계는 상징 이전의 세계도 아니고, 원초적으로 주어진 세계도 아니며 어떤 방식으로든 일차적이라고 할 세계가 아니다. 그 세계는 현존하는 것이고, 그것의 현존이 한 공동체에 의해 인정된다. 그리하여 우리의 지각세계는 이미 정돈되어 있으며 상징들의 도움으로 해석되어 있다. 바로 이 세계와 관계를 맺는 미메시스적 세계는 자신의 **고유한** 질서와 상징체계를 만들어낸다. 이 미메시스적 세계에 대한 인정은 눈에 주어진 첫 번째 세계와는 다른 방식으로 이루어진다(예컨대 현실에는 존재하지 않는 무엇인가를 현실적인 것으로 보여줄 수 있는 사진을 들 수 있다).

미메시스 과정들은 신체적이고 기술적인 양상을 띤다. 그 과정들은 어떤 재료를 특수한 방식의 도움으로 하나의 고유한 세계로 빚어내는데, 이렇게 빚어진 세계는 그 자체가 다시 물질적이고 감각적인 측면을 지닌다. 이 두 번째 세계는 첫 번째 세계와 무관하다. 그 세계는 독자적으로 존재하지만, 첫 번째 세계와 관련을 맺는다. 관련을 맺는 방식에는 여러 가지가 있다. 미메시스적 세계는 첫 번째 세계의 변형일 수 있고, 자유롭게 따라 만든 것일 수 있으며, 주해하고 해석하며 보완한 세계일 수도 있고, 모사, 모방 또는 모조, (대상에) "밀착하기"일 수도 있다. 이 모든 경우에 미메시스는 매개하는 과정 또는 행위로 작용한다. 그 미메시스는 어떤 매체 속에서 일어난다. 이 매체를 등한시하거나 중립적인 것으로 간주하는 것은 착오일 터이다. 오히려 매체는 두 번째 세계를 적극적으로 함께 빚어낸다. 미메시스적 매체들은, 눈이든 이미지든 묘사든, 아무 책임도 없는 것이 아니다. 두 번째 착오는 미메시스적 세계를 독자적인 세계로 간주하는 데 있다. 미메시스의 형식들은 모두 다른 세계를 향해 있다. 그 형식들은 미메시스를 하는 저자 및 그의 세계라는 한쪽과 첫 번째 세계나 타인들이라는 다른 한쪽 사이에 이루어지는 대화 과정의 일부다. 이런 식으로 사람들 상호 간의 공간에 배치됨으로써 미메시스는 여러 권력적 전략의 대상이 된다. 그것은 사회적 통제를 받거나 거꾸로 스스로 사회에 압력을 행사한다.

미메시스적인 것의 매개를 무시하고 어떤 정화된 언어나 현실의 직접적인 이미지에 다다르려는 시도는 거듭 이루어져왔다. 이러한 전통에 속하는 것으로 예컨대 데카르트의 합리주의가 있다. 이 합리주의에 따르면 세계를 생성하는 것은 어떤 방법의 사안이고, 경험세계는 생성된 세계와 비교할 때 더는 통용되지 않으며, 타인과의 대화적 맥락은 이차적인 것이 된다. 플라톤의 이데아론에서 시작해 이상적 언어에 대한 생각에 이르기까지, 라이프니츠에서 카르납과 비트겐슈타인의 『논리철학 논고』의 모사론에 이르기까지 철학사의 많은 조류가 이러한 전제 조건을 공유한다. 예술에서도 미메시스를 극복하려는 시도가 있었는데, 이들은 "순수한 지각"을 추구하고 "순수한 모사" 방법을 개발하고자 했다. 이러한 경향의 한 예로 17세기 네덜란드 회화를 언급하고자 한다(Alpers 1985).

스베틀라나 알퍼스[1]의 서술에 따르면 17세기 네덜란드 회화는 서사풍의 르네상스 회화를 탈피해 순수한 묘사로서 총체적으로 투명한 그림을 추구한다. 세계는, 예술가에 의한 미메시스적 형성 과정 없이, 오로지 올바른 방법을 이용해서, 그것이 지각되는 그대로—그리고 세계는 있는 그대로 지각된다—그림의 표면에 모사되어야 한다. 이 견해에 따르면 회화에서 그림을 만들어내는 일은 눈에서 일어나는 그림 만들기와 동일하며, 눈이 만드는 그림들은 곧바로 세계의 대상들에서 유래한 것들이다. 당대의 과학적이고 기술적인 발전, 그리고 네덜란드 화가들의 수공업적 전통을 토대로 사물의 순수한 묘사가 가능하다는 것이다. 현실은 건드려서도 안 되고 변경되어서도 안 된다. 가시적인 것은 모두 "존재하는 것, 현존하는 것을 묘사하는 주의력"(Alpers 1985, p. 27)을 가지고, 나타나는 그대로 또는 의식 속에 기억으로 저장되어 있는 그대로 재현되어야 한다.

---

1 Svetlana Alpers, 1936~ : 미국의 미술사학자. 특히 17세기 네덜란드 회화의 전문가로서 캘리포니아 버클리 대학 교수를 역임했다.

이탈리아 르네상스는 세계를 새로이 구성한다는 미메시스적 활동을 믿었다. 그 활동은 이미지의 세계와 회화의 그림들 사이에 정신이 선별하고 조정하며 이상화하는 작용을 끼워넣었다. 사물의 표층은 심층에 이르기까지 침투되어야 했다. 레오나르도의 견해로 예술가는 자연의 활동을 신뢰하는 대신 "그러한 행위 자체"를 떠맡는다. "그리하여 모든 것은 그의 눈의 창조물이 된다."(Alpers 1985, p. 112) 예술적 미메시스는 세계를 새로이 창조하는 일로서, 그것은 지성과 균형 감각으로 특징지어지며 사물의 내부 질서를 투명하게 만든다. 네덜란드 화가들에게는 이미지가 눈의 자리에 들어서고 외부세계의 충실한 거울이 된다. 네덜란드 화가들은 시점視點의 설정으로부터 거의 영향을 받지 않은 채 이미지를 세계가 그 위에 묘사되는 어떤 평면으로 본다. 이들의 세계 **묘사**descriptio는 네덜란드 예술의 모범이자 기원을 나타내는 지도 제작을 모델로 삼아 이루어진다. 패널화와 지도는 "세계를 평면 위에 그리는" 데 관심이 있다는 점에서 공통된다(Alpers 1985, p. 240).

네덜란드 회화가 "순수한 보기"를 모사하고자 했다는 것은 무엇을 뜻할까? 우리는 오늘날 보기에 대한 과학적 이론을 참조함으로써 이 의도를 이해할 수 있다. 알퍼스에 따르면 눈에 대한 케플러의 이론이 네덜란드 회화의 묘사적 태도에 토대를 마련해주었다. 그 당시 네덜란드에서 사람들은 광학 장치들, 특히 렌즈, 확대경, 현미경, 망원경에 유난히 관심이 많았다. 사람들이 네덜란드에서 '보기'에 새로운 입장을 취하게 된 것은 분명했다. 예술가들은 카메라 옵스큐라camera obscura에 열광했으며 그것을 빈번하게 활용했다. 케플러는 눈을 고립된 대상으로 보았으며 망막에 맺힌 상을 자신의 과학적 관심의 중심에 두었다(제일 먼저 1604년의 『보유Paralipomena』에서). "어떤 비상한 객관성이 그와 함께 추구되었으며, 그처럼 상으로 맺힌 세계를 미리 판단하거나 분류하기를 거부하는 태도가 생겨난다."(Alpers 1985, p. 95)

케플러의 이론에 따르면 보기는 "보인 사물의 **상**pictura, 오목하게 휜 망막 표면에 형성되는 그 상을 통해" 이루어진다(Kepler in Alpers 1985, p. 91). 망막 위에 세계의 상들이 모사된다. 그 상들은 그려진 그림들과 동일한 특성을 지닌다.[2]

케플러는 망막에 비친 상을 pictura라고 강조해서 부른다. 눈의 외부에 있는 세계도 상들로 이루어져 있는데, 이 상들을 그는 실제적 상imago rerum이라 칭한다. 그러한 사물들의 상이 망막에 투사되어 거기에 pictura로 나타난다. 눈의 조직을 물리학적으로 재구성하면서 케플러는 "망막 위의 상을 재현으로" 정의할 뿐만 아니라 "실제 세계를 외면한 채 그곳에서 '그려진' 세계를 주목한다"(Alpers 1985, p. 96). '보기'의 과정과 눈을 고립시킴으로써, 그리고 그것을 뭔가 지각하고 느끼는 인간의 광학 체계로 만듦으로써 보는 행위뿐만 아니라 보인 상인 pictura도 객관화된다. 본다는 것은 제작한다는 뜻이고, 보이는 것은 제작된 것의 모사다. 객관화된 지각의 상은 보는 행위를 이루는 모든 것을 내포한다. "본다는 것은 상과 같은 것이다ut pictura, ita visio."(Alpers 1985, p. 94) 예술가는 자신이 보는 것, 즉 자신의 망막에 비친 상pictura을 그리는 일 말고 다른 일은 하지 않으며, 이런

---

2 "예술가들이 사용하는 붓으로써 눈의 배후에 있는 비가시적인 막 위에 눈 밖의 세계가 그려진다. 즉 망막 위에는 가시적인 사물들의 유색 광선들로 그림이 그려진다."(Kepler, *Dioptrice*, 1611, Alpers 1985, p. 98에서 재인용·)

식으로 그는 세계를 구성하는 상들을 충실하게 재현한다. 즉 화폭 위의 그림들은 망막 위의 상들, 그리고 세계 속의 상들과 똑같다. 네덜란드 화가들은 세계를 아무런 매개 없이, 어떤 세계와 상 사이의 공간 없이 묘사하고자 한다. 망막 위의 상들이나 회화 모두 세계의 상들을 반영하는 거울에 비유될 수 있다. 이러한 견해를 따르면 예술은 더 이상 미메시스적인 것이 아니고—물리학적으로 정의된—현실의 반사로 여겨진다. 세계의 사물들은 만져지지 않으며 더 깊은 질서로 옮겨지지 않는다. 그 어떤 "영혼의 비가시적인 느낌이나 열정도 예술가에 의해 재현되지" 않는다. 있는 그대로 충실하게 재현하는 일은 상을 대하는 특수한 자세를 요구한다. 화가는 자기 자신을 개입시키지 않으며 그 상에 종속되어 스스로 소멸된다. 창작자는 자기 작품 속으로 사라져야 한다(Alpers 1985, p. 100).

17세기의 네덜란드 회화는 과학, 기술, 수공업의 영향을 받은 기계적인 방법을 세계의 미메시스적 모사에 맞세운다. 19세기에 사진술이 발명되면서 예술적인 보기 행위를 이와 유사하게 이론화하려는 작업이 이루어진다. 감광판이나 영화에서의 사진적 모사는 존재하는 것, 보이는 것을 중립적으로 재현하는 일로 여겨지게 된다. 여기서는 매체가 함께 작용한다는 사실이 사진가의 창조적 작업과 마찬가지로 망각된다. 네덜란드 회화와 사진술은 알퍼스가 "대안적 보기 문화"라고 부르는 것의 넓은 조류에 속하는데, 이러한 보기 문화는 이탈리아 르네상스 시대에 완성된 원칙들을 따르지 않는다. 그러한 보기 문화는 그것이 일견 객관적이고 형식적인 방법을 개발하고 투입하는 정도에 비례하여 상을 만들어낼 때 주체가 수행하는 역할이나 회화 기법의 역할을 은폐하는 경향을 보인다. 보기의 행위와 보이는 것의 재현이 그 속의 매개 구조와 무관한 것으로 파악된다. 상들은 절대적이고 객관적인 것으로 설정된다. 그려진 모사가 지니는 특수한 것das Spezifische이 이렇게 해서 간과된다. (하지만) 미메시스의 관점에서 관찰하면 감각적 지각Aisthesis에 대한 역사적인 성찰이나 체계적 성찰에 중요한 의미를 띠는 일련의 인간학적 특성들이 포착될 수 있다.

20세기에 우리는 새로운 성격의 상들과 변화된 지각 구조를 맞닥뜨리게 된다. 시지각(보기)의 과잉으로 인해 그 형식들 가운데 많은 것이 물화된 것과 추상적인 것의 세계에 대한 의태, 그것들로의 동화로 귀결된다. 세계가 이미지화되고 인간 삶의 모든 연관관계가 이미지화되는 경향은 이미지의 폭발적 증가와 확산을 낳는다. 공간과 시간이 소형화되고 편재하고 파괴되는 현상과 이미지들의 상품적 성격이 세계의 비물질화를 촉진하게 된다. 그 결과 이미지 세계들의 증식, 스스로 독립되는 이미지들과 혼합되는 이미지들이 범람하는 현상이 나타난다. 이러한 발전이 미친 결과는 지속적이다. 인간과 관련 없는 외부에 대해 사람들은 무감각해지고, 그 외부가 물화되고 파괴되는가 하면 기존에 제작되어 있는 이미지들에 동화되는 현상이 나타난다. 인간의 지각은 시선 없는 보기가 된다. 그 지각은 지각을 자동화하는 "시각기계"와 똑같아진다(Virilio 1990). 기계들이 기계와 인간을 위해 이미지들을 제작한다. 이미지는 도구적으로 생산되고 인간의 보는 행위를 통제하게 된다. 기존에 제작된 것이든 아니든 이미지들은 지각을 규정하고 기억과 공적인 양심을 점령한다.

이미지들의 자기준거성은 진리를 보증했던 연속성, 엄밀성, 인과성을 파괴하게 된다. 깊이가 없는 표층에서의 기호 놀이가 생겨난다. 이미지들이 현실을 무력화시키면서 그것들의 잠재성이 현재성을 규정하게 된다. 객체는 부재하는데 객체의 현재성이 이미지로서 그 객체의 현재의 현재성이 된다. 공적인 공간은 공적인 이미지로 대체된다. 사물들에 대한 관심은 그것들의 이미지에 대한 관심 뒤로 물러난다. 그 결과 시지각은 의태로 기형적으로 경직되며, 인간은 주변 세계에 스스로를 방기하기에 이른다.

> 인간이 자연처럼 되려고 노력할 때 인간은 자연에 반해 스스로를 경직시키게 된다. 공포로서의 방어는 '보호색Mimikry'의 한 형태다. 인간의 경직 반응은 태곳적인 '자아 보존'의 방식이다. 생명은 죽음에 동화됨으로써 존속을 위한 공물을 지불한다.(Horkheimer/Adorno 1981, p. 205)

세계에 대한 이러한 형태의 축소된 지각의 태도에도 불구하고 미메시스는 언제나 사물적인 것과 이미지적인 것의 위력에 맞서는 저항의 힘에 대한 희망을 담지하기도 한다. 예술의 미메시스적 경험과 관련하여 아도르노는 『미학 이론』에서 이러한 희망을 다음과 같이 표명한다. "무릇 예술작품이 추구하는 미메시스의 기억 흔적은 언제나 개인과 타자 사이의 분리를 넘어선 상태의 선취이기도 하다." (Adorno 1970, p. 198)

미메시스의 이러한 가능성은 이미지들과의 대결, 보기의 행위에서도 발전시킬 수 있다. 이미지의 세계에서 굳어진 것과 죽은 것에 동화되는 일과는 달리 지각된 것에 의식적-미메시스적으로 가까이 가는 일은 주체가 객체에 "동화"됨으로써 눈으로 본 바를 해명하는 것을 지향한다. 그와 같은 형태의 보기에서는—은유적으로 표현하자면—본 것이 지각하는 자에게 동화되는 게 아니라 지각하는 자 자신이 본 것과 스스로 유사해져야 한다.

미메시스적 지각이 지향하는 중요한 분야들 가운데 하나는 문화의 산물들에 있다. 이러한 문화의 산물들에는 예술작품, 음악, 시문학이 속한다. 아리스토텔레스의 『시학』, 그의 미메시스론, 비극론과 관련하여 폴 리쾨르는 세 가지 형식의 미메시스를 구별하는데, 이 세 형식은 여타의 문화적 산물들에도 적용할 수 있다(Ricoeur 1983, p. 85ff.). 미메시스 I은 작품이 그 작품의 외부에 놓인 사회적 실천과 맺는 관계를 지칭한다. 미메시스 II는 작품의 **플롯**, 구성을 만들어내는 일을 가리킨다. 여기서 작품의 외부에 놓인 세계와의 접합이 이루어진다. 이 미메시스는 가상과 픽션의 분야를 구성한다. 그것은 능동적 과정으로서 그 과정에서 각각의 요소가 새로운 픽션이 생겨나게끔 배치된다. 그 픽션은 비극에서처럼 허구적인 줄거리일 수도 있고 예술에서처럼 이미지일 수도 있으며 음악에서처럼 작곡된 곡일 수도 있다. 비극에서는 줄거리가 바로 미메시스적 활동이 작동하는 구성이다. 그 줄거리는 어떤 고안된 질서를 나타내는데, 이 질서에 비극의 여타 요소 모두가 종속되며, 그 질서는 비극의 완벽성, 총체성, 보편성을 이룬다. 미메시스 III은 문화의 재화들을 관찰자, 청자 또는 독자가 수용하는 과정을 지칭한다. 독자는 작품과 미메시스적으로 관계를 맺는 가운데, 그 작품을 자기 속에서 따라 하며 그 자품을 자기 상상력의 도움으로 내적인 이미지와 소리의 세계 속에서 살아나게 한다. 모든 문화적 산물은 그것이 영향력을 펼치고자 한다면 이 미메시스 III에 의존한다. 그리하여 비극의 카타르시스적 효과는 관중의 미메시스적 태도와 거기서 생겨나는 즐거움으로 설명된다. 이러한 태도와 즐거움은 실제적인 것이 아닌 허구적인 것이 발산하는 매력을 통해 획득된다. 문화의 재화들을 생산하는 데 미메시스 II가 그 중심에 있는 반면, 심미적으로 수용하는 데에는 미메시스 III과 결부된 과정이 중심에 있다. 관찰자, 독자 또는 청자는 미메시스 I에서 미메시스 III에 이르는 과정을 미메시스 II를 통해 수행한다. 관찰자가 세계에 대해 지니고 있는 선$_\hbar$이해가 미메시스 II의 허구적 영역에 대한 이해를 돕는다. 따라서 문화의 재화들을 생산하는 과정과 그것들을 감각적으로 수용하는 과정은 미메시스적 요소들을 내포하고 있으며, 그 요소들 없이 그 두 과정은 적절하게 이해될 수 없다.

예술의 이미지들을 미메시스적으로 다룰 때 두 가지 전제 조건이 중요하다. (1)이미지들은 그것들의 이미지성과 함께 주어진 환원할 수 없는 특질을 지니는데, 이 특질은 논증적 방식을 취하는 도상학적인 작업을 통해서는 적절하게 해명되지 않으며, 오히려 관찰자에게 이미지의 이미지성을 상기시키고 그것을 감각적으로 파악할 것을 상기시킨다. (2)이미지적인 예술작품들은 미메시스 I과 미메시스 II로 기술된 과정들로 인해 픽션적인 재현들이며, 이 재현들은 그것들 외부에 놓인 사물들과 관련을 맺고 있기는 하지만 그와 동시에 그것들이 본질적인 단절을 통해 그 사물들과 분리되어 있다(Kamper/Wulf 1989). 픽션적인 재현들로서 예술의 이미지들은 우리가 알지 못하는 것, 우리를 놀라게 하는 것을 알고 있으며, 우리가 그 이미지들의 의미를 이해하기 전에 우리에게 감각적으로 주어져 있는 무언가를 알고 있다.

예술의 이미지들에 미메시스적으로 접근하는 일(미메시스 III)은 대체할 수 없는 감각적인 경험들을 낳는다(Flügge 1963). 우리는 미메시스적 접근을 상징적으로 구조화된 이미지들을 보기를 통해 따라 만드는 과정, 그리고 그 이미지들을 상상력의 도움으로 관찰자 내부의 이미지 세계로 수용하는 과정으로 이해한다. 이 과정에서 관찰자는 자신을 이미지와 유사하게 만든다. 그는 바라보는 가운데 이미지의 이미지성에 관여하며, 그 이미지성에 감명을 받고 매료된다. 한 이미지에 미메시스적으로 접근하는 일은 사실 정보를 획득하고 사정을 파악하는 것을 지향하는 시선이 매우 빠르게 포착하는 어떤 익숙한 것을 지향하지 않는다. 더 중요한 것은 개념적이고 감각적인 처리 과정에서 벗어나는 미지의 것, 낯선 것에 대한 경험으로, 이것들은 통상적인 보기의 도식, 습관, 해석 견본들을 포기한 연후에 비로소 전달된다. 한 이미지와의 미메시스적 만남에서는 이용 가능성이 포기된다. 이미지 형식과 색깔들을 바라보면서 따라 하는 것은 관찰자의 내면에서 솟아오르는 이미지와 생각들을 밀어내는 작업을 요구하며, 바라본 이미지의 이미지성을 향해 자신을 개방할 것을 요구한다.

한 이미지에 미메시스적으로 접근하는 일에서 서로 넘나드는 두 단계를 구별할 수 있다. 첫째 단계에서 이미지가 관찰자의 목전에 있고, 둘째 단계에서 이미지는 미메시스적 대결의 결과 관찰자 내부의 이미지 세계의 일부가 된다. 첫째 단계에서는 바라보는 행위가 대상에게 자신을 내맡기기 전에 그 대상을 포착하는 기계적 보기를 극복하는 것이 목표다. 이미지를 따라 만드는 일에서는 통일화하는 판단들이 해체되고 다의성이 지각된다. 주의력이 쏠려 이미지를 모방하기에까지 이르면, 지각과 이해가 생겨난다. 이때 이전의 의도들이 무효화되는 경우가 많다.

이미지를 미메시스적으로 다루는 일은 일상적인 것을 극복하고 비일상적인 것을 발견하도록 요구한다. 미메시스적 보기는 이런 의미에서 관찰하는 사람, 그의 신체성, 그의 주체성과 그의 개인적 생애에 연결되며, 그러면서도 이때 이러한 관계들에서 소진되지 않는다. 미메시스적 보기는 어떤 이미지를 도구적이고 목적합리적으로 장악하는 일을 무효화한다. 미메시스는 반합리적이지 않다. 그것은 예술작품의 합리성을 파악하기 위해 합리성을 필요로 한다. 아도르노의 규정에 따르면 합리성 없는 미메시스는 말이 없으며, 미메시스 없는 합리성은 맹목적이고 오로지 지배만을 지향한다(Adorno 1970). 이미지들을 미메시스적으로 다루는 일은 그것들의 구체적 일회성에 머무르며, 이 일회성을 통해 그 속에서 상징적으로 매개된 보편적인 것을 해명한다. 미메시스 과정은 이미지들이 관찰자에게서 활성화되게끔 한다. 모든 관찰자는 작품에 대한 자기 자신의 내부 이미지를 만들어내며 그것을 이미지적으로나 언어적으로 가공하는 여타 경험들과 연결하는데, 그러면서도 이때 지각된 것의 다름에 폭력을 가하지 않는다.

미메시스적 접근을 한 결과 이미지는 점차 관찰자 내부의 이미지 세계에 다다른다. 사람들이 시를 외울 수 있는 것처럼, 한 이미지의 이미지성 역시 기억을 통해 내부 이미지 세계의 일부가 될 수 있다. 한 이미지가 상상을 통해 재생산될 수 있다면 미메시스적 접근은 새로운 질을 얻게 된다. 한 이미지를 상상을 통해 재생산하는 훈련을 하기 위해서는 집중이 필요하고, 떠오르는 "방해하는 이미지들"에 맞서 그 이미지를 붙잡아두는 능력이 필요하다. 이 상상력은 미메시스적이다. 그것은 따라 만드는 활동을 하며 창조적 생산의 요소를 나타낸다. 강렬함과 결과의 측면에서 완성할 수 없는 그 상상력의 성격이 바로 그 상상력을 생산적인 것으로 도발한다. 미메시스 능력을 훈련하는 일은 내부의 이미지 세계를 확장하고 표상력을 형성하는 일로 이끈다.

이미지를 미메시스적으로 가공할 수 있는 이 가능성은―그 이미지들의 상징적 가치들, 그것들의 규칙성과 규범성을 포함하여―오늘날 경직되고 공허하게 비워진 이미지를 흉내 낼 가능성과 함께 주어져 있다. 이 두 가능성 모두 미메시스의 양가성, 지양할 수 없는 양가성의 표현이다. 미메시스는 한편으로 의태 또는 시뮬라시옹으로서 죽은 것, 공허한 것, 추상적인 것에 동화되는 일로서, 다른 한편으로는 낯선 것에 밀착하는 일로서, 타자를 지각과 행동에서 비폭력적으로 다룰 기회를 뜻한다.

세계로 향하는 미학적 길들
미메시스와 교육의 관계에 대하여

교육학의 자명성이 문제가 되어버린 시대에 교육에 이르는 새로운 길들을 모색해봄 직하다. 그와 같은 길은 미메시스를 통해 가능하다. 인간학적인 문제 제기에서 출발하여 아래에서 미메시스 과정들이 인간의 교육이 발생하게 된 역사에서 중심 역할을 한다는 점을 보여주고자 한다. 미메시스 또는 교육을 정의하거나 심지어 미메시스적 교육론을 전개하고자 시도하는 대신, 여기서는 우선 미메시스 과정이 인간을 형성하는 데 지니는 의미가 생겨나는 일련의 관점들을 전개해보고자 한다.

문제

『국가』 3권에서 플라톤(1971)은 미메시스가 교육에 대해 지니는 의미를 시사한다. 플라톤의 출발점은 인간이 세계나 자신과 관계를 맺는

데 의존해 있다는 인간학적 고찰이다. 특히 초년기에, 그렇지만 여러 면에서 나중에 성장해서도, 이러한 일은 미메시스의 도움으로 광범위하게 일어난다. 교육적인 효과는 살아 있는 사람들을 미메시스함으로써만 생겨나는 것이 아니라 시문학이 구상하는 상상적 인물들에 대한 미메시스를 통해서도 생겨난다. 미메시스는 청소년의 표상세계가 형성되는 데 생생한 영향을 미치기 때문에 통제되어야 한다. 왜냐하면 미메시스적으로 청소년의 표상세계에 받아들여진 이미지와 모범들은 젊은이들의 행동에 영향을 미치기 때문이다. 그렇기 때문에 모범적인 인간들만 청소년의 눈앞에 제시되어야 한다. 왜냐하면 열악한 모범들로부터는 부정적인 영향들만 발생하고, 그것들은 원치 않는 행동을 유발하기 때문이다.

이러한 교육학적 입장에서 출발하여 플라톤은 시문학 비평, 음악 비평, 그리고 일반적인 문화 비평을 전개한다. 지금까지 시문학은 위대한 남자들과 신들의 결함이나 전장과 지하세계의 공포를 서술하는 경우가 허다했다는 것이다. 이로써 시문학이 물론 청자들의 관심을 끌기는 했지만 이러한 (시문학의) 태도는 청소년들에게 해로운 영향을 끼친다는 것이다. 왜냐하면 그러한 태도는 청소년을 용감하게 키우고 진리를 사랑하도록 교육하지 못하기 때문이다. 오히려 그러한 태도는 비겁함, 안일함, 결함의 방향으로 이끈다는 것이다. 시문학에서 상상적 인물들의 재현은 전염성이 있다는 것이다. 플라톤에 따르면 그러한 재현이 청소년의 상상력을 장악하고 그들을 이러한 인물들을 따라 형성되도록 도발한다. 청소년을 이러한 인물들을 미메시스적으로 추체험하는 일로부터 보호할 길이 없다는 것이다. 그들 행동의 윤리적 가치와 무관하게 그 인물들은 청소년을 사로잡게 된다고 한다. 그렇기 때문에 시문학은 윤리적 원칙을 따라야 하고 그에 따라 통제되어야 한다는 것이다. 한편 윤리적-정치적 통제가 성공함으로써 모범적인 것만 재현된다면, 미메시스는 청소년의 표상세계를 발전시켜 그들이 건설적인 사회적 태도를 지니도록 이끈다는 것이다.

이 『국가』 3권에서 미메시스의 교육적 가치가 강조되는 반면, 이 가치는 10권에서 동굴의 우화와 플라톤의 영혼론이 전개된 뒤에는 의미를 잃어버린다. 왜냐하면 이제 미메시스는 이데아가 만들어지고, 이 이데아를 지각하는 제작자에 의해 일용품이 만들어진 연후의 화가의 활동을 지칭하기 때문이다. 화가는 단지 제작자가 만들어낸 물건들을 따라 만들 뿐이며, 그의 활동은 그런 까닭에 존재론적 견지에서 보면 3차적인 것으로 여겨져야 하기 때문이라는 것이다. 미메시스는 플라톤의 존재론에서 이처럼 주변적인 위치로 떨어짐에 따라 새로운 독립성을 얻는다. 미메시스의 영역은, 선한 것이나 진실한 것에 대한 물음의 하중을 떨치면서, 현상으로 나타나는 것의 가상을 만들어내는 일로 구성된다. 이 가상을 위한 자리가 국가에는 없다.

동굴의 우화에서 전개한 이데아론을 배경으로 깔고 보면 미메시스와 그것을 통해 구성된 가상의 세계는 플라톤에게 부정적으로 나타날 수밖에 없다. 왜냐하면 모든 인식과 제작 및 활동은 그의 견해로는 이데아와 관련되어야 하기 때문이다. 이데아에 참여Methexis하는 것이 철학의 목표이고 그 철학에 바탕을 둔 국가 조직의 목표다. 이것에 비해 볼 때 이데아론과 관련되지 않은 미메시스는 플라톤의 존재론과 질서와 진리에 대한 관념을 포함한 그의 국가론을 위협하는 요소를 내포한다. 아리스토텔레스가 이해하는 미메시스는 소산적 자연natura naturata이 아니라 능산적 자연, 즉 자연의 힘을 모방해야 한다. 미메시스 개념이 이렇게 규정되면서 미메시스가 예술이나 미학에서 거듭하여 상이한 규정을 얻는 것이 가능해진다. 그와 동시에 미메시스 개념을 추후에 사용할 때에는, 플라톤에게서 암시되었고 아리스토텔레스(1982)에게서 분명하게 드러나듯이, 미학 영역에 국한된다. 오늘날에 이르러서야 플라톤에게서 최초의 씨앗이 보였던 사회적 미메시스 개념을 발전시키려는 시도가 늘고 있다. 미메시스가 사회적 과정에서 중심 역할을 할지라도 그에 상응하는 현상들은 이 개념에 의해 규정된 시각에서 간헐적으로만 다루어졌다. 정치적인 것, 사회적인 것, 교육적인 것의 심미화 현상이 그 안에서 상상적인 것, 상징적인 것, 실제적인 것이 교차하는 상황에 이르게 된 조건들을 마련한다면, 미메시스 개념은 지금까지 구별된 채로 있던 것을 새로운 결합과 맥락 속에 나타나게끔 하는 데 적합하다.

사회적 영향과 교육적 영향

미메시스적 요소들은 대부분의 삶의 과정에서 한 역할을 담당한다. 미메시스적 요소들은 여러 상이한 삶의 표현에 깊이 침윤되어 있기 때문에, 어떤 일반적인 규정의 수준에 머무르지 않고서는, 그리하여 많은 섬세한 차이가 잘려나가지 않고서는, 미메시스 개념을 엄밀하게 전개하기란 거의 불가능하다. 미메시스 과정에 대해 좀더 나은 이해에 이르기 위해 우리는 이 과정을 선별한 사회적, 교육적 상황들에서 탐구해야 한다. 그런 과정에서 이 개념의 분석력도 드러날 것이다. 그만큼 더 놀라운 점은 인문학에서 사회적 미메시스가 단지 산발적으로만 다루어졌고, 교육학에서는 여태껏 거의 다루어지지 않았다는 사실이다.

어린아이

인간을 자궁의 품에서 떼어내는 탄생이라는 사건과 함께 삶은 불안, 추위, 현기증, 고통을 동반하면서 시작된다. 태어나서 처음 몇 달 동안 그것들이 삶을 본질적으로 지배한다. 그 감정들과 결부된 시련은 "자궁 속 삶의 기생적인 균형 상태를 이루는" 환경과 섭생의 조건들이 갑자기 끝나게 된 상황에 적응하는 데 따르는 어려움의 표현이다. 정신분석의 견해에 의하면 이것이 엄마의 품에 대한 이미지의 배경인데, 이 이미지는 "어떤 무의식적 표상의 역설적 본질"을 가리킨다(Lacan 1980, p. 47). 이 시련은 그 어떤 모성적 돌봄으로도 해소할 수 없다. 이유기 단계에서 이 시련의 일부가 반복되는데, 하지만 바로 이러한 반복을 통해 시련은 완화된다. 이 과정에서 엄마 품의 이미지와 엄마 젖가슴의 이미지에 대한 미메시스가 이루어진다.

　라캉의 테제에 따르면 여성들은 그들의 엄마 젖가슴 이미지가 아이를 수유하고 껴안고 바라보는 데서 충족되는 경험을 할 가능성을 지닌다. 왜냐하면 여기서 모성은 "모든 욕구 가운데 가장 원초적인 욕구"를 경험하고 충족시키기 때문이다. 출산할 때 고통을 참는 것조차 "삶과 함께 태어난 불안"을 "대표적으로 보상"하는 과정으로 이해할 수 있다. "오로지 인간의 탄생과 함께 시작된 탈습관화를 심리 기제의 심층에 각인하는 이미지만이 모성애가 지닌 권력, 풍부함, 지구력을 설명해준다."(Lacan 1980, p. 51f.) 우리의 문제 제기와 관련하여 이것이 의미하는 바는, 모성애조차 미메시스적 원천을 지닌다는 점이다. 이 이미지를 실현하면서 모성은 상당한 정도로 만족을 경험한다. 그와 동시에 이 가능성은 아이에게 그에 맞게 모성적으로 애정을 쏟는 것을 모성에게 보증한다. 지금까지 논의한 미메시스 형식들과는 반대로 여기서는 무의식적 이미지들의 미메시스가 관건인데, 이 이미지들은 어쩌면 그렇기 때문에 인간에 대해 특별한 권력을 지니는 측면도 있다. 그 이미지들은 삶의 최초의 경험들, 시련, 섭생, 안정감과 결부되어 있기 때문에 욕구와 소망을 평생 구조화하는 권력을 지닌다.

라캉이 보여줬듯이 거울단계는 개인을 구성하는 데 결정적 역할을 한다. 이유기가 끝날 무렵, 즉 생후 6개월에서 10개월 사이에 아이의 신체감각은 아직은 기관들을 조화시키는 능력이 부족하기 때문에, 그리고 절단되고 해체되는 느낌이 지배하기 때문에 아이는 우연히 거울을 들여다볼 때 자신의 이미지를 신체적인 통일체로 바라본다. 아이의 지각은 환호하는 행복감과 결부되는데, 왜냐하면 이 이미지에서 아이는 스스로를 자신의 신체적 체험에서는 아직 도달되지 못한 통일체로 바라보기 때문이다. 거울이미지는 아이와 유사하지만 그와 동시에 상상적이다. 그 이미지에는 아이의 신체적 현실이 상응하지 않는다. 그렇지만 거울이미지는 개인이 탄생 이전에 알았었고 새로운 차원에서 다시 만들어내려고 하는 통일체를 가리킨다. 그에 따라 이 통일체의 이미지가 아이의 정신적 진보를 추동하는 에너지원을 형성한다. 그 이미지는 아이가 추구하는 것을 구조화한다. 거울이미지가 아이가 추구했지만 아직 도달하지 못한 상태를 이미지를 통해 보여주는 한, 그 이미지는 위에서 기술한 행복감을 유발한다. 이어서 아이는 잃어버린 상태의 이미지와 결합된, 거울에서 본 이미지를 미메시스적으로 만회하려고 한다.

추후 아이의 발달에 매우 중요한 오이디푸스 상황 역시 상당한 정도로 미메시스적이다. 아이는—부모 중 자신과 같은 성을 지닌 쪽에 미메시스적으로—자신의 성적 욕구를 반대쪽 성을 지닌 부모에게로 향하는데, 충동을 만족시키는 데 이르지는 못한다. 여기서 같은 성을 지닌 부모 쪽은 아이에게 "성적 금지를 중개하면서 그 금지를 위반한 예"로 나타난다(Lacan 1980, p. 63). 욕구의 억압은 이중적인 정서적 움직임을 낳는다. 즉 아이는 자신의 성적 욕구로 인해 경쟁자로 보는 부모 쪽에 대하여 공격성을 느낀다. 그러는 동시에 아이는 그와 유사한 공격에 대해 공포를 느낀다. 탄생의 순간과 이유기의 경험을 되살리는 짓찢긴 느낌과 불안의 느낌은 피할 도리가 없다. 거세의 환상과 절단된 신체에 대한 기억이 겹치는 것은 자명해 보인다. 오이디푸스적 삼각관계에서 현실의 승화를 위해서는 같은 성의 부모쪽에 대한 아이의 미메시스의 결과가 결정적이다. 그 부모 쪽은 욕구의 대상이 아니라 욕구의 주체이며 아이의 욕구에 저항한다. 여기서 욕구 충족이 방해됨으로써 대상이 생겨나는데, 이 대상의 위치는 이로써 욕구에 대한 저항으로 규정된다(Lacan 1980, p. 71). 정신분석 이론에 따르면 이 위기의 종말은 초자아와 승화시키는 사아-이상의 발전을 통해, 그리고 강화된 현실 경험을 통해 결정된다.

어쩌면 미메시스적 상황에서 폭력의 발생에 관한 지라르의 테제들에 기대어 여기서 세대관계에서 폭력성이 생겨나는 원인을 본다면 지나치게 멀리 나아간 것은 아닐 것이다. 꿰뚫어보지 못한 메커니즘이 진행되는 과정은 이렇다. 아이는 그 자신에게 주어지도록 규정된 것을 성취한 성인에 대해 미메시스적 태도를 취한다. 즉 아이는 성인에게서 지원을 받기도 하면서 그 성인이 이미 성취한 것이 되려고 노력한다. 그러나 그와 동시에 성인도 아이도 서로 똑같게 되는 것을 견딜 수 없으며, 그들 각각의 일회적 존재를 보장하는 차이를 잃는 것을 견딜 수 없다. 그래서 그들의 관계는 서로 비슷해지려는 바람과 서로 구별되고 일회적이 되려는 바람 사이에서 분열된다.

따라서 미메시스와 욕구는 밀접한 관계에 있다. 우리는 그에 따라 미메시스적 욕구를 이야기할 수 있다. 물론 그것은 주체에서 대상으로 향하는 간단한 움직임이 아니다. 그 움직임은 오히려 제3자, 그 욕구가 향하고 그 욕구가 미메시스적으로 관계하는 제3자의 욕구를 통해 진행된다. 그렇게 볼 때 모든 욕구는 미메시스적이다.

욕구는 타인의 욕구를 지향하며, 그 욕구로부터 주체가 자존심과 함께 형성된다. 처음에 어린아이에게는 자기 자신에 대한 경험이 없으며, 나와 너의 관계에 대한 경험도 없고, 타인에 대한 경험만 있다. 자아의 발전에 이르는 직접적인 길은 없다. 그 길은 언제나 타인을 경유해서 나아간다. 타인이 아이를 만들며, 아이는 그 타인이 자기가 스스로를 찾기 위해서 무엇을 욕구해야 하는지 말해줄 것을 기대한다. 어린아이는 자신이 욕구한다는 사실과 무엇을 욕구하는지를 아직 모른다. 아이는 그 두 가지를 타인으로부터 경험한다. 아이가 타인을 모방하는 것은 아이가 자신과 그 타인을 아직 구별할 줄 모르기 때문이다. 아이는 자아지각도 없고 자신에 대한 감정도 지니고 있지 않다. 아이는 자신이 타인과 대상들에 완전히 흡수되도록 한다.

자기 자신을 찾아가는 과정에 있으며 결손을 느끼고 있는 아이에게 성인은 그 아이가 누구인지, 또는 아이가 누가 될 수 있는지를 보여준다. 왜냐하면 아이는 자기 스스로는 자신을 발견할 가능성을 지니고 있지 않기 때문이다. 성인은 아이가 어떻게 해서 자신을 자각하는지를 보여준다. 그 길은 성인의 욕구를 미메시스하는 일로서, 그 미메시스를 통해 욕구 자체가 발전한다.

우선 주체가 아니라 사회적 관계가 존재하기 때문에 미메시스는 어린아이의 신체와 모델의 역할을 하는 성인 사이의 미분화된 관계를 만들어낸다. 자신의 신체와 타인의 신체 사이의 미메시스적 상응관계에 이르는데, 그 상응관계가 어린아이 안에서 타인의 재현을 낳으며, 그 상응관계는 다시금 주체가 형성되기 위한 전제 조건이 된다.

타인

무릇 교육에서 중심적인 분야들 가운데 하나가 다른 사람들과의 교류다. 사회교육이라는 개념 아래 지난 수년간 제도권 교육에서 그에 대한 논의가 많았다. 이 맥락에서 **타인**이라는 개념으로 지칭할 수 있는 차원들은 그다지 주목받지 못했다. 이 개념은 지극히 다층적이다. 여기서는 우선 타인에 대한 이해 가능성의 한계를 강조하거나 타인의 낯섦과 이해 불가능성을 의미하는 측면을 다루고자 한다. 이로써 타인으로 향하는 움직임에 전환이 일어난다. 잘 알려진 사회교육의 형식들이 타인과 친해지고 타인을 파고들며 이해하는 데 그 목표가 있다면, 여기서는 그 타인이 이해 불가능하다는 데서 출발하여 타인에게 접근하는 것이 관건이다. 이 이해 불가능성을 타인과의 관계의 출발점으로 삼는 것이다. 부모와 교육자들이 아이들에게 자신이 "아이가 누구이고 무엇인지 **알지 못하며** 또한 **안다고 생각하지 않는다**"

(Wimmer 1988, p. 243)는 경험을 전달하면, 그들은 아이가 독립된 존재로 자신을 구성하는 것을 본질적으로 돕는 셈이다. 왜냐하면 그 경우 아이는 자신에게만 속하는 고유한 감정과 생각을 지닌 인간으로서, 부모와 교육자에게 타인으로서, 그로써 이러한 토대 위에서 다른 사람들의 타자성도 인정하는 법을 배우는 누군가로 자신을 경험하기 때문이다. 타인의 개념은 인간에 대한 비개념적인 경험을 가리키는데, 이 경험은 의미 해석을 통해 성급하게 처리될 수 없고 그 경험에서 비非-의미가 결정적인 특징이 된다. 이처럼 타인을 해석과 의미 부여로부터 차단하는 것은 타인과 교류하던 전통, 즉 타인을 이해하는 것이 목표였고 대개 낯선 것을 익히 알려진 것으로 환원하며 이로써 오해하거나 심지어 파괴하는 것이 관건이었던 전통과 반대된다.

타인과의 조우는 계획, 조직, 프로그래밍에서 거의 완전히 벗어난다. 타인과의 조우는 그때마다 유일무이하고 환원 불가능하다. 그 조우는 언어적으로 해명될 수 없는 인간의 신체성을 가리킨다. 외부의 타인과의 조우는 우리 자신 속의 타자, 자연, 신체, 상상력, 욕구, 느낌들을 가리키기도 한다. 물론 그것들이 이성으로 다다를 수 없는 한에서 그렇다. 타인을 지각하는 일은 내부와 외부가 서로를 조건짓는다. 그것은 인간 실존의 수수께끼 같은 요소에 대한 감각을 열어 놓는다.

미메시스 능력은 타인과의 교류에 어떤 가능성을 제공할까? 우리는 미메시스가 타인에 이르는 다리를 놓고 그 타인의 현상 방식, 즉 그의 외모, 그의 말과 행동을 상상력 속에서 따라 하고 그에 따라 자기 자신의 내면세계의 구성 요소로 만드는 것을 가능케 한다고 말할 수 있을 것이다. 이처럼 따라 하기는 개념적 해석을 요구하지 않는다. 이러한 따라 하기에는 타인의 현상 방식이 가능한 한 보존되어 있다. 미메시스는 타인을 객체로 만들 필요가 없고 인식 대상으로 만들 필요가 없다. 미메시스는 타인을 확정할 필요가 없다. 미메시스 과정에서는 타인에게 밀착하는 일이 이루어지는데, 이것은 행동을 거의 완전히 포기하는 것, 어쨌거나 도구적 행동의 형식들을 포기하는 것을 뜻한다. 타인을 지각하고 내면에서 따라 하기가 중심에 놓인다. 존재론적으로 사유하는 언어의 기능에 대한 불신이 생생하게 유지된다. 객관적 인식은 거의 불가능하다. 물론 객관적 인식이라는 것도 미메시스적 요소들 없이는 전혀 이루어질 수 없지만 말이다. 미메시스 과정은 미지의 것, 비동일적인 것 속에서 자신을 잃어버림 없이 그것들을 더듬는 데로 이끈다. 그것들에 자신을 잃는 경우로부터 보호해주는 것은 미메시스적인 것에 내포된 합리적 요소들이다. 목표는 타인의 현상과 표현을 추체험하는 일인데, 이 추체험은 타인을 그 자신 외부의 다른 것과 연관 짓지 않고 그 타인을 번역하거나 변형하지 않는다.

미메시스 능력은 모순적인 것, 여러 상이한 강렬함을 어떤 흑백 논리로 가져갈 필요 없이 지각하고 소화할 줄 안다. 합치할 수 없는 것은 그 자체로 존립힐 수 있으며 미메시스적으로도 전유되는데, 이때 이러한 전유 행위에서는 어떤 질서를 만들어내야 한다는 강박이 생겨나지 않는다. 미메시스는 타인을 사물화하지 않으면서 그 타인에 접근하는 것을 가능하게 하며, 타인을 자유롭게 존속하게끔 한다. 피해야 할 것은 타인을 발견하면서 파악하려는 태도인데, 이러한 태도에는—푸코가 인상적으로 보여주었듯이—권력이 자리 잡는다. 오히려 목표는 타인에 대한 거리를 유지하는 비폭력적인 접근 방식인데,

이것은 그 자체가 유토피아적 시각을 내포한다.

상들을 미메시스적으로 다루기

시각 매체들로 세계가 이미지화되는 상황에 직면하여, 그리고 정치적인 것, 사회적인 것, 교육적인 것이 심미화되는 현상에 직면하여, 우리가 이미지들을 어떻게 다루고 있고 또 이미지들은 우리를 어떻게 다루는지의 물음이 제기된다. 이 물음은 매우 복잡해서 우리가 논의하는 맥락에서 가능한 답변의 범위를 넘어선다. 여기서는 이미지와의 미메시스적 교류가 지니는 몇 가지 측면만을 논의하고자 한다. 이미지와의 미메시스적 교류에는 중요한 전제 조건 두 가지가 있다. (1)이미지들은 그 이미지성에 놓여 있는, 환원 불가능한 특질을 지니는데, 이 특질은 도상학적 연구로 해명할 수 없고 관찰자에게 거듭 이미지의 이미지성을 지시한다. 여기서 심미적 경험에는 랭보가 "나는 타인이다"라고 말하면서 설득력 있게 파악한 타인에 대한 경험도 놓여 있다. (2)르네 샤르가 시에 대해 말한 것은 예술에도 유사하게 적용된다. 즉 이미지들은 우리가 모르는 우리의 부분을 알고 있다는 점이다. 이미지들은 놀라움의 요소를 지니는데, 그것은 합리성으로 포착될 수 없는 요소이며, 우리에게 이미지의 의미가 해명되기 전에 우리에게 주어져 있는 요소다. 심미적 경험은 의미가 붕괴되는 경험이고 합리적인 것이 단절되는 경험일 때가 많다. 심미적 경험은 때때로 새로운 수수께끼 같은 의미를 전해준다.

  이 두 전제 조건에서 출발하여, 예술의 이미지를 미메시스적으로 다루는 일은 그 어떤 것으로도 대체될 수 없는 중요한 경험을 전해 줄 수 있다. 여기서 "미메시스적으로 다룬다"는 것은 바라보는 행위를 통해 이미지들을 "따라 만드는" 일이고 그 이미지들을 상상력의 도움으로 내면의 이미지 세계로 수용하는 일을 뜻한다. 이미지들을 따라 만드는 일은 미메시스적 전유의 과정으로서, 그 과정에서 이미지들은 그 이미지성에서 표상세계와 기억의 세계로 받아들여진다. 위대한 문학 텍스트를 다룰 때와 마찬가지로 "위대한" 그림들을 다루는 일은 교육 과정으로 이어지며, 이 과정을 위해 제도권 교육에서도 공간과 시간이 허락되어야 한다.

이미지들을 미메시스적으로 수용하는 일은 모든 해석 행위 이전이나 당시나 이후, 또는 그 해석 행위 외부에 주어져 있는 그것들의 이미지성을 전유하는 것을 목표로 한다. 일단 이미지들이 내부의 이미지 세계로 수용되면, 그 이미지들은 해석을 위한 기준점을 형성하며, 이 해석들은 삶을 살아가는 동안 끊임없이 변한다. 각각의 해석과는 무관하게 이미지들을 반복해서 미메시스적으로 다루는 일은 전유의 행위이고 심지어 인식의 행위다. 이미지와의 미메시스적 교류는 상상된 이미지들을 따라 만드는 일에 집중하고 몰두하는 것을 뜻하며, 실제의 이미지 또는 그것의 복제물들을 시각적으로 만나는 일을 통해 "새롭게 할" 것을 거듭 요구한다.

한 이미지와의 미메시스적 만남에서는 이용 가능성이 포기된다. 이미지 형식과 색깔들을 바라보면서 따라 하는 것은 관찰자의 내면에서 솟아오르는 이미지와 생각들을 밀어내는 작업을 요구한다. 그것은 바라보는 행위 속에서 이미지를 붙잡을 것을 요구하고, 그 이미지의 이미지성을 향해 자신을 개방할 것을 요구하며, "무관심적 만족" 속에서 그 이미지에 자신을 내맡길 것을 요구한다. 미메시스적 교육 과정은 관찰자가 시각적인 따라 하기 작업을 통해 자신을 이미지와 유사하게 만들고 그 이미지를 자신 속에 수용하며 그 이미지를 통해 자신의 이미지 세계를 확장하는 데 그 본질이 있다.

따라서 한 이미지를 미메시스적으로 전유하는 일에서 서로 넘나드는 두 단계를 구별할 수 있다. 첫째 단계에서는 이미지가 관찰자의 목전에 있고, 둘째 단계에서 이미지는 벌써 내부의 이미지 세계에 수용된 상태다.

첫째 단계에서는 대상을 재빠르게 포착하여 "사정을 안다"는 것으로 처리하는 기계적 보기를 극복하는 것이 관건이다. 이처럼 신속하게 방향을 정하고 이용 가능하게 만드는 것을 지향하는 보기의 행위는 의심할 나위 없이 세계의 이미지화에 그 원인이 있고, 사람들이 이미지를 통해 범람하게 된 현상에도 원인이 있으며, 이미지들로 인해 받는 과중한 부담에 맞서는 보호 기제를 나타낸다. 그렇지만 이러한 보기는 보기의 가능성을 축소한 형태다. 미메시스적 보기의 행위에서는 보기의 경험이 그 목표다. 여기에는 대상에 머무르기, 일상적인 것을 극복하고 비일상적인 것을 발견하는 일이 속한다. 그렇게 볼 때 이미지와 대상을 미메시스적으로 전유하는 일은 "사로잡히면서 붙잡기ergriffenes Ergreifen"(Wagenschein)를 목표로 하는 지체하는 요소retardierendes Element를 보여준다.

둘째 단계에서 이미지는 미메시스적 보기를 통해 내부의 이미지 세계로 수용되거나, 또는 일종의 기억 작용의 결과 벌써 이 이미지 세계의 일부가 된다. 이미지의 미메시스는 이 상황에 가서야 비로소 이루어진다. 미메시스는 필연적으로 완결할 수 없는 과정이며, 거듭해서 새로운 강렬함에 이를 수 있다. 이런 식으로 미메시스적으로 내면화된 이미지를 붙잡는 일은 고도의 집중을 필요로 하며, 집중력을 스스로 행사하고 그와 함께 표상력을 행사한다. 이미지가 상상적으로 재생산되는 한, 그 이미지는 그것에 내재한 소멸에의 강압에 맞서서 만들어져야 하고, 내면에 떠오르는 "방해하는 이미지들"에 맞서서 포착되어야 한다. 이 상상력의 활동이 미메시스적이다. 그것은 따라 만드는 활동을 하며 창조적 생산의 요소를 나타낸다. 강렬함과 결과의 측면에서 완성할 수 없는 그 상상력의 성격이 바로 그 상상력을 생산적인 것으로 도발한다. 미메시스 능력을 훈련하는 일은 내부의 이미지 세계를 발전시키고 표상력을 형성하는 결과를 낳는다.

추기

교육 분야에서 미메시스와 미메시스 과정은 언어와 사유에 묶여 있지 않다. 그 과정은 언어 외적이기도 한데, 즉 신체적, 감각적, 상상적이다. 그 과정은 아이들을 상징으로 만들거나 담론의 대상으로 만듦으로써 그 속에서 살아 있는 존재로서 아이들이 해체되고 사라지게 되는 식의 유년기 개념을 필요로 하지 않는다. 미메시스는 모순을 허락하지 않고 제3자를 배제할 것을 요구하는 논리에 묶여 있지 않은 채 세계로 나아가는 길이다. 미메시스는 모순, 역설, 이율배반과 충돌하지 않는다. 미메시스는 반리적反理的으로 이루어지며, 그와 동시에 교육에서 거대한 목표 설정, 이야기, 신화들의 내부에서와 외부에서 또는 그것들과 나란히 이루어지는데, 이것들은 미메시스에 대해 논증적 사유에 대해서와 같은 의미를 띠지 않는다. 미메시스는 유비, 유사성, 차이 속에서 이루어지는 경우가 빈번하다. 이때 미메시스는 안전하게 확보된 주체의 개념을 필요로 하지 않는다. 인간의 탈중심화와 단편화를 드러내는 관념들, 거대 담론과 체계를 비판적으로 점검하는 일을 뜻하고 이질적인 것을 주제화하려고 하는 관념들은 그 자체가 미메시스적인 경우가 허다하다. 그렇기 때문에 미메시스는 오늘날 인문학에서 새로운 맥락을 해명하는 중요한 개념이 될 수 있을 것이다.

6.

미메시스와 미의 가상

|

아름다운 것은 그것이 스스로 아무런 현실성도 없고 가상이라면, 그
것을 붙잡으려는 시선에서 벗어난다. 그것이 말을 듣지 않는데도 우
리가 그것을 붙잡으려 한다면 우리는 그것을 전유 과정에서 파괴하
고 만다. 아름다움이 아무런 목적도 지니지 않고 용도나 의미도 없
다면 세계를 전유하는 통상적인 방식들은 그 아름다움에 직면하여
좌절한다. 아름다움이 신적인 것을 지시하면서 계시된다면, 신의 죽
음 이후에 그 아름다움은 재구성을 통해서만 접근할 수 있다. 아름
다움이 순간에만 나타나고 이내 사라진다면 그것은 기호들의 부채,
"열고 닫을 때 보였다가 감춰지는" 그런 부채와 같다(Octavio Paz).

　아름다움은 그 시초부터 에로스Erotik를 가리켰다. 아름다움은 억
눌린 욕구의 표현으로 파악되면서 그 욕구 속에서 소진되지 않는다.
사람들은 아름다움을 사랑하는데, 그 아름다움이 현실이어서가 아
니라 가상이기 때문이다. "자연이 바로 인간을 현실에서 가상으로
상승시킨다."(Schiller) 가상의 세계에서는 평소 알려져 있지 않은 자

유가 드러나며 달리 나타나지 않는 가능성들이 가시화된다. 오랫동안 사람들은 가상의 세계를 약속들로 이해했는데 오늘날 그 약속들은 오히려 기억들로 나타난다.

아름다움은 공포를 지시하는데, 마치 공포가 인간을 파괴하기 전에 아름다움이 그 공포를 물리쳐줄 수 있을 것처럼 보인다. "왜냐하면 아름다움은 가공한 것의 시작 이외에 아무것도 아니기에"라는 릴케의 말이 이 경험을 요약해주는데, 오디세우스는 이미 사이렌의 노래를 들으면서 이 경험에 자신을 내맡겼다. 그는 자신의 신체적 자유를 제한함으로써만 아름다움의 경험에서 살아남을 수 있었으며 그에 대한 기억을 보존할 수 있었다. 아름다움은 죽음의 공포에서 빼낸 순간적인 체험으로서, 그 체험은 생성과 소멸 사이의 공간에서, 아직 존재하지 않음과 이미 있었음 사이의 산마루 타기에서 경험할 수 있다. 아름다움 이전과 이후에 공포가 닥치며, 아름다움을 향유할 때 공포의 불가피성에 대한 억압된 앎이 나타난다. "아름다움이여, 그대는 죽은 자들을 비웃으며 그 위를 걸어간다. 그대의 보석 중에는 역시 공포가 매력이 적지 않고, 살인은 그대의 가장 값비싼 패물 속에서, 그대의 거만한 배 위에서, 요염하게 춤춘다."(Baudelaire)[1] 아름다움이 죽음과 사랑의 춤을 추는 것이다. 아름다움이 나타날 때 아름다움의 **타자**가 나타난다. 현대 예술에서 이 측면이 사람들을 매료시킨다. 추악한 것, 역겨운 것, 말 없는 것이 아름다움의 담지자가 된다.

니체는 이러한 시각을 급진적으로 표현했다. 1880년대에 쓴 유고

---

1 『악의 꽃』에 있는 「아름다움에 바치는 찬가」에 나오는 시구다.—옮긴이

에서 그는 우리가 잘못되고 끔찍하며 무의미한 세계의 현실을 견디기 위해, 이 삶을 살 수 있기 위해, 거짓말을 필요로 한다는 사실에서 출발한다. 이를 위해 도움이 되는 것이 예술이다. 예술은 "삶으로 이끄는 위대한 유혹자, 생명의 위대한 자극제"다. 예술은 "인식하는 자" "행동하는 자", 그리고 "고통받는 자"의 구원자다. 물론 예술은 진리보다 더 가치가 있다. 하지만 예술도, 그리고 무엇이 아름답거나 추한지에 대한 우리의 감정도 자의적인 것으로 나타난다. 왜냐하면 아름다움에서는 인간이 완전한 것의 척도로 등극하기 때문이다. "인간은 근본적으로 사물들 속에 자신을 비추며, 인간은 자신에게 자신의 상을 되비쳐주는 모든 것을 아름답다고 여긴다. '아름답다'는 판단은 인간의 **유적 허영심**이다. (…) 다시 말해 회의하는 자에게 어떤 작은 의심이 귀에 이렇게 속삭여도 좋다. 바로 인간이 세계를 아름답다고 여김으로써 그 세계가 실제로 아름다워진 것일까? 인간이 세계를 인간화했다. 그게 전부다."(『우상의 황혼』) 아름다움은 이제 더는 세계 질서의 일부가 아니다. 아름다움은 이미지이고 인간 허영심의 산물이며, 다음과 같은 통찰이 더해지지 않으면 안 된다. 즉 추한 것이 아름다운 것의 짝으로서 아름다움에 속한다는 통찰, "**타락한** 인간 말고 추한 것은 아무것도 없다"는 통찰이 그것이다.

이로써 더는 돌아설 수 없는 한 입장이 획득되었다. 아름다움은 가상이고 거짓말이며 인간이 만들어낸 것이고, 인간이 생존하게끔 도와준다. "아름다운 것은 우리가 그것을 고안해낸 곳에 있다"고 뒤샹은 얼마 뒤 간명하게 표현한다. 그리고 다른 맥락에서 뒤샹은 이렇게 말한다. "내가 그들을 도발할 생각에서 병 건조대와 소변기를 얼굴에 던졌더니, 지금 그들은 그것을 심미적으로 아름다운 것이라며

경탄한다." 한 작품의 아우라, 즉 "아무리 가까이 있어도 어떤 먼 것
의 일회적 나타남"(Benjamin)을 찾거나 만들어내는 일을 그만두지
못하는 관찰자를 조롱하는 언술이다. 그것도 예술의 기술적 복제 가
능성이 아름다움의 섬세한 흔적인 아우라를 위협할지라도 그렇다.
이러한 발전은 계속된다. 오늘날 텔레비전이 생산하는 사건들의 시
뮬라크르들이 그 사건들 자체보다 더 아름다울 수 있다. 그 시뮬라
크르들은 가상적 사건들을 재현하는데, 이것들은 현실에서 현실보
다 "더 현실적"으로 나타나도록 연출된다. 텔레비전이 방영하고 이 텔
레비전을 위해 연출된 의회에서의 가상적 싸움들, 그리고 그와 함께
이루어지는 정치의 심미화 현상이 그 예들이다.

아름다운 것을 진리, 선, 우주적 질서에 귀속시키는 일이 더는 가
능하지 않게 되고, 총체성에 대한 그것의 요구가 해체된 이후, 그것이
고안된 것, 우연의 산물, 허영심에서 나온 거짓말로 파악되며 그것의
가상적 성격이 명백해진 이후로, 아름다움의 경험, 심미적 경험 일반
을 이루는 것이 무엇인가 하는 물음이 제기되고 있다.

르네상스 시대에 조르조 바사리[2]는 **규칙**regola, **질서**ordine, **비율**
misura, **도안**disegno, **양식**maniera에서 표현되는 완전성이 아름다움의
경험을 보증한다고 주장했다. 관념론 미학의 천재 이론에 따르면 창
작과 그것의 추체험으로서 향유의 일치가 관건이 된다. 짐멜은 전제
적 체제의 사회에서 사회 조직 및 예술의 이상인 균형의 미와 자본
주의적으로 조직된 근대사회에서 결정적 역할을 수행하는 불균형의

---

2 Giorgio Vasari, 1511~1574: 이탈리아 피렌체 출신의 화가이자 건축가. 르네상스 시대에 활동
하던 예술가들의 전기인 『미술가 열전』을 통해 동시대 작가들에게 미술의 방향을 제시했다.—옮
긴이

미를 구별한다. **무규정성, 다의성, 허구성**이 후자의 사회에서 예술 향유의 혁신적 요소들을 이룬다. 바로 심미적 가상과 결부된 빈자리, 모호함, 다가성多價性을 통해 새로운 지각과 의미 지평이 열린다. 이 새로운 지각과 의미 지평 속으로, 분열된 인간이 자기 자신, 타인, 그리고 자연과 화해된 상태를 약속하며 좀더 나은 삶에 대한 희망을 암시하는 유토피아적 요소들도 침투한다. 그렇지만 낙원의 행복에 대한 약속은 그 낙원을 잃어버렸을 때 비로소 가능해졌다는 프루스트의 지적이 옳았던 반면, 우리 시대의 파국적 상황을 직시해보면 좀더 나은 삶에 대한 희망은 남아 있지 않다.

아름다움이 가상이라면 모든 해석은 그것이 가상의 세계 외부에 머무르기 때문에 아름다움의 현상에 합당할 수 없다. 그렇지만 아름다움의 가상적 성격은 인간의 미메시스 능력을 지시한다. 그 능력의 도움으로 가상의 세계로 진입하고 아름다움에 동화되는 것이 가능해진다. 미메시스는 모든 해석 작업에 따라붙는 가상의 세계와의 차이를 그 가상의 형상들에 동화됨을 통해 극복할 수 있다. 이렇게 상상적인 것의 형상들에 미메시스적으로 동화되는 일은, 억압된 것이 다시 떠오르고 소망이 표현되며 그 소망의 재활성화를 통해 감정적인 안정이 조성됨으로써, 쾌감을 불러일으킨다. 예술의 허구와 관찰자의 표상세계 사이에 주체-객체의 분열을 극복할 가능성들이 생겨난다. 분리된 것을 잇고 새로운 결합을 만들어내며 감성적 보상을 가져다주고 의식과 감정을 확장시켜주는 유사성들이 생산된다.

미메시스에서는 수용성과 생산성이 서로 연결된다. 사람들은 픽션의 세계에 자신을 열고, 그 세계의 형상들을 수용하면서, 자신을 그것들과 유사하게 만드는 가운데 생산적이 된다. 이 과정에서 주어진 픽션을 초월하는 결과를 낳는 경우가 드물지 않다. 미메시스는 주체가 가상의 세계와 수용적-생산적 관계를 맺게끔 해주며, 이 가상의 세계를 넘어 또 다른 생산적 주체와도 그러한 관계를 맺게끔 해준다. 미메시스는 미메시스적 태도를 취하는 주체를 변하지 않는 상태로 두는 단순한 모방 행위가 아니다. 미메시스는 사람들로 하여금 관여하게끔 하며, 사람들이 관계를 맺는 것에 손상을 입히지 않으면서 그것이 그들 자신 속에서 전개되게끔 하는 결과를 낳는다. 미메시스적 태도는 미메시스의 기준점을 미리 결정한 어떤 판단, 입장, 태도에 종속시키는 단호한 관철의 행위를 포기함을 뜻한다. 미메시스적 태도는 권력을 행사하는 것을 포기할 것을 요구하며 낯선 것에 자신을 맡기고 그 낯선 것에 압도될 태세를 요구한다. 미메시스적 태도는 분석적이지 않다. 그것은 픽션의 세계가 어떻게 생겨났고, 그것이 무엇을 뜻하는지, 그것이 어떻게 되는지를 묻지 않는다. 그것은 이 세계에 관여하고 그 세계를 반복하며 함께 구성하는 것으로 "만족한다". 그것은 윤리적 평가와 무관하게 이루어진다. 그것은 도덕 이전적이며 그 자체가 주체와 주체의 사회적 구성을 위협할 수 있다.

플라톤은 예술 내에서 미메시스가 지니는 **전복적** 성격을 『국가』에서 분명히 보았고 그렇기 때문에 사회와 예술에서 미메시스 과정을 국가적으로 통제할 것을 요구했으며, 수용되면 청소년 교육을 해칠 수 있을 예술, 시문학, 음악 분야들을 축출할 것을 요구했다. 미메시스 과정은 그것이 이성을 통한 통제에서 벗어나기 때문에 개인적 질서와 사회적 질서의 수호자로서 이성의 지위를 위협하는 것이다. 그렇지만 미메시스 과정은 주체와 세계, 세계의 현상들과 아름다운 가상 사이에 벌어진 틈을 이어준다. 허구의 세계에서 미메시스와 이성은 각자 상대를 대체하지 않으면서 서로 보완되기 위해 상대를 필요로 한다. 미메시스적 태도는 허구의 세계에서도 위험부담을 지닌다. 그것은 미메시스 과정이 어떤 결과를 가져올지 미리 장담하지 못한다. 미메시스 과정은 정확한 예견과 통제에서 벗어나 있다.

르네 지라르는 **미메시스적 위기**의 상황에서 어떤 폭력적 행동이 유발되는지를 거듭 보여주었다. 미메시스적 위기 상황에서는 분화하고 위계질서를 세우는 사회의 능력이 붕괴된다(Girard 1987; 1988). 외부와 내면에서 일어나는 사건들이 사회 질서를 위협한다. 사회 질서에 잠재된 폭력이 통제할 수 없게 된다. 금지나 의례가 더는 작동하지 않게 된다. 사회적 폭력이 전염병처럼 분출한다. 사회가 그 사회에 내재하는 폭력을 옮겨놓는 희생양에 대한 조처만이 사회를 구제할 수 있다. 특정한 징표를 통해 그 희생양으로 예정된 인물이 색출되며 그에게 위기 분출에 대한 책임이 지워지고 유죄로 판결되어 희생된다. 위기의 원인으로 간주된 희생양을 희생시킴으로써 폭력의 분출은 잦아든다. 유죄로 지목된 자가 처벌을 받는다. 사회는 그 대가로 화해한다. 위기가 극복되면서 희생 제의의 바탕에 놓인 희생양-메커니즘을 꿰뚫어볼 수 없게 된다는 전제 아래 희생 제의가 추후에 정당화된다. 한참이 지난 뒤, 위기가 궁극적으로 극복된 뒤에, 구제된 사회는 희생된 사에에 그의 죽음이 화해를 이끌었나면서 세 의적 행사를 바친다.

미메시스는 윤리 이전적이거나 윤리 바깥에 있기 때문에 이 점에서 중립적인 태도를 지닌다. 미메시스는 "선"과 "악"을 구별하지 않으며 그 어떤 모델이나 전략도 따르지 않는다. 미메시스는 친근한 것과 낯선 것이 섞이는 결합을 맺고, 어떤 확고한 준거 틀에 매이지 않으면서 픽션들과 결합된다.[3] 니체는 세계의 가상적 성격을 거듭해서 지적했다. "왜 **우리와 상관있는** 이 세계는 픽션일 수 없는 것인가?" 니체가 과학의 허구적 성격을 강조하고 과학에 대해 다음과 같이 주장할 때 그는 실제로 너무 나아간 것일까? 니체에 따르면, "이처럼 **단순화되고,** 철저히 인위적이며, 알맞게 위조된 세계에 우리를 가장 잘 붙들어 매고자 하는 과학이—왜냐하면 그 과학은 비자발적으로 또는 자발적으로 오류를 좋아하기 때문에—최상의 과학인데, 그 이유는 과학, 살아 있는 과학은 삶을 사랑하기 때문이다." 이런 시각에서 보면 현실의 베일을 벗겨내려는 시도들은 진부하게 나타난다. 사람들은 이론을 고안해낸다. 이 이론들은 사실들을 만들어내는데, 그와는 반대로 사실들이 이론을 만들어내지는 않는다. 바슐라르의 생각을 인용하자면 우리는, 이론들이 "현실"을 만들어내는데, 바로 그 이론들이 이 현실을 통해 확인되는 식으로 만들어낸다고까지 가정할 수 있다. 예술, 발명, 픽션의 세계, 상상력이 유희하는 세계에서 이러한 경계 긋기는 더는 유효하지 않게 된 지 오래다.

아름다운 가상의 세계 안에서 미메시스 과정은 픽션들이 다른 픽션과 유사해지려 하고 형상들이 이미 존재하는 형상들에 동화되는 결과를 낳는다. 아름다운 가상의 세계는 자연보다는 세계, 예술, 음악, 시문학의 다른 형상들을 모방한다. 중세의 예술은 이 과정을 보여주는 수많은 사례를 전해준다. 로마네스크 양식은 로마의 건축술에 대한 미메시스로 파악할 수 있다. 그런데도 그러한 과정을 거치

---

3 하이데거가 진리의 탈-은폐를 다룰 때에도 미메시스적 요소들을 찾아볼 수 있다. 세계상 논문 (『세계상의 시대Die Zeit des Weltbildes』)에서 분명해지는 것은, 우리는 세계를 더 이상 세계로 받아들이지 않고 상으로만 지각한다는 점이다. 세계에 대한 경험은 상에 대한 경험이 된다. 상에 대한 경험은 미메시스적으로 이루어진다. 우리는 우리가 만들어낸 상들과 유사해지려 한다.

면서 결정적인 것은 눈에 띄지 않을지라도 뭔가 새롭고 독자적인 것, 로마의 건축술로 환원될 수 없는 것이 생겨났다. 이처럼 로마네스크 건축 양식에서는 예술과 세계에 대한 새로운 감정이 표현된다. 그 양식 속에서 서양 예술의 새로운 시대가 동튼 것이다.

아름다운 가상의 세계에서 오랫동안 자연의 모방이 과제로 여겨졌다. 일찍이 아리스토텔레스에게서 예술의 과제는 자연의 모방이라고 여겨졌다. 하지만 그가 예술의 과제로 생각한 것은 **소산적 자연**을 모방한다는 의미에서의 자연주의적 규정이 아니다. 오히려 **자연**physis의 행동, 자연의 형성력으로서 능산적 자연의 모방이 사유의 중심에 있다. 예술은 바로 이 능산적 자연과 유사해지려고 해야 한다. 이런 의미에서 예술은 자연의 대상을 모방하는 일이 아니라 창조 자체를 모방하는 일이다. 만들어진 대상이 아니라 창조의 성격을 모방함으로써 예술은 자연의 반대가 되기도 한다. 그리하여 사물들과 자연에 대한 예술가의 자유가 관철됨으로써 긴장 또는 심지어 이율배반적 관계가 생겨날 수 있다. 그 자체가 대상적이지 않은 자연의 힘, 예술 창작의 과정이 동화되는 그 힘 속에는 무언가 규정되지 않은 것이 있다. 이 무규정성이 예술의 아름다움과 그 아름다움의 수수께끼 같은 성격을 낳는 한 원인이다. "미는 어쩌면 사물들 속에 들어 있는 정의내릴 수 없는 무엇에 대한 노예적 모방을 요구하는지도 모른다." (Valéry) 이처럼 규정할 수 없는 것은 동일하지 않은 어떤 자연의 표현으로서, 그리고 그 안에 놓인 과잉의 표현으로서 단지 순간적으로만, 카이로스Kairos의 집약 속에서만 나타난다.

예술은 외적인 자연과의 유사성이 아니라 "예술의 진정한 대상"으로서 생성의 내적 힘과의 유사성을 추구한다(Adorno). 다시 말해 예술은 자신과의 유사성, "자기준거적 유사성" 속에서 최고로 완벽한 경지에 도달한다. 그 속에서 창조 행위와 그 결과는 서로 동일해진다. 자기 자신과의 유사성 속에서 예술작품은 "절대적인 것의 비유"가 된다. 예술작품은 그 자체로 조건지어져 있지 않고, 무규정적이며, 모방 불가능한 것이고, 동일성에의 강압과 동일화에의 강압으로부터 해방되어 있다. 이처럼 예술작품은―**예술을 위한 예술**에서 표현되듯이―자기 자신과만 관계하면서 아직 존재하지 않는 것, 가능한 것을 지시하며, 그것의 아름다움은 자신의 목표의 가상적인 완성으로 나타난다.

미메시스는 아름다운 것의 가상, 예술의 세계에 이르는 특권적 길을 제공한다. 그것은 미메시스가 가상을 무언가 붙잡으려는 태도에 희생시키지 않은 채 그 가상을 얻는 능력이기 때문이다. 무언가를 붙잡으려는 태도는 가상이 사라지고, 픽션들과 함께 상상적인 것의 세계가 사라지는 것을 대가로 명확성을 얻는다. 예술의 허구적 성격이 오늘날 과학과 현실 인식 전반에 모범적이라는 점에서 미메시스는 인문학의 중심 개념 가운데 하나가 된다.

7.

아름다움의 미메시스와
프루스트적 실망

|

1.

『잃어버린 시간을 찾아서』에서는 아름다움과 실망 사이의 밀접한 연관이 존재한다. 일인칭 화자인 마르셀은 특이하게도 아름다움의 경험에 무능하다. 그가 아름다움이 부여된 특정한 인물, 대상 또는 장소에서 기대하는 심미적 만족은 매번 이루어지지 못한다. 예를 들어 베네치아라는 연상의 복합체이자 도시 자체는 마르셀에게 그의 기대를 고통스럽게 배신하는 실망의 표현이다. 어릴 적에는 잦은 병치레가 여행 계획을 출발 직전에 좌절시키는가 하면, 성인이 되어서는 베네치아라는 도시에서의 체류가 기대에 훨씬 미치지 못한 채로 남는다. 현실에서의 경험들이 아름다움, 베네치아가 그것의 총괄 개념으로 여겨졌던 아름다움을 곤경에 빠트린다. 그 경험들은 심지어 어쩌면 그 도시를 다시 찾을 때 그를 마모시키려 한다. 젊은 예술가의 심미적 경험들을 커다란 만족의 순간들과 비교할 수 없을 정도로 강하게 각인시키는 실망의 경험이 거듭해서 되살아난다. 라베르마의 공연 때문에 실망하고, 작가 베르고트와 처음 만났을 때 실망하며, 방퇴유의 첫 번째 콘서트에서 실망하고, 발베크의 교회를 보았을 때도 실망한다.

그러나 마르셀은 이 되찾은 시간에 예술가일까? 아니다. 그는 아름다움을 찾아가는 사람이고, 찾아가는 그 여정은 무엇보다 허망하다. 다른 영역에서도 그의 경험은 실망으로 끝나는데, 사랑의 영역이 바로 그것이다. 그런데 그가 실망하는 이유는 그가 성공하지 못했기 때문이 아니라 바로 그가—알베르틴의 경우처럼—성공했기 때문이다.

소설에는 그와 마찬가지로 아름다움과 사랑을 찾아가는 또 다른 인물이 있는데, 그가 벌이는 일들은 자신의 기대에 어긋나는 경험 속으로, 마치 힘과 에로스의 능력, 예술적 재능이 말라버리듯이, 새어 없어진다. 스완이라는 탁월하고 명민한 인물이 바로 그다. 예술에 대한 식견을 지녔고 유혹자의 면모를 한 그는 딜레탕트로서 자신이 계획한 이탈리아 르네상스의 회화에 대한 연구가 과연 그 구상 단계를 넘어서게 될지 의심하며 살아간다. 그는 희한한 무력감에 사로잡히는데, 그 무력감은 그가 자신의 서클과는 다른 어떤 사람을 자주 만나게 되면서 찾아든다. 오데트와 결혼함으로써 그는 소유를 확보하지만, 이로써 자신의 감정과 도덕에서 패배를 확정짓게 된다.

스완과 마르셀은 자신의 서클 내에서 그들이 자신의 소명을 실현하고 인정받을 수 있는 토대를 굳건히 다져주는 또 하나의 특성을 공유하는데, 그것은 곧 심미적 사안에서 판단의 확실함이다. 취미의 판단자arbiter elegantiae, 하지만 제한된 공동체 안에서만 그런 존재일 뿐이다.

2.

스완과 마르셀의 특징들을 다시 한번 훑어보자. 그들은 댄디이고 속물이며, 아름다움의 전문가들이고 그들의 서클에서 핵심 인물들이다. 그들은 아름다움의 경험에서 실망하며, 연인을 소유하면서 생겨나는 파국을 겪고, 다른 서클에서 인정받는 것이 거부된다. 이러한 특징들이 결합되어 나타나는 모습은 지극히 역설적이다.

이러한 모순에 대한 책임을 이 두 인물에게 돌리거나 어쩌면 세기 전환기 파리 사회에 돌린다는 것은 스완과 마르셀을 사례 연구로 할 어떤 심리학적이거나 사회학적인 설명을 찾는 것을 뜻한다. 그러나 그 두 사람은 사회의 어떤 규범에서 좌절하는 인물들로 해석될 수 없다. 사정은 더 복잡하다. 마르셀은 단순히 베네치아의 아름다움을 이해하지 못하는 누군가가 아니다. 그와는 정반대로, 아름다움과 문제가 없다면 마르셀은 베네치아의 아름다움을 향해 자신을 열 최초의 사람이 될 것이다. 사랑에서도 사정은 비슷하다.

이 문제의 근원에 대한 시사점을 우리는 아름다움에 대한 의사소통에서 얻게 되는데, 그것도 그 소통의 장애에서가 아니라 바로 그와는 정반대로 그 소통이 작동하는 데서 얻게 된다. 『잃어버린 시간을 찾아서』의 서클들은―게르망트 공작부인, 후원자, 베르고트, 엘스티르 같은―중심으로부터 심미적 판단들, 특히 아름다움의 개념과 규준이 파도처럼 주변부를 향해 번져나가는 식으로 구성되어 있다. 심미적 에너지의 번식은 아무것도 상실되지 않으면서 작동함으로써 이 체제의 요소 모두가 똑같이 충동을 공급받는다. 그렇지만 심미적 판단들의 확산은 거꾸로 충동의 방향으로 진행되는데, 즉 주변부에서 중심으로 향한다. **아름다움의 공동체**는 주변부에 있는 많은 개인이 중심에 있는 모범들에 스스로 동화되기를 열망함으로써 그 공동체의 규범들을 만들어낸다. 그러나 개별 서클들에서 아름다움의 주도적 인물들도 이 운동에서 배제되어 있지 않다. 그들도 이 모범들에 정향하는데, 단지 그 모범들이 그들의 서클 외부에 있을 뿐이다. 즉 파리의 문화적 삶의 중심에 있고 게르망트 공작부인의 살롱에 있다.

누군가가 개별 서클들의 모범이 될 수 있는 것은 그가 중심에서 목격되었을 때에만 가능하다. 즉 밀폐적으로 닫혀 있는 서클의 일원으로 목격될 때이다. 가장 내밀한 서클의 중심인물 가운데 한 명인 스완이 주변부에서 아무도 눈치 채지 못한 채―취미나 도덕에서 혼란스러운 상태로―베르뒤랭의 살롱을 드나들 때에는 거기서 아무 존재도 아니다. 그 이유는 그가 오인되기 때문이 아니다. 그는 인정받지 못한 것이고, 어쩌면 그것은 심지어 정당하기까지 하다. 아름다움의 전문가로서 그의 판단, 그의 심미적 감수성과 질은 그 자체를 두고 볼 때 그를 모범으로 승격시킬 만한 것을 갖고 있지 않다. 그가 그를 모르는 모든 사람이 들어가려고 열망하는 한 서클에서 어떤 지위를 차지하고 있다는 사실만이 그를 그런 존재로 만든다. 아름다움을 아는 것은 초시간적인 능력이 아니며 사회적 우연에 종속되어 있다. 아름다운 것과 진실한 것의 결합이 해체되어 있는 것이다. 아름다운 것은 사회적인 지위 다툼 속에 잠겨 있다.

이 마지막 언급은 앞으로 전개될 논증 과정을 앞서서 보여주는 듯하다. 즉 그 논증 과정은 지금까지 실망을 유발하는 아름다움이란 시대적 유행을 찍어낸 이미지에 지나지 않고 "진정한" "초시간적인" 아름다움과 날카롭게 구별되는 것일 수 있다는 가능성을 열어두었다. 그러나 『잃어버린 시간을 찾아서』에서 아름다움을 재현하는 대상들은 무엇일까? 베네치아, 라베르마, 방퇴유, 엘스티르, 베르고트가 그 대상들인데, 프루스트 소설에서 그 대상들이 차지하는 심미적 지위는 논란의 여지가 없다. 『잃어버린 시간을 찾아서』에서 아름다움이 더 깊은 차원에서 논란이 되고 있음은 의심의 여지가 없다.

3.

다시 한번 아름다운 것의 매개적 구조에 천착하기로 하자. 주변부는 중심부의 심미적 가치들을 넘겨받는다. 이 과정이 어떻게 진행되는지는 베네치아의 예에서 분명하게 인식할 수 있다. 자신의 서클 중심부에서 아직 멀리 떨어져 있던 젊은 마르셀이 자기 부모가 베네치아에 대해 했던 판단을 수용한다. 그는 이 도시의 기념비들을 찍은 사진을 보고 베네치아 회화를 찍어낸 그림들을 관찰한다. 그는 존 러스킨[1]이 베네치아에 대해 쓴 시를 읽는다. 요컨대 그는 이 도시에 대한 다양한 지식을 나타내는 태도, 텍스트, 그림들, 의견들, 사회적으로 얻을 수 있는 기록들에서 출발해 베네치아에 대한 자기 **자신의** 지식을 형성한다. 물론 이것은 그의 **개인적** 지식으로서 그 기록들의 지식과는 다른 지식이 되었다. 그것은 인식 차원의 지식에만 한정되지 않고 이 지식을 가치 평가 및 감정과 융해한다. 이러한 일은 사회적 지

---

1 John Ruskin, 1819~1900: 영국의 저술가·비평가·사회사상가. 예술미의 순수 감상을 주장하고 "예술의 기초는 민족 및 개인의 성실성과 도의에 있다"고 하는 자신의 미술 원리를 구축해나갔다.—옮긴이

식의 경우에도 이런저런 방식으로 일어난다. 그러나 중요한 것은 마르셀의 개인적인 부가물(가치 평가와 감정)은 사회적 지식의 경우와는 전혀 다른 것임을 보는 일이다. 두 지식은 **서로 다른** 질서에 속한다. 마르셀이 수용하는 것은 어떤 사회적 매체 속에서 표현되고 언술된 지식이며 말하자면 사회에서 검증된 지식으로서 이 지식에 대해서는 일종의 합의가 이루어져 있다. 이 지식은 많은 인물이 동의하는가 하면 반증된 적도 없고 반대되는 경험도 없기 때문에 인정받았으며, 그 자체로 개인에게 자신을 받아들이도록 의무를 지울 권리를 지닌다. 마르셀이 이로부터 만들어내는 것은 전혀 다르다. 그는 사회적 지식을 그가 자기 부모의 지각으로 여기는 것에 대한 개인적 표상으로, 이러한 관념 복합체를 대하는 감정적 습관으로 변형한다. 마르셀의 '베네치아'는 사회적인 '외부의' 지식을 내면화하는 과정에서 생겨난다.

마르셀에게 자발적이고 진정한 것으로 나타나는 것, 그 자신의 심미적 재능과 감수성의 표지로 나타나는 것은 사회적 지식을 자기 내면의 지식으로 받아들이는 일로 환원된다. 여기서 그의 방식은 자신의 모범이 지닌 사회적 지식을 점유하는 일과 같다. 이 모범은 마치 "네 마음에 드는 것은 이미 내 것이다"라는 것을 뜻하는 제스처로 제압되는 것 같다. 실망은 마르셀의 개인적 지식이 위조지폐로 드러나는 순간, 즉 현실을 놓쳤음을 발견하는 순간에 찾아든다.

왜 현실은 아름다운 것을 심판하는 것일까? 마르셀은 베네치아의 아름다움을 모두 객체로 옮겨놓고 관찰자로서의 자신에게서 이 객체가 심미적 인상들을 불러일으킬 것을 기대한다. 여기에, 즉 아름다운 것을 경험하는 객체-주체의 구조를 상정하는 데 오류가 있다. 마르셀은 일종의 확실성을 지니고서 그를 엄습하는 탐색 과정 끝에서 이것을 불현듯 인식한다. 그 확실성을 그는 종종 예감하긴 했지만 그 원칙은 그런 인식의 순간까지 파악하지는 못했다. 아름다움에 대한 그 자신의 경험의 바탕에 놓인 것은 바로 객체-주체의 구조가 아니라 어떤 사회적 지식을 내면화된 객체와 감정적 태도로 변형하는 작업이다.

4.

이러한 내면화 과정은 『잃어버린 시간을 찾아서』의 주요 인물들이 아름다운 것에 대해 내리는 모든 중요한 평가에서 일어난다. 가장 분명하게는 스완의 경우 르네상스 회화와 오데트의 아름다움을 놀랍게 결부시키는 데서 일어난다. 보티첼리의 애호가인 스완은 그의 시선이 오데트를 보티첼리 그림 속 한 형상의 복제로 만드는 순간 그녀와 사랑에 빠진다. 그 역시 **자신의** 아름다운 대상을 만들어낸다. 그에게 대상은 보티첼리의 대상과 함께 흘러가며—즉, 오데트가 회화가 되면서—그 자신도 자신의 모범과 하나가 된다. 서로 다른 두 대상이고, 서로 다른 두 작가인데, 두 번째 작가는 자신의 대상이 첫 번째 대상과 같고 아름다움에 대한 자신의 감정이 첫 번째 작가의 감정과 융해된다고 생각한다. 스완은 보티첼리와 그의 그림에 대한 사회적 지식으로 존재하는 것을 내면화하는 것이다. 그러면서 그는 그 지식을 자신의 개인적 지식과 맞바꾼다.

이 소설에서 광범위한 교환운동이 스완과 함께 시작되는데, 그것은 단지 시작일 뿐이다. 그 운동을 담지하는 것은 마르셀이다. 마르셀은 스완의 경험을 한 단계씩 되풀이하고, 스완의 생애에서 일어나는 중요한 사건들을 모두 내면화하며, 그에게 더욱 가까이 다가간다. 마르셀은 스완의 궤도 주변을 마치 한 위성처럼 돈다.

　이 소설의 독자는 내면화와 주관적 습관의 형성으로 이어지는 이 과정들을 자세히 알게 된다. 일인칭 시점의 서술 방식은 독자를 진정한 것처럼 보이는 마르셀의 내면에서 일어나는 과정들에 붙들어 맨다. 그러나 우리가 그 과정들을 다른 소설의 부분, 즉 스완 주변의 사건들을 삼인칭으로 묘사하고(**스완의 사랑**) **사회적** 지식의 관점에서 서술하는 부분과 비교해보면, 그 과정들은 진정성을 잃는다. 스완의 이야기를 배경으로 해서 이 일인칭 이야기로부터 마르셀의 경향, 즉 자기와는 다른 사람이 되려는 경향, 여기서는 스완이 되고자 하는 경향이 두드러지게 드러난다. 무엇이 자아가 다른 인물을 미메시스하게끔 추동하는 것일까?

5.

이러한 경향과 그것의 원인은 르네 지라르가 하는 중요한 관찰을 통해 밝혀진다.[2] 『잃어버린 시간을 찾아서』의 주요 인물들의 태도는 특별한 의미에서 미메시스적이다. 그들의 모방 행위는 모범과 자신을 동일시하려는 소망에서 생겨난다. 오데트에 대한 스완의 사랑은 이

2　이하에서 우리는 특히 지라르의 다음 두 연구서를 참조한다. *Mensonge romantique et vérité romanesque*, Paris, 1961; *La violence et le sacré*, Paris, 1972.

해석의 구상에 따르면 에로스적인 애정이라기보다 보티첼리에 대한 선호에 그 뿌리가 있다. 마르셀 자신도 많은 행동에서 스완을 따른다. 베네치아 콤플렉스에 대한 그의 감정적 태도는 자기 부모와 하나가 되려는 그의 소망에 그 뿌리가 있다.

에로스적 이끌림처럼 미메시스적으로 생성되는 아름다운 것은 모범이 되는 인물에 대한 특수한 관계에서, 대화적 성격을 띠는 모종의 대결 과정에서 탄생한다. 모든 진정한 대화는, 프란시스 자크가 대화철학에서 상세하게 보여주듯이,[3] 함께 말하는 과정에서 나와 너와 그와 함께 사회적인 것의 범주 전체를 생성하는 능력이 있다. 일회적이고 진짜이며 자발적인 것으로 보이는 것이 실제로는 사회적인 것이며, 사람들이 발견하기만 하면 되는 어떤 대화에 연루되어 있다. 개인의 표지를 지니는 듯이 보인 내면화 과정은 어떤 대화의 일부다. 그 내면화 과정은 아름다운 것이 직접적으로 심미적 감정을 유발한다는 **인상**으로 이끌며, 심미적 가치들을, 마치 그 가치들이 모든 대화를 초월해 있는 것처럼, 대상 자체 안에 집어넣는 철학으로 이끈다. 『잃어버린 시간을 찾아서』에서 아름다운 것은 그에 반해 대화적 개념이고 의사소통적이며, 화폐의 흐름처럼 순환한다.

6.

아름다움의 개념이나 경험의 바탕에 놓인 혼동은 우연한 것이 아니

---

3 Francis Jacques, *Dialogiques: Recherches logiques su le dialogue*, Paris, 1979.

다. 프루스트 자신이 베네치아에 관한 한 그런 혼동을 범했다. 베네치아의 아름다움을 내면화하고 현실에서 실망을 느낀 것은 이 소설 속 마르셀만이 아니다. 프루스트 자신이 그랬던 것이다. 그 역시 러스킨이라는 모델에 정향했고 러스킨을 프랑스어로 번역한 당사자다. 번역은 지적인 형식의 미메시스다. 러스킨을 향한 프루스트의 감정적 움직임은, 번역자는 자신을 원전에 완전히 동화시켜야 하며, 그것도 결국 원전 자체가 될 정도로 동화시켜야 한다는 프리드리히 슐라이어마허[4]의 해석학적 격률을 표현해준다. 해석학적 번역 이론도 진정성-혼동을 범하는 것이다. 미메시스의 감정적 운동은 욕망된 타인을 욕망하는 인물 속으로 이식해오며, 거기서 이 인물이 동인動因으로 작용하게끔 한다. 이 욕망하는 인물이 미메시스에서 아름다움을 빚어내며 진리로부터 멀어진다.

이러한 의미는 비극을 신화들의 미메시스로 기술한 아리스토텔레스의 비극론에도 부여할 수 있다. 비극을 관람하는 사람들은 어떤 신화의 사건들에 열광하며 쫓아가고, 거기서 주요 인물 가운데 한 사람과 자신을 동일시한다. 연극을 대하는 그들의 태도는 비극이 진행되면서 미메시스적인 태도가 된다. 비극이 해소되는 것은 미메시스가 파괴될 때에만 가능하다. 미메시스의 종말은 그 비극이 미메시스적으로 따라가는 사람 속에 유발한 공포에 경악하면서 찾아온다. 글로 쓰인 텍스트로서 비극은 폭력을 제도화하며, 그 폭력을 개인 속으로 옮겨넣고 그 개인이 종말을 기대하게끔 만든다. 미메시스

---

4 Friedrich Ernst Daniel Schleiermacher, 1768~1834: 독일의 프로테스탄트 신학자이자 철학자. '근대 신학의 아버지'로 불린다. 베를린대를 세우는 데 진력했다. 해방전쟁 때는 설교를 통해 민족주의를 고취하여 애국 설교가라는 명성을 얻었으며 철학·교육학·미학 등의 영역에서도 주목할 만한 업적을 남겼다.—옮긴이

는 그 자신의 파괴를 대가로 하는 예술 원칙이다. 그 파괴가 일어나지 않으면 연극은 무한히 진행될 것이다. 비극은 "부패한 흉내 내기 korrumpierte Mimikry"가 될 것이다(Caillois).

『잃어버린 시간을 찾아서』는 미메시스의 종결, 진실한 것도 함께 포함하는 비非대화적인 아름다움을 찾아가는 여정이다. "비대화적"이라는 것은 이 소설의 기본 구조가 극복되어야 함을 뜻한다. 프루스트는 '그'만이 아니라 '나'도 극복해야만 한다. 왜냐하면 진정한 자아로 행동하려는 자아의 시도는, 자아가 미메시스적 행동을 떠날 수 없는 한, 모두 불가피하게 '그'와의 대화로 귀결되기 때문이다.

의심할 나위 없이 태도의 미메시스는 사회세계를 형성하는 데 결정적인 범주다. 미메시스적 행동에서 사회적 행동, 언어, 유희, 꿈, 대화가 생겨난다. 우리가 행동하는 사람들로서 사회에 발을 들여놓고 표현 매체를 이용하자마자 우리는 미메시스적으로 행동하는 사람들이 된다. 모든 형태의 사회적 행동은 한편으로 미메시스를 전제로 하며, 다른 한편 그 미메시스를 계속해나간다. 미메시스는 모방하는 자와 모방되는 자 사이, 나와 그 사이의 분열을 강화한다. 우리는 자아의 측면을 그것이 짓찢길 때까지 강화할 수 있으며, 분열은 없어지지도 극복되지도 않는다. 왜냐하면 대화에서 한 입장을 강화한다는 것은—'그'를 강화하든 '나'를 강화하든—타인을 인정하는 것을 함축하기 때문이다. 그 어떤 자아의 전략도 대화로부터 벗어나지 못한다. 미메시스를 통해 사물들로 파고들고 진실한 것으로 파고드는 것은 불가능하다. 즉 미메시스는 그 반대에 도달한다. 미메시스적으로 타자가 되고자 하는 사람은 실망으로 인해 자신의 자아를 경계짓는 일을 강화하게 된다. 왜냐하면 나를 모든 타인과 구별하고 타인을 나와 구별하는 것이 미메시스이기 때문이다.

실망한다는 것은 모범이 되는 인물의 미메시스가 좌절했다는 분명한 징표다. 그 실망은 미메시스의 공포에서 유발되는 원치 않은 카타르시스적 효과다.

신화들의 미메시스처럼 아름다운 것의 미메시스는 그것이 타인을 동화시키려는 개인의 노력이라는 점에서 폭력의 양상을 지닌다. 타인에 대한 그의 폭력은 장본인에게 되돌아오는데, 그것은 일단 타인이 동화되면 그 타인은 모방하는 자아의 일부가 되기 때문이다. 자아의 동화 행위들은 결국은 모두 외부에서 침투해오는 대항 폭력에 예속된다. 개인은 그가 자신에게 동화시키는 것이 된다. 개인이 굴복하고 마는 폭력의 대화인 것이다.

7.

확고한 규칙, 관습, 규범, 패러다임을 갖고 진행되는 대화는 제도화된 형태, 즉 유도된 형태의 폭력이고, 외부적인 것, 객관적인 것의 가상을 지닌 형태이며, 결국 일종의 가상적인 **자연**이다. 18세기의 모방에 대한 심미적 요구도 여기에 그 뿌리를 둔다. 칸트는 이 폭력으로부터의 출구를 발견한 것처럼 보인다. 무관심한 만족, 목적 **없는** 합목적성, **무개념적인** 아름다움이 그것이다. 그러나 아름다움에 대한 그의 규정도 그 아름다움이 "전달 가능성"에 기초를 두는 한 대화에 다시 열려 있다.

실제로 모방하는 자는 자연의 질서에 이르는 길을 발견하지 못한다. 아름다움에 대한 그의 느낌도, 심미적 감수성이나 자발성도 자연적이지 않다. 무엇보다 직접적인 것처럼 보이는 것, 진짜인 것처럼 느끼는 것, 아름다움의 떨림 등을 그는 자신의 자연(천성)을 위해 요구할 수 없다.

프루스트의 해법은 서로 분리된 우연적 인물들의 진정한 융합, '나'와 '그'의 융합 속에서, 경험을 초월하는 어떤 시점에서 대화적인 것을 극복하는 데로 나아간다. 그것은 우리 세계를 대화와 영혼에서 해방시킨 채 본질을 향해 열어두는 것을 뜻한다. 프루스트도 그 시대의 다른 미학들에서와 마찬가지로 자신의 해법을 침묵 속에서, 무언의 동화 행위 속에서 찾아낸다. 그 동화 행위의 원형은 종교와 유사한 의미에서의 먹는 행위—마들렌 과자를 먹듯이—다.[5]

지라르에게서와 마찬가지이지만 프루스트에게는 아름다운 것을 다시 진실한 것과 통합하고 실망을 지양하기 위해 그 아름다운 것의 미메시스를 극복하는 것이 필연적이다. 그러나 기만적이고 자아구성적이며 폭력적인 미메시스에서 나오는 바로 이 장애들은 현대의 중요한 예술론들에서 심미적 과정의 한 원천이다. 이 과정을 이제 교란 작업을 위해 집약적으로 이용할 필요가 있다.

모범과 모방하는 자 사이의 차이를 무의미한 것으로 선언하려고 생각하는 사람은, 미메시스를 아리스토텔레스에게서 시작해 18세기와 19세기 프랑스 소설을 거쳐 프루스트(궁극적으로 지라르)까지 심미적 성찰의 핵심 범주로 만든 특수한 질質을 미메시스에서 제거하는 결과를 가져온다. 미메시스를 대체한다는 것은 타인이 되고자 하는

---

5   이에 대해서는 쿠르트 휘브너가 "제물 먹기 행사로서의 축제 속 신화적 실체"에 대해 서술한 내용을 참조할 것. Kurt Hübner, *Die Wahrheit des Mythos*, München, 1985, pp. 187~192.

욕구가 사그라졌다는 것 외에 다른 것을 뜻하지 않을 것이다. 소설의 주요 인물은 자신 속에 갇히게 될 것이다. 그것은 소설이 더는 존재할 수 없다는 것을 뜻할 것이다.

제2장 미학에서의 미메시스

8.

알려지지 않은 화자
누가 이야기를 들려주는가?

사람들이 어떤 문학작품을 읽을 때 이런 물음이 떠오를 수 있다. 여기서 대체 누가 이야기를 하고 있는 걸까? 그에 대한 대답은 간단하고 그야말로 자명해 보인다. 그건 화자이지 다른 누구겠는가라고. 그러나 외양만 그럴 뿐이다. 문학적 서사에 관한 근본적인 문제들을 제기하는 데 이 물음보다 더 적합한 것도 없다.

『인간희극』의 화자는 누구일까? 『잃어버린 시간을 찾아서』에서 우리에게 '나'를 이야기하는 사람은 누구일까? 그것은 마르셀 자신이 아니다. 마르셀도 서사되고 있는 인물, 서사되는 화자인 것이다. 전지적全知的 화자도 그가 서사하는 소설들에서 만들어졌음이 틀림없는 어떤 구성물이다. 그의 지식, 모든 것을 포괄하는 시점, 서사된 시간, 그의 인식 능력, 그의 소재, 이것들은 화자가 그것들을 소유하고 있게끔 서사되어 있다. 그러나 누구에 의해 이야기되는가? 실제 작가에 의해 이 재료와 구성물들이 이야기 속으로 운반되었을 수는 없다. 작가는 바깥에 존재한다. 모든 서사는 이야기 **내부에서** 일어난다.

이런 점에서 문학은 사회적 발화 상황과 구별된다. 두 사람이 함께 활동하면서 말로 의사소통을 한다면, 말하기(발화 행위)는 전체적으로 의사소통적인 그들 행동의 일부다. 여기서 말하기는 여타의 행동과 정도에서만 차이가 날 뿐이다. 말하기가 "세계에 개입한다". 그렇지만 문학적 이야기를 서사할 때는 그렇지 않다. 작가의 말하기가 직접 이야기 속으로 침투해 들어오지 않는다. 작가와 그의 이야기 사이에는 일종의 경계, 말을 전달하는 어떤 메타언어적 틀 같은 것이 존재한다. "여기서 이야기가 시작된다." 이야기의 제목도 이 틀에 속한다. 이야기 제목은 이미 이야기의 일부다. 물론 개개의 장章과는 다른 종류의 것이기는 하지만 이미 이야기된 부분이다. 구두로 이야기하는 상황에서 그 틀은 화자가 어떤 이야기를 서사하려 한다는 것을 자신의 태도로 표현하는 가운데 그 화자에 의해 표시된다. 텍스트의 경우는 사정이 다르다. 텍스트는 자신의 틀을 스스로 만듦으로써 화자가 이야기에 속하도록 한다. 텍스트는 "후작부인은 5시에 떠났다"는 식으로 어떤 시점부터 이야기가 시작된다는 것을 어떻게든 분명히 해야 한다.

우리가 맨 처음 제기한 물음에 대한 첫 번째 대답은 그다지 만족스럽지 못하다. 왜냐하면 그 대답은 어쩔 수 없는 곤경을 해결한 듯한 특징들을 띠고 있음이 명백하기 때문이다. 한 이야기가 어떤 화자에 의해 서사되는데, 그 화자는 인물이 아니고 규정되어 있지 않으며, 아무런 색깔도 없고 이야기 자체 내부에서 뭔가 파악할 수 없는 것으로서, 우리는 더 나은 표현이 없기 때문에 이것을 "어떤 목소리"로 칭하고자 한다. 그러나 문제는 이로써 전이되었을 뿐이다. 이제

제2장 미학에서의 미메시스

우리는 물을 수 있다. 작가는 어떤 한 목소리에 의해 서사된 그의 이야기와 어떤 관계에 있을까? 목소리에는 작가가 현존해 있지 않은데, 그것은 그 목소리가 아무런 인격적 특성도 지니고 있지 않기 때문이다. 목소리는 이야기 안에서 이야기에 속하고, 이야기를 이루며, 경험적 현실에서 작가의 인격과 관계를 이루는 모든 것을 이야기하는 심급이다.

작가와 이야기 사이에는 텍스트 안에서나 그 밖의 다른 방식으로 표시되어 있을 관계란 **없다**. 이야기는 종이 위에 텍스트로 있고, 작가의 입으로 말해지지 않는다. 이야기는 그것의 원작자를 언급하지 않는다. 또한 역으로 작가는 자신이 원작자임을 이야기 자체 속에서 입증할 수도 없다. 작가와 그의 이야기 사이에는 시간과 공간에서의 연결점이 없다. 저자는 그의 전기, 영혼, 그의 사회적 지위 또는 교육에 대한 어떤 흔적이나 그 밖의 어떤 **직접적인** 영향도(비인과적인 영향까지도) 그의 저작 속에 남겨놓지 않는다. 그 둘 사이에 밀접한 관계가 있더라도 서로 분리된 영역이다. 그러나 그 밀접한 관계라는 것도 우리가 조형예술이나 회화에서 보듯이 지문, 붓 터치, 신체적 형상화 작업의 흔적들과 같은 직접적인 영향들과는 종류가 다르다. 텍스트는 표명이 아니고 표현도 아니며 각인도 아니다.

작가와 이야기 사이에 분명히 인식할 수 있는 연결관계가 있다는 사실에 대해 반박할 수 없는 논거가 있는 것처럼 보인다. 즉 작가가 그의 이야기를 **썼다**는 사실, 그가 텍스트를 생산했다는 사실이 그것이다. 그렇지만 이처럼 작가로 회귀하는 일은 자서전적 성격을 띠지 않는 모든 이야기에 의해 부인되고 감춰지며 제거된다. 그 이야기들은 자신을—목소리로 서사된—화자에게로 위임하며, 화자는 그 목소리 자체가 아니다. 목소리가 화자로 하여금 "나"라고 말하게 하면, 그것은 저자의 자아가 아니다. 어떤 광경이 지금 존재하는 것으로 묘사되면, 그것은 작가가 글을 쓸 때라든지 어떤 때에 방금 바라보는 광경이 아니다. 저자가 자신을 위한 것이 **아닌** 어떤 것을 쓴다는 사실은 이야기를 서사하는 행위가 지닌 역설적 구조를 조명해준다. 이것은 오래전부터 언급되어온 것이다. 즉 이야기들은 부재하는 사물들을 현전하는 것으로 재현한다. 그 사물들은 글을 쓰는 시점에는 존재하지 않지만, 이야기 속에서는 존재한다. 목소리가 이야기를 이루는 모든 것을 말하지만, 작가 없이는 그 목소리가 존재하지 않는다. 저자는 이야기를 고안하고 구성하는데, 그것을 이야기하지는 않는다. 이야기는 마치 자기 스스로 이야기하는 것처럼 행세한다. 논리적으로 볼 때 이것은 옳은 것이 아니다. 여기서 역설적 구조가 문제가 되고 있다. 이야기는 독자적인 구성물이고, 이 점에서 어떤 사회제도와 비교할 수 있다. 저자와 이야기 사이에 유일하게 경험적인 연결관계는 글을 쓰는 행위에 있다. 그러나 단순히 글을 쓰는 행위(이것은 기록하는 일과 구별할 수 없는데)만으로는 아직 저자라고 할 수 없다. 글을 쓰는 일은 서사하는 일이 아니다. 그리고 서사 행위는 글 쓰는 행위를 통해 생겨나지 않는다. 작가—그의 영혼이든 그의 삶이든—속에서의 이야기 발생은 이야기 속에는 현존하지 않는다. 이야기는 아무에게도 속하지 않는다. 그에 반해 이야기는 그 목소리를 전유하는 모든 독자가 이용할 수 있다. 작가는 자기 자신의 텍스트의 독자로서 전유 행위를 하는 최초의 독자일 뿐이다.

이야기를 기록하는 것 말고 저자가 성취하는 것은 무엇일까? 이 물음은 이상하게 들릴 수 있다. 어떤 이야기를 고안하고 기록하는 일은 저자의 핵심적인 행위로 여겨지기 때문이다. 이 행위들은 작가에게 일회성과 진정성의 인장을 부여한다. 작가 외에 어느 누구도 이 행위들을 수행할 수 없다는 것은 확실해 보인다. 그렇지만 첫 저자가 아닌 다른 누군가가 그 저작을 쓰는 게 가능하고, 그것을 다시 한번 쓰는 것이 가능하다면 어떻게 할 것인가. 한 작가가 이미 다른 작가에 의해 저술된 문학작품을 다시 한번 쓸 수 있을까? 사람들은 보통 한 이야기는 한 번만 저술될 수 있다고, 최초로 한 번만 독창적인 창작 행위로 저술될 수 있다고 믿는다. 그러나 한 이야기가 두 번째 저술되는 것이 있을 수 있는 일이고 또 의미 있는 일이라면, 이 두 번째 저술은 어떤 종류의 활동일까? 실제로 이것이 가능하다는 게 서술되고 있는데, 바로 J. L. 보르헤스가 「『돈키호테』의 저자 피에르 메나르」[1]라는 단편에서 이미 존재하는 문학작품을 다시 한번 쓰는 일을 다루는 실험을 한다.

피에르 메나르는 그와 편지로 교류했다고 주장하는, 이름을 밝히지 않은 어떤 화자에 의해 님Nimes 출신의 상징주의 작가로 서술된다. 그의 저작활동은 20세기 초에서 1930년대에 걸쳐 이루어졌다고 보고된다. 메나르가 발표한 글들이 상세하게 열거된다. 그렇지만 화자는 그 글들이 메나르의 가시적 저작일 뿐이라고 말한다. 지하에 숨겨져 있는 두 번째 저작이 있다는 것이다. 그것은 엄청난 시도인데, 그에 관해서는 오로지 그 결과만 전해지고 있을 뿐이고 수년에 걸친 창작 과정에서 쓰인 수많은 습작은 주도면밀하게 없애버렸다는 것이다. 메나르의 야심은 『돈키호테』를 다시 쓰는 일이었는데, 그것은 당

---

1 이 단편은 보르헤스, 『픽션들』(보르헤스 전집 2, 황병하 옮김, 민음사, 1994)에 실려 있다.— 옮긴이

대의 의상을 입혀 쓴 현대적 버전이 아니라 세르반테스가 쓴 텍스트와 단어 하나하나, 줄 하나하나 다르지 않은 텍스트였다. 그러나 이처럼 총체적으로 다시 쓰는 작업은 심리적으로 표상된, 원작의 저자와의 동일시를 통해 이루어진 게 아니라는 것이다. 그런 의도였다면 그것은 세르반테스가 살았던 삶을 반복하는 것을 뜻할 터이다. "스페인어에 능통하는 것, 가톨릭 신앙을 회복하는 것, 무어인들 또는 터키인들에 맞서 싸우는 것, 1602년부터 1918년까지의 유럽 역사를 잊어버리는 것, 미겔 데 세르반테스가 되는 것"이 그것이다. 이러한 방식은 메나르에게 "이 일을 성취하기 위한 모든 불가능한 방법 가운데 (…) 가장 흥미롭지 못한 방법"으로 비쳤다. 그에 반해 또 다른 방법, 즉 피에르 메나르로 **남아 있으면서** 피에르 메나르의 경험들을 통해 『돈키호테』에 도달하는 것은 대담하고 해볼 만한 도전이었다.

메나르가 결국 선택한 방법은 두 개의 서로 대립된 원칙으로 규정된다. 첫 번째 원칙에 따라 그는 원래의 『돈키호테』를 변경하는 모든 가능한 작업을 고안하는 가운데 형식적이거나 심리적인 종류의 변형들을 시험한다. 두 번째 원칙은 그가 원작 텍스트를 위해 이 변형들을 폐기하고 그렇게 폐기한 것을 "반박의 여지가 전혀 없이 합당한 일이라고 주장"하게끔 한다. 이렇게 해서, 즉 허용되지 않는 변형들을 물리치는 길을 통해, 합당한 근거를 지닌 텍스트가 만들어진다. 메나르가 고안한 변형들, 하나하나 합당한 이유로 폐기되는 그 변형들과 비교해볼 때 최종적인 텍스트는 필연적인 형태를 띠게 된다. 따라서—이것이 메나르의 함축적인 가정인데—규칙들을 동원해 저작의 최종 텍스트를 생성하는 것을 가능케 하는 합당한 방법이 존재하는 것이다. 그렇지만 그 규칙들은 알려져 있지 않고, 어떤 논리적 계산도 이룰 수 없다. 왜냐하면 세르반테스의 『돈키호테』는 우연의 소산으로, 다시 말해 역사적 우연에 맡겨져 있었기 때문이다. 그렇기 때문에 이 저작을 생산하는 규칙들은 실험과 반박의 방식 속에서 발견되어야 하는데, 그 방식은 원칙적으로 불가능한 것은 아니지만 무한하다. 피에르 메나르가 가능한 변형을 모두 시험할 줄 알았다면, 실제로―역사의 가정들에 따라―『돈키호테』의 텍스트 형태가 유일한 가능성으로 남았을 것이다. 메나르는 화자에게 보낸 한 편지에서 이렇게 쓴다. "문제는 그것을 완수하기 위해서는 내가 불사신이 되어야 한다는 데 있지."

화자의 견해로는 피에르 메나르의 업적이 세르반테스의 업적보다 더 높게 평가될 수 있다. 세르반테스가 우연에 몸을 맡기면서, 정해진 명백한 규칙들을 따르는 것이 아니라 이 규칙들을 (그 규칙들을 모른 채) 글을 써가면서 만들어냈다면, 메나르는 우연히 생겨난 것, "그 우발적인 작품을 문자 그대로 재구성한다"는 책무를 떠맡은 것이다. 그는 자신의 인격과 자신의 시대로부터 『돈키호테』를 쓴 것이 아니라 신비스러운 규칙 총서를 찾아가듯이 썼으며, 그것은 어떤 체스 대국을 재연하는 것과 같다.

이런 식으로 피에르 메나르는 『돈키호테』 이야기에 정밀하고 불가피하며 합리적인 방식으로 이르게 되는데, 그렇지만 세르반테스와는 전혀 다른 창작 방식을 통해 이른다. 그의 저작은 다른 발생사를 지니며 다른 방식을 따르고, 또한 다른 시대 상황, 다른 문학적 맥락, 전승, 지식, 기대와 관련된다. 텍스트는 정확하게 같은데, 텍스트의 역사와 저자가 상이하며, 이러한 차이들과 모든 가능한 의미의 상이함이 함께 간다. 즉 피에르 메나르의 텍스트는 세르반테스의 텍스트보다 훨씬 더 풍요로우며 더 오묘하다. 화자가 그 텍스트에 부여하는 풍요로움은 스페인적 요소들, 집시, 아메리카 대륙 정복자들, 신비주의자들, 펠리페 2세, 아우토[2]라는 신앙극도 포기한 데서 생겨나며, 그 텍스트가 17세기 언어로 쓰였다는 점, 그리고 19세기와 20세기에 흔히 볼 수 있는 지방색과 시대색이 첨가되지 않았다는 점에서 생겨난다. 그러니까 이러한 특질들은 텍스트가 아닌 것을 통해 텍스트에 덧붙여지는 것이다. 두 번째 작가로서 피에르 메나르는 동일한 텍스트를 생산하지만, 이것을 오로지 합리적인 방식을 통해 통사론적이고 의미론적으로 생산했다. 게다가 이 텍스트는 상이한 텍스트 이해의 조명 속에서 세르반테스의 텍스트와는 다르게 수용된다.

보르헤스의 이야기 속에서 『돈키호테』의 이야기는 그야말로 섬뜩할 정도의 자율성을 지닌다. 그 이야기는 세르반테스에 묶여 있지 않다. 그 이야기는 다른 방식으로, 전혀 다른 텍스트 이해 방식에 따라 새로이 만들어질 수 있다. 똑같은 이야기를 서로 다른 시대에 만들어내는 것이 생각대로 가능하다는 것은 그 이야기의 완벽한 안정성을 전제한다. 누구나 영원이 그에게 주어진다면 이미 쓰인 어떤 이야기를 적절한 방법을 통해 다시 한번 집필할 수 있을 것이다. "모든 사람이 모든 것을 생각할 수 있는 능력이 있어야 하는데, 나는 어느 날엔가는 그렇게 되리라는 것을 확신하네."

보르헤스의 실험은 서사하기의 역설적 구조를 해결하지 않는다. 정반대로 그의 실험은 진지하게 여기는 사람에게—매우 독특한 조건 아래에서일지라도—똑같은 이야기가 똑같은 텍스트의 형태로 한

---

2 아우토Auto는 극 중에 상영되는 막간극으로 주로 종교적 주제를 다루었다.—옮긴이

명 이상의 작가에 의해, 그리고 한 가지 방식 이상으로 생산될 수 있음을 의미 있게 상상하는 게 가능함을 보여준다. 가장 완벽하고 완전한 형태의 미메시스가 가능한 것이다.

그리하여 보르헤스는 통상적인 가치 평가를 뒤집는다. 즉 첫 번째 화자(세르반테스의 『돈키호테』의 화자)가 자신의 이야기를 자기 삶의 우연들에 내맡기는 약간 자율적 인간이고 그의 이야기만이 자율적인 데 반해, 모방하는 작가는 자기 삶을 창조적으로 이용한다. 두 번째 작가는 이야기를 규칙에 따라 구성하며, 그것을 위해 자기 삶을 투신한다. 그는 자기 삶이 그 이야기에 의해, 적어도 간접적으로, 이끌어지게끔 조직한다. 그것은 조율되고 도구화된 삶이다. 우리는 최초의 작가가 아니라 두 번째 작가에게서 삶의 심미화를, 사람들이 낭만주의적 창조력의 특성으로 여겼던 예술과 삶의 상호 침투를 발견하게 된다.

보르헤스의 논증 방식으로 우리는 우리가 처음에 제기한 물음에 대해 아직 설득력 있는 답변을 얻지 못했으며, 오히려 문제는 첨예해졌다. 즉 아무도, 어떤 특정한 인물도 이야기를 서사하지 않기 때문에 이야기는 두 명의 서로 다른 작가 또는 작가 **유형**을 갖는 것이 가능하다. 어떻게 해서 이것이 가능할까?

어떤 **새로운** 이야기를 고안한다는 것은 어떤 새로운 게임을 도입하는 것과 유사하다. 사람들은 모든 면에서 지금까지 알려져 있지 않은 게임을 단번에 만들어낼 순 없다. 그 게임의 요소들 가운데 많은 것은 이미 알려져 있는 것이다. 즉 대부분의 규칙, 대부분의 게임 역할들의 기본 구조, 게임이 진행되는 도식들, 게임의 시작과 끝, 그 밖에 게임에 임하는 태도는 말할 것도 없이 알려진 것들이다. 그때가지 고안된 게임들의 거대한 토대가 있고, 거기에서 새로운 게임들이 만들어져 나온다. 새로운 게임들은 알려진 것을 변형하고 새롭게 조직하며 지금껏 알려져 있지 않은 요소들을 첨가하고 특수한 과제를 만들어서 게임에 새로운 중점을 만들어낸다. 새로운 게임들은 어떤 영점에 있는 것이 아니라 게임이라는 나무의 가지 맨 끝에서 형성된다. 전반적으로 게임의 창의성에 기여하는 많은 특성이 다름 아닌 반복에 불과한데, 독자적인 질서로 반복한 것이다. 새로운 이야기라는 것도 이미 서사된 이야기들의 거대한 몸통에서 나온 반복된 이야기들의 토대 위에서 새롭게 만들어진 것들이다. 새로 고안된 게임들처럼 이야기들도 이미 알려진 이야기 요소들을 달리 배치하거나, 다른 식으로 구조화하고 변형한 결과다. 그렇지만 요점을 새로이 둔 새로운 게임들처럼 예전 이야기들을 넘어선다. 그 이야기들은 알려져 있거나 새로운 요소들을 특이하고 독창적인 지각 방식으로 종합한다. 이야기에서 이루어진 종합은 거꾸로 사회세계에 직접 영향을 미치지는 않는다. 그 종합을 이용하는 최초의 사람은 작가 자신이다. 작가는 어떤 인격을 가지고 자신의 이야기를 저술하며 이용하는 사람이다. 그의 이야기는 자율적인 구성물로 이용될 수 있다. 그 이야기는 그것을 수용하는 사람에 의해 현재화될 수 있다. 제일 먼저 작가 자신에 의해 이용될 수 있다. 작가는 그 이야기를—**수용적** 미메시스를 통해—자기 자신 앞에 모델로 두고 이용한다. 그 이야기의 형식, 즉 문학적 자료 속에서 만들어지고 외면화된 형식, 그 이야기의 종합된 지각과 내부 구조들은 작가의 생각, 감각적 인상들, 느낌, 정서, 감정을 정돈하는 데 적격이다. 그 이야기는 이렇게 사용됨으로써 작가와 무관하게 존재하는 객관화된 모델적인 형태의 주체성이 된다.

　이런 관점에서 볼 때 첫 번째 작가의 업적은 이중적이다. 우선 그의 업적은 어떤 문학세계를 만들어내는 일로서, 이미 존재하는 문학 형식들을 반복함으로써 새로운 종합으로 빚어내는(형상화하는) 작업이며, 고전적 의미에서 미메시스다. 다른 한편 그 업적은 두 번째 종류의 미메시스적 활동으로서 작가가 자기 자신의 주체성에 맞추는 활동이다. 우리는 그것을 **투사적인** 미메시스라고 칭할 수 있다. 작가는 그와 같은 투사를 통해서 자신의 문학적 자료를 형상화하는 작업을 하는 가운데, 주체적 과정들의 모델적인 형상을—우선 자신이 사용할 형상으로서, 그다음에는 독자에게 제공되는 형상으로서—빚어낸다. 따라서 어떤 문학작품을 미메시스하는 일은 내적으로 분화되어 있다. 하나는 생성된 세계에 놓인 종합에 대해 수용적인 미메시스이고, 다른 하나는 미래의 수용을 향해서, 그리고 자기 자신의 수용을 향해서 하는 투사적인 미메시스다. 어떤 나누어지지 않은 단순하고 미未분화된 미메시스, 즉 자기 자신을 위한 세계의 생성 같은 것은 작가가 이야기에 참여하는 맥락을 기술할 수 없을 것이다.

　작가는 자신의 (사실상 분리되어 있지 않은) 활동 속에서 수용적 미메시스와 투사적 미메시스 사이를 끊임없이 왕복하는데, 작가는 이런 식으로 자신의 객관적 창작물을 자신의 주체성으로써 조정한다. 그러한 왕복운동 속에서 이야기는 작가 개인의 경험 현실과 부단히 대결하는 가운데 자라난다. 한 방향에서는 생성된 문학세계의 질서와 그것의 종합으로서의 성과가 작가가 자신의 사회세계로부터 얻는 지각에 의해 영향을 받으며, 다른 방향에서는 이러한 지각이 다시금 그의 이야기에 객관적으로 주어진 모델을 통해 형상화된다.

독자들에게 이 이야기가 주어짐으로써 독자들은 그 이야기를 자신의 것으로 만들 수 있다. 독자들에게도 이렇게 문학적으로 생성된 세계는 투사적 미메시스로서, 그들은 다시금 수용적 미메시스의 형태로 그것을 전유한다. 작가의 경우 이야기를 수용적으로 사용하는 일이 그 이야기의 내면화 과정이라면, 독자들의 경우 이러한 종류의 미메시스는 그들의 내면을 이야기로 외면화하는 과정이다. 독자들은 그들의 시각을 이야기에 의해 제공된 종합적 지각에 동화시킨다. 우리는 이 과정을 쓰기 과정을 단순히 뒤집은 것이라고 생각해서는 안 된다. 그것은 작가에게서 일어나는 과정과는 전혀 다른 과정이다. 독자에게는 자신의 내면을 그 이야기의 도움을 빌려 예시할 가능성이 열린다. 그것을 사용할지 사용하지 않을지는 그에게 달려 있다. 독자에게 그 이야기는 어쩌면 그의 내면을 객관적으로 주어진 형상물 속에서 표현한 결과일 수 있다. 그곳으로부터 그의 활동이 다시 그의 내면으로 되돌아와서 이 내면을 변형할 수 있다. 이 마지막 고찰들을 통해 원작자가―쓰기의 과정에서―다른 모든 가능한 작가와 어떤 점에서 구별되는지가 분명해졌다. 그 원작자는 그 안에서 그의 이야기에 대해 그 시점까지 존재한 투사적 미메시스와 수용적 미메시스 **전체**가 동일한 주체의 활동을 통해 합일되는 유일한 인물이다.

『돈키호테』의 두 번째 작가는 보르헤스가 구상한 모델에 따르면 세르반테스의 독자다. 그는 세르반테스가 자기 내면을 위해 빚어낸 객관적 형상물, 모델을 이미 목전에 두고 있다. 그가 그 텍스트를 논리적으로 필연적인 작품으로 만들어내려고 시도하는 한 그에게는 『돈키호테』의 "이상적인" 독서법이 있는 셈이다. 이 이상적인 경우에 투사적 미메시스와 수용적 미메시스는 더 이상 구별되지 않는다. 그 둘은 쓰기 작업에서 각각 다른 과정으로 보완될 필요가 있는 측면들이 아니다. 이상적인 독서법이 있다면, 텍스트를 이중으로 생산하는 일도 없다. 그 독서법은 텍스트가 사람들이 생각할 수 있는 유일한 가능성으로 나타나는 어떤 읽기의 방식이다. 피에르 메나르에게 이상적인 독서를 할 능력을 지니게 하는 지식은 정확하게 그 텍스트가 이상적인 방식으로 생산되게끔 한 지식이기도 하다. 이상적인 독자로서 그는 이상적인 생산자이기도 하다.

'이상적' '논리적' '필연적'이라는 말은 시간을 초월해 있다는 것, 사회가 아닌 어떤 영원한 공간에 있다는 뜻이다. 이 공간의 본질적 특성에 비추어볼 때 작가와 독자를 의미 있게 구별할 수는 없다. 그 둘은 합치한다. 그처럼 이상화하는 일은 이야기 속에 전개된 종합적 지각이 거꾸로 경험세계에 영향을 미치는 것을 포기한다. 독자가 이야기에 몸을 맡기거나 그 이야기의 종합을 경험하거나 자기 자신을 위해 시험해본다는 것이 더는 기대되지 않는다. 보르헤스의 실험은 일종의 플라톤적인 허구다. 그렇지만 작가와 독자는 실제로는 시간 속에서, 그리고 특정한 경험적 현실 속에서 살고 있다. 그렇기 때문에 유한한 세계에서 그 둘(작가와 독자)은 분리된다.

서사가 가능하기 위한 조건은 그 서사가 이해된다는 데 있다. 이 이해됨이라는 것은 우연적 관계다. 그렇기 때문에 쓰기 작업에는 그것이 제아무리 비의적이고 밀폐적일지라도 읽기의 행위를 향한 투사적인 미메시스 과정이 놓여 있다. 내가 말하고자 하는 것은 물론 잠재적 독자der implizite Leser의 존재가 아니라, 이야기에 의해 생산된 종합적 지각이 **전달 능력**, 경험적 인간에 의해 현재화될 수 있는 그러한 전달 능력을 지니지 않으면 안 된다는 사실이다. 이 조건은 서사문학에서 본질적 조건이다. 그것은 한 이야기의 수용과 이해 **가능성**이 주어져 있어야만 함을 뜻한다.

해석의 문제는 다음과 같이 좀더 상세히 규정될 수 있다. 즉 한 이야기에 대한 투사적 미메시스는 (시간적) 거리가 멀어지면서 점점 더 어려워진다. 시간적 간격 때문이 아니라 역사가 흐름에 따라 해석이 점차 늘어나면서 대개 주관적 특성을 지닌 새로운 재현물들이, 마치 고고학적 발굴이 이루어지는 곳에서 지층들이 퇴적되듯이, 최초의 투사적 미메시스 위에 퇴적되었기 때문이다. 그 재현물들이 이 최초의 투사적 미메시스에 가하는 압력으로 인해 이 미메시스 자체는 식별할 수 없을 정도로 변형되었으며, 시간이 흐르면서 원래 형태를 인지하는 것이 가장 어려운 일이 되었다는 점이 드러난다. 지금까지 문예학에서는 작가의 미메시스 작업에 대한 "고고학"을 수행할 수 있을 어느 정도 확실한 방법이 아직 마련되지 못했다. 연구 작업의 한 격률은 일종의 오컴의 면도날[3]일 수도 있다. 즉 해석을 통해 생산된 의미들은 필연성 없이는 증가할 수 없다.

한 이야기의 작가와 독자가 공유하는 구조가 있다. 그것은 이야기들의 과거다. 원작자는 종합적 지각의 구성자일 뿐만 아니라 시간을

---

3 오컴의 면도날Occam's Razor/Ockham's Razor은 14세기 영국의 논리학자이며 프란체스코회 수사였던 오컴의 윌리엄William of Ockham에서 유래하는데, 어떤 현상을 설명할 때 불필요한 가정을 해서는 안 된다는 원리이고 '경제성의 원리'다. 좀더 쉬운 말로 번역하자면, '같은 현상을 설명하는 두 개의 주장이 있다면, 간단한 쪽을 선택하라given two equally accurate theories, choose the one that is less complex'는 뜻이다. 여기서 면도날은 필요하지 않은 가설을 잘라내 버린다는 비유로, 필연성 없는 개념을 배제하려 한 "사고 절약의 원리Principle of Parsimony"로도 불리는 이 명제는 현대에도 과학 이론을 구성하는 기본적인 지침으로 여겨지고 있다. 이 원리는 "1. 필요하지 않은 경우에까지 많은 것을 가정하면 안 된다. 2. 보다 적은 수의 논리로 설명이 가능한 경우, 많은 수의 논리를 세우지 말라"로 요약된다.—옮긴이

창조하는 자이기도 하다. 그의 이야기가 완결된 순간부터 그 이야기는 과거 속에 갇히고, 말하자면 봉인된다. 그 이야기의 시간이 종결됨으로써 그것이 전하는 진리는 최종적인 것이 된다. 과거를 건드릴 수는 없다. 그러나 이야기 속에 구축된 투사적인 미메시스는 그 이야기가 다시 현재화되는 것을 준비한다. 그 이야기에 의해 구성된 과거는 새로운 현재로 불려온다.

보르헤스의 실험은 우리가 무시간성을 전제로 할 때에만 성공할 수 있다. 우연성의 조건들 아래에서 일어나듯이 미메시스의 양극이 시간 속에서 서로 분열되며, 그 양극은 상보적 관계에 있는 것으로 나타난다. 작가가 이야기 속에 현존하는 것이 아니라, 거꾸로 이야기가 작가 속에 현존한다. 그의 이야기를 이용하는 여느 사람들과는 달리 그의 전기에는 이 이야기가 배어 있다. 그렇기 때문에 그의 삶이 이야기 속에서 모사되는 것이 아니라 이야기가 그의 삶 속에서 모사된다. 따라서 자서전에 대한 연구는 다른 어떤 삶도 아닌 바로 이 하나의 삶에 대해 이야기가 지니는 의미만을 해명할 수 있다. 우리가 두 번째 작가를 가정한다면, 그 작가는 그 이야기를 장악하는 것이 아니라 상황은 정반대다. 즉 그는 피에르 메나르의 삶이 『돈키호테』를 베껴 쓰고자 하는 소망에 들려 있듯이 이야기에 늘려 있다. 독자들은 처음에 그들에게 비어 있는 이야기의 구성물을 이용하며, 그 구성물을 자신의 주체성으로 채운다. 작가는 독자들의 이러한 능력, 그들의 상상력을 자극한다. 그는 그 상상력과 유희를 한다. 작가가 독자에게 전해주는 것, 그가 문학적으로 생산한 세계는 그것이 수용될 때 처음에는 아직 비어 있고, 순수한 이야기일 뿐이다. 아직 아무런 해석도 그 이야기에 퇴적되지 않았다. 이야기는 아직 발견되지 않은 섬이다. 그 이야기의 운명은 그것이 발견되는 데 의존해 있다는 점이다.

제3장

사회세계에서의 미메시스

—

9.

사회과학의 개념으로서의
미메시스

|

사회과학에서 구상하는 바에 따르면 인간은 사회에 의해 다양하게 영향을 받고, 각인되고, 사회화되고, 통제되는 것으로 여겨진다. 하지만 인간의 주요한 특징은 사유하는 존재로서 자신의 내면에서 세계를 수용하고 구상한다는 점이다. 인간의 물질적인 행동에 대해서는 사람들이 그다지 주목하지 않았다. 다른 사람과 주변 세계는 그것들이 이 내면으로 들어가는 한에서만 형태를 띠게 된다. 타인이 신체적으로 존재하고 행동하는 인격체로 모습을 드러내는 경우는 드물다. 타인의 행동은 규범, 규칙, 원칙, 법칙, 교환, 합리적 결정들로 추상화된다. 타인이 물질적, 신체적 인격체로는 거의 등장하지 않는다는 점은 그다지 눈에 띄지 않는데, 그것은 개인의 두뇌가 거의 자율적으로 기능을 발휘하는 것처럼 보이기 때문이다.

바로 이 결함이 철학적 인간학도 특징짓는다. 철학적 인간학이야말로 개인이 주변 세계와 맺는 관계를 핵심 주제로 삼았는데도 말이다. 헬무트 플레스너[1]와 아르놀트 겔렌[2]이 주장하듯이 인간은 그 관계 속에서 만들어질 수밖에 없는데, 인간이 자기 자신에 관해 설계하는 구상으로부터, 그 자신의 활동을 통해 비로소 만들어진다는 것이다. 이 자기 구성은 인간 **안에** 있는 지식, 의식, 인식, 합리성과 같은 특성들을 생성하는 일로 기술된다. 이 도식에 따르면 행동하는 인간은 이렇게 고찰된다. 인간은 자신이 지닌 힘들로부터 발전하는 단독자다. 그러나 인간이 주변 세계와 맺는 관계는 이런 식으로 보면 불완전하게 기술된다. 그도 그럴 것이 그 관계라는 것이 오로지 개인에서 출발하는 일면적인 구성으로 서술되기 때문이다. 그에 반해 메를로퐁티는 그의 유작인 『가시적인 것과 비가시적인 것』에서 인간과 세계의 관계를 전혀 다르게 구상한다. "신체는 그것의 개체발생사 때문에 우리를 사물과 직접 통합한다."(Merleau-Ponty 1964, p. 179) 사물은 다름 아닌 "내 신체의 연장이고, 내 신체는 세계의 연장이다. 신체를 통해 세계가 나를 둘러싸고 있다"(앞의 책, p. 308). 인간은 '**살**'로 된 존재인 한, 세계와 통합되어 있다. 인간은 가시적이며, 또한 가시적인 것으로 둘러싸여 있다. "이것은 인간이 스스로를 보며, 가시적인 존재라는 뜻이다. 그러나 인간은 보면서 자기 자신을 본다. (…) 그리하여 ·신체는 세계 앞에 **곧추서** 있으며, 세계는 신체 앞에 곧추서 있다. 그리고 그 둘 사이에는 서로 감싸 안는 관계가 있다. 이 두 수직적 존재 사이에는 경계가 있는 것이 아니라 접촉하는 면이 있을 따름이다."(앞의 책, p. 324)

---

1 Helmuth Plessner, 1892~1985: 독일의 철학자로 막스 셸러와 함께 철학적 인간학을 정립했다. 그의 업적은 동물심리학·현상학·사상사·철학사·사회학 등 여러 분야에 걸쳐 있다.―옮긴이

2 Arnold Gehlen, 1904~1976: 셸러, 플레스너와 더불어 철학적 인간학의 대표자. 주저인 『인간: 그 본성 및 세계에서의 위치』(1940) 이래로 일관되게 인간-생물학적인 견지로부터 인간학을 탐구했다.―옮긴이

인간과 세계의 관계는 상호적인 활동들의 결합관계로 기술될 수 있다. 자기 스스로를 만들어내야 하는 주체는 형성되어 있고 구조화된 것으로 이미 존재하는 세계, 그 나름대로 주체가 되는 그 세계와 관계를 맺는다. 행동하는 주체에게는 특히 그가 스스로 관계를 맺은 다른 사람들이 영향을 미친다. 타인들은 그 주체에게 이미지, 모델, 사례, 모범 등을 제공하는 한, 그의 세계에서 지극히 유력한 존재들로 현전한다. 주체는 물질적 환경과 타인들을 수동적으로 견디는 것이 아니라 그것들과 관계를 맺으며 그것들을 자신의 행동에 통합한다. 주체가 스스로를 만드는 동안 그 주체는 그와 동시에 타인들에 의해 함께 만들어진다. 주체가 세계와의 관계나 타인들 없이 무슨 존재일 수 있는지는 말할 수 없을 것이다.

타인들은 자아의 일부다. 누군가가 이미 존재하는 세계와 관계하면서 행동하고 그때 스스로 하나의 세계를 만들어내는 곳이면 어디서나 그와 같은 관계가 존재한다. 예를 들어 우리가 어떤 사람의 움직임을 모방할 때, 또는 어떤 모델을 따라 행동할 때, 또는 무엇인가를 재현할 때, 또는 어떤 관념을 신체적으로 표현할 때 그렇다. 여기서 단지 흉내 내는 행동들만이 다루어지고 있지는 않다는 점을 보는 것이 중요하다. 재현한다는 것은 조목조목 어떤 원상을 따라가는 단순한 재생산이 아니라 무언가 고유한 것을 생성하는 일을 가리킨다. 거꾸로 오로지 행동하는 주체로부터 나온 것처럼 보이는 행동들 속에도 다른 세계에 대한 관계 맺기가 드러나 있다. 이처럼 주체와 타인들이 착종되어 있는 구조는 인간과 세계의 관계가 지니는 근본적 특성인 듯이 보이지만, 사회과학이나 철학적 인간학은 그 점을 충분히 인정하고 있지 않다. 그렇지만 자아와 타인의 구별은 서로 날카롭게 분리된 두 개의 상이한 실체를 이분법적으로 나누는 의미에서 작동하는 것이 아니다. 자아라는 것은 타인들과 마찬가지로 열린 범주로서, 양측은 서로를 만들어내는 것으로 생각된다. 타자 없이 자아란 생겨날 수 없을 것이다. 자아는 처음부터 자아가 마주하고 있는 것을 함께 내포한다. 자아를 만들어내야 하고 행동을 통해 세계를 산출하는 행동하는 주체의 세계관계는 미메시스적 행동의 한 특징이다.

사회적 미메시스는 어떤 구성된 세계가 다른 세계와 관계를 맺는 일로 특징지어지며, 재현하고 지시하고(=가리키고) 연기하는 성격으로 특징지어진다. 관계 맺기는 전유하기로서, 비유적 전유 행위이거나 또는 다른 세계의 특징들을 자신의 특징 속에 통합한다는 의미에서 글자 그대로의 전유 행위다. 관계 맺기와 지시하기는 두 개의 변별되는 행위로 생각할 것이 아니라 같은 행위를 이루는 서로 연결된 두 단계를 구성한다. 다른 세계를 넘겨받아 스스로 형상화하는 1차 단계, 그리고 새로 형상화된 "첫 번째 세계"를 거리를 두고 다루는 2차 단계가 그것이다. 지시하기는 새로운 맥락, 일종의 틀을 만들어 내는데, 이 틀은 행동에 새로운 상위의 의미, 즉 원초적 의미를 수용하지만 전체적으로 그 의미를 변화시키기도 하는 그런 의미를 부여한다.

지시하는 행동과 지시된 것의 연관관계는 무엇일까? 지시하는 행동의 예로서 제스처를 연기하는 일을 들여다보자.

어떤 제스처를 모방하는 일만 미메시스적인 것이 아니라 그 **제스처** 자체가 미메시스적이다. 이 생각을 마르셀 주스가 펼친 바 있다 (1974). 그에 따르면 제스처란 어떤 언술에 신체적 형상을 부여하는 객관화된 행위이고 율동적인 행위다. 우리는 제스처를 단지 무엇을 표현하는 현상으로 바라볼 것이 아니라 어떤 재현으로서 모종의 자율성을 지니는 것으로 보아야 한다. 제스처는 고유한 생명력을 펼칠 수 있으며, 강력한 조형적 요소들을 연출할 수 있다. 그리하여 제스처는 그것이 동반하는 언술에 거꾸로 영향을 미친다. 언어로 표현된 것은 일종의 운율적 구조를 띨 수 있는 일정한 역동성, 연극성, 구성과 분류의 체계를 제스처로부터 얻는다. 제스처적인 움직임은 말로 전달되는 것을 연출하며, 지시 행위와 지시된 것 사이에 거리를 만들어낸다.

이와 유사한 구조를 지닌 일련의 행동 방식이 있는데, 예컨대 의례, 인용, 연기적 언술들이 그것이다. 언어 행위를 이론적으로 해석할 때 이러한 연기적 성격이 소홀히 취급되는데 존 오스틴은 그 연기적 성격을 각별히 강조했다. 언어학과 철학에서는 어떤 언어 행위가 성공적으로 수행되기 위한 규칙들에만 주목하여 토론이 이루어졌다. 그렇지만 "네게 A라는 세례명을 준다Ich taufe dich auf den Namen A"라는 언어 행위는 무엇보다 신체적 연기로서, 그 연기는 말, 언어 행위의 조건과 규칙들뿐만 아니라 그보다 훨씬 더 많은 것으로 이루어져 있으며, 오히려 이름 지어주기의 행위를 나타내는 드라마적 장면으로 드러난다.

이름 지어주기의 행위는 이름이 없던 상태에서 이름을 부여받는 이행 과정, 사람에게서 변화를 불러일으키는 어떤 문턱을 넘어가는 과정을 만들어낸다. 즉 그것은 어떤 내적인 통과의례 사건으로서 그 사건은 언어 행위 속에서 규약화된 외적인 형상을 얻는다. "네게 A라는 세례명을 준다"는 문장은 연극으로 연기된 어떤 통과의례의 언어적 부분을 가리킬 뿐이다. 오스틴은 사람들이 언어 행위를 할 때 무언가를 말을 가지고 **행한다**는 점을 정확하게 직관하고 있었다. 행동은 "세례명을 준다"는 말의 의미론과 화용론 속에만 들어 있는 것이 아니라 그것을 발언하고 제스처로 표현하는 신체적 행동 속에도 들어 있다. 말하기와 하나 되어 **신체적으로** 어떤 정신적 행위가 수행되는 것이다. 우리가 세례받는 자에게서 어떤 변화가 일어나는 것을 믿지 않는 것은 가능하다. 그러나 세례의 신화를 엄격하게 거부할지라도 세례 행위는 단순한 명명의 과정이 된다.

의례는 통상적으로 **그것 자체가 아닌** 어떤 것을 재현한다. 이를테면 공손함(예의)을 표하는 의례에서는 "예우禮遇"를 가리키는 어떤 행동이 연출되는데, 문을 열고 서 있는 제스처가 그중 하나다. 그 제스처는 다른 사람에게서 문을 여는 수고를 덜어주고 그에게 공간에 제일 먼저 들어서는 사람의 역할을 부여하면서 그를 먼저 들어가게 할 목적에서 본인이 뒤로 물러나는 의례적 행위다. 이 제스처는 "이것은 예우다"라는 것을 뜻한다. 그와 동시에 그 제스처는 그것이 실제로는 예우가 아니라는 것을 가리킨다. 만일 그것이 예우라면 그것은 존경에 대한 믿음, 예우를 받는 자가 상위의 신분이라는 점에 대한 믿음을 선세로 할 것이다. 예우의 제스처를 연기하는 일로서 그 제스처는 뭔가 다른 것이며, 어떤 연출로서, 그것은 동시에 부정을, 즉 "이것은 실제 예우가 **아니다**"라는 의미를 내포한다. 연기된 예우는 공손함 그 이상이 아니다. 물론 그것은 예우를 거부한다는 의미에서의 부정이 아니라 예우의 미메시스이며, 이 미메시스는 이중성을 띤다. 즉 그 미메시스는 제스처 자신이 **아닌** 어떤 것을 인용하는 제스처의 연기다. 그것은 단지 제스처인 것도 아니고 인용된 것도 아니며 그 사이에 있는 어떤 것이다.

언어 행위는 가리키기의 행위가 어떤 장면을 연출하는 형식으로 벌어지는 일종의 무대를 마련한다. 세례 행위는 세례받는 자의 변화를 재현할 뿐이다. 그 행위는 실제로는 그러한 변화가 아니다. 그와 마찬가지로 공손함을 표하는 의례는 예우를 재현하지만 실제로 존경심이 증가하는 것은 아니다. 의례는 그것 자체가 아닌 것을 제시한다. 의례는 마치 그것이 실제로 변화를 예고하는 듯이 행한다. "마치 …처럼"의 성격은 미메시스적 행동 전체의 커다란 영역인 의례가 놀이(유희, 연희演戱, 게임)와 갖는 친화성을 만들어낸다.

놀이와 미메시스가 구조적으로 근친관계에 있고, 이 근친성은 두 구상이 거의 겹친다는 점을 나타내는데, 이 근친성이 사회과학의 인간학적 토대에 대한 토론에 특수한 전환점을 가져다준다. 오래전부터 문화가 놀이에서 생겨났다는 주장이 있어왔다. 요한 하위징아(1956)는 이 주장을 프리드리히 실러와 관련하여 1930년대 말에 그야말로 급진적으로 펼쳤다. 이 생각은 거듭해서 사람들을 매혹시켰는데, 그것은 아마도 놀이라는 것이 인간이 삶의 강박들에서 풀려나 자신을 펼치는 일, 자유의 공간으로 이해되기 때문인 듯하다. 우리는 미메시스적 이중화 과정에서 강조적 의미의 자유 대신 실제 활동으로부터 거리를 두는 일이 생겨나는 것을 본다. "이중화"라는 것은 주어진 것으로부터 분리됨을 뜻하기도 한다. 놀이 속에서 인간의 자연적 신체가 이중화된다. 놀이하는 사람은 제2의 신체, 놀이하는 신체를 만들어낸다. 그리고 그는 현실의 두 차원, 즉 자연적 현실과 자기 자신이 창조한 현실 사이를 구별한다. 흉내 내기에서만이 아니라 현실을 재현하는 다른 방식들, 즉 이미지, 의례, 종교적 믿음 등에서도 우리는 그와 유사한 분리를 발견할 수 있다. 장 피에르 베르낭은 이러한 구별과 분리에서 "합리적 사유의 첫째 조건"을 본다. 미메시스적 놀이는 이 점에서 어떤 본질적인 문화적 기술技術, 핵심적인 인류학적 능력으로 나타난다. 그 능력은 자신의 주변 세계를 대하는 인간의 행동에 지극히 중요한 역할을 한다(Vernant 1988).

하위징아의 놀이에는 두 가지의 진정한 미메시스적 행동 방식이 그 중심에 있다. **"놀이는 무엇을 위한 투쟁이거나 무언가를 재현하는 일이다."** 우리는 놀이 개념을 논의할 때 구조적 특징에 주목하고자 한다. 그렇지 않으면 우리는 하위징아처럼 원천의 신화로 미끄러질 위험이 있다. 투쟁과 재현 같은 특정한 행동 방식을 모든 문화의 뿌리로 특징짓는 것은 그다지 의미가 없다. 놀이는 이중적 의미에서 질서를 형성한다. 놀이는 그 놀이 속에 존재하고 그 놀이 자체를 규제하는 어떤 질서를 만들어낸다. 그리고 놀이는 놀이에서 관계가 맺어지는 첫 번째 세계의 질서, 각 문화의 질서를 내포한다. 놀이 속에는 문화가 어떻게 조직되고 위계질서를 구성하며 결정을 내리고 권력을 배분하는지, 어떻게 사유를 구조화하는지, 그 방식이 드러난다. 그와 같은 질서는 놀이 속에서 생성되는 것이 아니다. 그 점에서 하위징아는 착각하고 있다. 그러나 놀이가 질서를 재현한다는 점에서, 즉 놀이가 그 질서를 원초적인 방식으로 드러낸다는 점에서 놀이는 그 질서를 완전하게 형성하고, 그 질서에 감각적 표현을 부여하며 그 질서의 감춰진 측면들을 표현하고 그 질서를 과장을 통해 상승시키는 일에 참여한다.

놀이는 세계를 생성하는 본질적인 심급인 것처럼 보인다. 우리는 상징적 세계를 생성할 때 특정한 규칙에 따라 행동하지 않던가? 지금까지 우리는 미메시스를 다른 어떤 것을 따라 행동하는 일로 서술했다. 이로써 우리는 행동을 일련의 규칙과 그 규칙들을 적용하는 일의 결과로 보지 않고 다른 사람들이나 주어진 세계와의 상호 작용의 결과로 보려는 의도를 추구했다. 사람들이 행동을 할 때 마치 어떤 난간을 붙잡듯이 규칙들을 붙잡고 그 규칙들에 따라 행동한다는 것은 통상적인 (인지주의적) 관념이다. 사회적 실천은 규칙을 적용하는 장으로 여겨진다. 그리고 그 실천은 행동하는 사람의 머릿속에서 무질서하게 이루어지는 것이 아니라 규칙을 이해하고 무언가를 통찰하고 파악하는 형식으로 이루어지며, 이미 그 자체로 규칙을 따르는 사회적인 것의 미메시스적 구성을 토대로 이루어진다. 신체적 행동 자체 속에 이미 (머리를 통한 우회로를 거치지 않고) 어떤 질서가 만들어진다. 예컨대 축구와 같은 복잡한 신체적 과정을 생각해보면, 움직임들이 사유로 조종되지 않는다는 점은 명약관화하다. 그런데도 행동에는 질서가 있고, 규칙을 따르며, 상호 작용적이고, 상황에 적합한 양태를 띤다. 신체적 연기가 그 자체의 규칙을 대부분 스스로 만들어낸다. 신체적 연기는 외부에서 형태를 부여받을 수 있고 특정한 강세를 부여받을 수 있지만, 말하기, 걷기, 제스처를 해 보이기, 신체 자세 등 대부분의 규칙적인 행동 방식들은 행동할 때 만들어지고 오래전에 습득한 도식과 신체 기술에 바탕을 둔 일련의 움직임들이다.

놀이는 그것이 언제나 전범적으로 사용되던 때로 소급된다는 점에서, 그리고 일반적인 특징들 외에 언제나 연기나 놀이 행위가 지니는 감각적 요소들도 끌어들인다는 점에서, 그러면서 그 요소들이 처음부터 정해져 있지 않다는 점에서 구체적 상황의 특성들과 연계되어 있다. 그렇기 때문에 놀이는 개념적으로 완전히 파악될 수 없다.

놀이는 그것이 실제에서 멀리 떨어져 있을 때조차 **실제적인** 행동이라는 점이 핵심이다. 이러한 고찰들은 사회적 미메시스의 모든 중요한 형식, 즉 의례, 제스처, 역할놀이, 말하기, 이해하기에 마찬가지로 적용된다. 놀이는 형식적 특성들에서 파악될 수 있는 것처럼 보이는 일반적인 행동 도식들을 구현하는 듯해도, 모든 종류의 경계 짓기에 들어맞지 않는다.

놀이의 규칙들은 실제적 행동을 조종하는 심급으로서의 기능을 지니고 있지 않다. 한 예를 통해 이것을 알아볼 수 있다. 한 축구선수가 승부차기(또는 페널티킥)를 할 때 그것은 전형적으로 규칙들에 의해 유도된 역할의 행동인 것처럼 보인다. 그러나 이를 관찰하는 사람은 그 어떤 역할도 인지하지 못하고 하나의 연기를 인지할 뿐이다. 그리고 심지어 관중이 이 행위를 여러 번 봤다고 해도 이 연기에는 아무런 도식도 없다. 선수는 자신이 수백 번 연습했고 이전에 다른 경기에서 수행한 행동을 수행한다. 승부차기는 신체적인 일이면서 그와 동시에 정신적인 일이다. 선수는 자신의 신체, 속임의 전략과 차는 행위를 운동신경으로 통제하는 일, 스스로 골키퍼를 정확하고 세세하게 지각하는 일을 신뢰하지 않으면 안 된다. 선수는 골키퍼의 반응을 예측하고 자신의 킥의 방식과 방향을 (실제로 숙고하지 않을지라도) 결정하지 않으면 안 된다. 선수의 행동이 어떤 의도를 구현하는 것은 분명하다. 그러나 그는 어떤 규칙도 따르지 않는다. 또한 그는 깊이 생각하지도 않는다. 그의 행동에서는 인지적 작용, 운동신경적 작용, 신체적 작용, 정신적이고 지적인 작용이 한데 어우러진다. 개별적인 조종 심급이 없다. 선수는 평소 승부차기를 하듯이 공을 찬다. 그의 행동에서 우리는 그가 어떻게 이런 유의 행동을 연기하는지를 알아채지만 그의 행동은 그 어떤 심오한 의미도 드러내지 않는다. 선수는 자신의 실제적 감각을 수행하며, "자기 신체의 지성"을 연출한다.

이 이중성, 즉 개인적 스타일이면서 (비트겐슈타인이 말한 "가족유사성"의 의미에서) 사회적 행동들의 "가족"의 일원이라는 이중성은 표현 행위의 전 영역에 특징적이다(Wittgenstein 1971). 옷을 입는 일은 예를 들어 어떤 삶의 양식의 표현으로 여겨진다. 그것은 우선 신체와 관련된 행동이다. 사람들은 어떤 형태나 색깔을 신체적으로나 감각적으로 선호해서, 또는 스스로 구현하고자 하는 어떤 사회적 표현 방식을 선호해서, 또는 제스처나 이미지의 측면에서 선호하기 때문에, 또는 사회적 기호를 따르기 때문에 특정한 옷을 입기로 결정한다. 옷이라는 것은 사회적 귀속성이나 삶의 양식의 요소인 것만은 아니다. 옷이란 그와 동시에 가리키는 행위이기도 하다. 마치 누군가가 그렇게 하고 또 그렇게 할 수 있는 것처럼 말이다. 옷 입기는 어떤 습관을 이루는 행동 방식에 속한다.

사회적 행동의 신체적 측면은 우리 논의에서 중요한 역할을 한다. 왜냐하면 그 측면은 규칙성이 형성되는 가장 깊은 층위이기 때문이다. 규칙의 실천이 신체의 실천에 의해 결정된다고 말하는 것은 분명 옳지 않을 것이다. 규칙의 실천은 상위 단계에서 교정되거나 근본적으로 새로이 형성될 수 없다. 우리의 고찰에서 중요한 것은 이후의 발전 단계들도 신체의 과정에 바탕을 두고 구축된다는 점이다. 신체의 원초적 놀이 같은 것이 있다. 아무런 목적 없이 이루어지는 신체적 행동 방식의 연습들, 단지 움직임을 수행하고 반복하며 그 반복에 확고한 형상을 부여하는 데로 이어짐으로써 그 반복이 제스처가 되는 자유로운 연습이 그것이다. 한 제스처가 어떤 의미를 띠는지는 원초적 단계에서는 결정할 수 없으며, 그 점에서 중요하지 않은 물음이다. 우리 시각에서 중요한 것은 제스처적인 것이 어떻게 해서 이전의 세계와 관계를 맺는 가운데 어떤 고유의 세계를 생성하는 데 관여하는가이다.

이러한 종류의 과정들은 발달심리학과 철학적 인간학에서 기술된다. 이러한 서술에서 문제는 언제나 어떻게 해서 유기체의 구성이 **사회적** 구성이 되는가이다. 이 두 방향을 대표하는 이들로 장 피아제와 겔렌을 들 수 있는데, 그들은 어린아이를 주변 세계와 적대적 관계 속에서 살아가는 행동하는 단자單子, Monade로 구상한다. 개인은 유아론적 형성자로서 자신과 세계를 생성하며, 각 개인을 고유한 방식으로 생성한다. 능동적 원리는 변화를 유발하는 개인의 행동이다. 발달심리학과 철학적 인간학은 변화를 유발하는 행위 중심체, 즉 행동하는 주체만을 알 뿐이다. 타인들은 행동하는 개인의 유아론적 우주 속에 진입하는데, 그것은 그들이 그 개인의 행동에 의해 포착되는 한에서다. 발달심리학과 철학적 인간학의 중심은 고전적인 자아-개인이다.

사회적 미메시스의 관점에서 보면 행동하는 사람은 특수하게 형성된 다른 세계와 관계를 맺는다. 그것은 타인들의 세계다. 미메시스적 관계가 다른 사람들에게 접근하는 통로를 열어준다. 이 길은 이미 사회적 미메시스의 최초의 행위들을 통해 준비된다. 퇴화한 최초의 미메시스적 행동들에서 관건은 피아제가 보여주는 것처럼 스스로 발견한 운동신경적 도식들의 재생산이지만, 우리는 이 도식들을 행동하는 인간 속에 타인이 나타나는 최초의 현상이라고 해석할 수 있다. 어린아이가 세계를 구성하는 원리 가운데 동화Assimilation와 더

불어 두 번째 원리라고 할 적응Akkomodation은 생물학의 모델에 따라 생각할 수 있는 대로 주변 세계에 적응하는 것만을 가리키는 것이 아니라 다른 **사회**세계와 접촉하는 것을 가리키기도 한다. 사회적 미메시스는 행동하는 사람을 타인의 행동과 연결해주는 다리 역할을 하는 원리다.

타인의 현전은 어린아이가 신체적으로 행동하는 초기에 이미 분명하게 드러난다. 어린아이는 자기 신체를 자신을 위해서만 지니는 것이 아니다. 오히려 이 신체는 타인들이 개입해 들어오는 발판이다. 그처럼 삶 속으로 파고 들어오는 방식들, 아이의 신체를 취급하는 방식들이 피아제와 겔렌에게서 아무 역할도 하지 않는다는 점은 특이하다. 엄청나게 많은 일이 신체와 함께 일어난다. 시간의 리듬과 사회적 행동 방식에 적응하는 일, 특징적인 물질적 구조를 지닌 공간적 환경에 자신을 맞추는 일(예를 들어 의자에 앉기), 말하는 법을 배우기, 자신의 특수한 생활 방식을 지닌 고정된 파트너들과의 사회생활에 적응하기(이들은 그 생활 방식을 다시금 아이에게 맞춘다), 기구와 도구들을 사용하기, 일상의 삶 속에 매체를 수용하기 등이 그것이다. 특히 신체적 행동을 가르치고 교정하는 일, 규칙성을 만들어내는 일이 유년기 초기에 이루어진다. 여기서 비트겐슈타인이 "똑같은 것, 똑같은 척도를 만들어내는 일"이라고 칭한 것, 규칙적인 행동의 토대를 습득하는 일이 일어난다. 어린아이는 언제나 일종의 대화 상태에 있다. 우선 초기 단계에서는 "원초적 대화" 상태에 있는데, 이때 아이는 대화에 참여하는 능력을 배운다. 피아제는 아이가 성취하는 일들이 얼마나 창의적인 것인지를 보여준다. 그러나 이때 그는 어떤 면에서 이 창의성이 타인들의 세계와 관계를 맺는지를 거의 해명하지 않은 채, 마치 다른 세계와의 관계가 자기 구성의 가치를 떨어뜨리기라도 한다는 듯이, 아이의 독창성을 강조한다.

가르치고 배우는 원초적 단계에서 이미 사회적 미메시스의 이중성이 드러난다. 사람들은 타인인 것처럼, 자신이 아닌 다른 인격체인 것처럼 행동한다. 개인적 행동이 지닌 이러한 사회적 양상은 자아를 일종의 단자처럼 구상하는 모든 이론이 놓친 양상이다. 그 이론들이 시도하듯이 개인으로 환원하는 일은 그 이론들로 하여금 타인과 타자와 맺는 신체적 관계의 양상, 이미지적이고 매체적인 것의 양상을 파악하는 것을 불가능하게 만들거나 지극히 어렵게 만든다. 사회과학에서 이 양상들을 강조하는 새로운 시도들, 특히 노르베르트 엘리아스와 부르디외의 이론은 미메시스적인 것에 중요한 자리를 할당한다.

사회적 행동들은 그 어떤 역할의 시나리오도 따르지 않지만 연기와 장면의 성격을 띨 때가 많다. 훈련하는 일, 감시하는 일, 길들이는 일, 연습하는 일, 아니 허구, 소망, 욕망을 생성하는 일과 같은 생산적 과정들, 스스로 재현하기, 놀이를 통해 인간을 확장하는 일, 신체를 창의적으로 제어하는 일 등 이 모든 문화적 기술은 한 사람이 다른 사람에게서 무엇인가를 훔쳐보거나 그에게 누군가가 보여준 것을 실험해보거나 거울 앞에서 옷차림을 바라보기 등, 복합적인 행동에 이르기까지 대부분 눈에 띄지 않는 작은 장면들에서 연습된다. 사회적 미메시스는 내적인 과정이 아니라 행동 속에서 표현된다. 그것은 행동의 토대를 형성하는 안전성, 확실성, 진실하다는 믿음을 만들어내며, 행동하는 사람이 앞으로 나아가는 토대가 되는 일종의 줄기, 그로 하여금 한 단계 한 단계 행동하게끔 하고 그에게 앞으로 어떻게 행동해야 할지에 대한, 제한되어 있지만 안정시키는 앎을 주는 줄기

를 만들어낸다. 이러한 행동의 마지막 근거가 없다는 것은 말할 나위
도 없고, 그 행동의 합리적 근거라는 것도 없다.

사회적 미메시스는 이론적으로 확증될 수 없고 오로지 행동 속에
서, 그리고 행동을 통해 확증될 수 있을 뿐이다. 이것은 희한하게 보
인다. 이 점은 우리가 개개의 고립된 미메시스적 행동이라는 것이 예
외에 속하고 대개는 여러 매체 속에서 이루어지는 미메시스적 행동
들의 연쇄로 결합된다는 점을 인식한다면 전혀 다르게 보인다. 한 세
계는 예를 들어 언어로 표현될 수 있으면서 그와 동시에 제스처로,
이미지로, 음악으로 표현될 수 있다. 건축이나 오페라나 발레나 원예
같은 일련의 예술은 그와 같은 연쇄적 결합을 구성적 원리로 지니고
있다. 사람들에게는 세계를 산출하는 일을 다른 매체를 통해 지원하
고 강화하며 계속하는 것을 지향하는 두드러진 성향이 있다.

사회적 미메시스의 시각에서 볼 때 인격의 정체성이라는 관념도
상대화된다. 인격의 정체성이라는 것도 인간이 **타인을 따라** 행동하
는 것을 인식하는 데 정향한다. 동일한 단자적 개인이라는 생각에는
발전이라는 유기적으로 생각된 관념, 잠재적으로 미래의 인간을 내
포하는 어떤 핵심 자질로부터 여러 능력이 성장한다는 관념도 결부
되어 있다. 내면으로부터 나와서 세계와 대결하며 전개되는 인간이
라는 이미지는 개인이 자신의 내면으로부터 정의하는 동질적인 전
기傳記, 한 인간의 전기, 그 사람에게만 맞고 그 사람을 위해서만 쓰인
전기라는 형식의 자기 구상의 토대를 이룬다. 사람들이 말로써 한 인
생을 포착하고 그의 특수성을, 마치 타인들이 이미 현전해 있지 않
은 문학적 재현 방식이 존재한다는 듯이 서술할 수 있다는 생각 자
체가 이미 소박한 생각이다. 삶을 기술할 때 한 개인을 내적으로 정

의할 수 있을 궁극적 원리를 강조하는 것은 현저하게 드러나는 특징
이다. 사회적 미메시스의 시각에서 볼 때 이것은 환원주의적 방식으
로서, 특정한 설명과 묘사의 원리를 유일한 원리인 양 내세우며 그것
을 일반화하고 교조화하는 방식이다.

　사회적 미메시스가 놀이와 광범위하게 합치되기 때문에 놀이와
미메시스에서 공통되게 드러나는 일련의 특징을 다음과 같이 규정
할 수 있다.

- 하위징아의 주장과는 반대로 원초적인 놀이란 없다. 원초적인 미
  메시스적 행위라는 것도 없다. 사람들이 어떤 놀이를 배우기 위해
  서는 이미 놀이를 할 줄 알아야 한다. 그리고 사람들은 미메시스적
  행동을 통해 성장한다. 놀이와 미메시스에서 시초를 지목하는 것
  은 무의미하다.

- 놀이와 마찬가지로 미메시스는 놀이를 하는 다른 사람, 적어도 두
  번째 사람, 그리고 세계에 대한 관계를 함축한다. 놀이의 위치와 전
  략은 놀이에 참여하는 다른 사람들의 위치 및 전략과 관련하여 생
  겨나고 선택되며 구현된다. 놀이에서 누가 어떤 위치에 있는지는 전
  체 상황과 관련하여 규정된다.

- 놀이에 참여하기는 신체라는 매개체 속에 표현된다. 놀이는 놀이의
  주요 활동이 정신적일 때조차 단지 정신적인 것만은 아니다.

- 놀이를 하는 사람은 자신이 놀이를 하고 있다는 사실을 잊을 수 있
  다. 미메시스적으로 행동하는 사람도 자신의 세계를 타인의 세계
  와 동일시함으로써 그 이중성을 시야에서 놓치고, 다른 세계 속에
  서 행동한다는 환상에 사로잡힐 수 있다. 놀이를 하는 사람은 자

기 자신을 다른 사람으로 만들 수 있다. 극단적인 경우 그는 심지어 놀이 바깥에서도 다른 사람이 될 수 있다.

• 사회적 미메시스는 상대적으로 자유로운 놀이와 같다. 그것은 규칙을 따르지 않는다. 그럼에도 그것은 임의적인 것이 아니며, 규칙이 느슨한 아이들의 운동놀이처럼 규칙적인 활동이 그 바탕에 깔려 있다. 사회적 미메시스는 한편으로는 창조적이고 개인적이며, 다른 한편으로는 일상적인 행동에 의해 미리 규제되어 있는데, 어쨌든 그 원리를 두고 볼 때 타인들과의 합의를 지향한다. 여기서 비교적 예외에 속하는 것이 예술적 미메시스다.

• 놀이에서 확정된 것, 놀이의 구상과 규칙들은 처음 놀이를 하기 전에 존재하는 것이 아니라 이 놀이 속에서 비로소 만들어진다. 놀이에는 일종의 도입 단계라는 것이 있다. 이 도입 단계에서 놀이하는 사람들이 무엇을 믿어도 되는지가 드러난다. 이 확실성은 놀이 특유의 것으로서, 근본적으로 다른 분야에 적용될 수 없다.

• 어떤 놀이가 벌어질지가 늘 확실한 것은 아니다. 미메시스적 행동이 다른 세계와 맺는 관계도 사람들 눈에 띄지 않을 수 있다. 그리하여 어떤 언술이나 행동이 지닌 인용적 성격이 간과되고, 이로써 불완전하거나 심지어 잘못된 해석이 이루어질 수 있다. 참여한 사람들이 그들 자신의 미메시스적 관계 맺기를 모르는 경우도 종종 있다. 그들은 독자적으로 행동한다고 생각한다. 하지만 관찰자는 그들이 다른 사람을 따라 하거나 어떤 의례에 맞춰 행동한다는 점을 간파한다.

• 놀이는 놀이를 하는 사람보다 더 강하다. 놀이는 놀이를 하는 사람에 선행하여 윤곽을 지니고 존재한다. 놀이하는 사람은 그가 참여

하는 놀이에 영향을 미치지만, 무엇보다 그 자신이 놀이에 의해 함께 만들어진다. 그는 놀이에 적응하고 자신의 행동과 신체에 일정한 형태를 부여하며, 놀이의 시간적 리듬에 자신을 맞춘다. 똑같은 놀이에 빠져든 사람은 그와 유사한 습성을 형성하게 된다.

10.

사회적 미메시스

인간의 태도와 행동, 그리고 상황들을 재연, 표현, 재현하는 능력으로서의 미메시스는 사회 상황과 행동들에 현전하는 제도적이고 개인적인 규범들을 포착한다. 이때 행동하는 사람이 그 규범들을 의식하고 있을 필요는 없다(Wulf 2001). 아이들은 이른 나이에 벌써 상징적으로 코드화된 복잡한 행동들을 모방하는데, 이때 이 행동들과 이것들에 내포된 가치 및 규범들에 대한 의식이 없어도 그렇게 모방한다. 입장, 가치, 능력들을 지각을 통해 전유하는 일은 여러 상이한 기준 틀에 부딪히기 때문에 사회적 미메시스의 결과들도 개인마다 다르게 나타난다. 한편으로 이 과정에서 행동과 태도의 형식들을 정확하게 넘겨받는 것을 목표로 하는 결정주의적 경향이 작용하는가 하면, 다른 한편으로 이 과정에는 개인적 형상화와 자유의 요소가 포함되고, 이 요소가 사회적 미메시스의 결과를 예측할 수 없게끔 만든다. 따라서 사회적 미메시스에서는 모방이 이루어지는 것이 아니라 개인적인 변화와 형상화의 가능성을 내포한 과정이 이루어진다.

아이와 청소년들은 미메시스적으로 행동하는 것을 즐거워한다. 어린아이가 처음 말하고 움직이는 형식들, 예컨대 처음 발성하는 동작이나 어떤 움직임을 지속적으로 반복하고 완벽하게 하려고 할 때에 이미 미메시스적 행동에 대한 이러한 욕망을 관찰할 수 있다. 사회적 미메시스의 과정을 성공적으로 수행하는 데 대한 기쁨 속에 바로 그 과정이 영향을 미치는 근거가 놓여 있다. 그러한 사회적 미메시스가 성공할 때 아이는 자신을 어른과 비슷하게 만들고 어른의 세계에 속하게 하며 피보호감을 전해주는 어떤 능력이 생겨나는 것을 느낀다.

사회 상황을 향한 미메시스적 지각 행위에서는 이 행위에 내포된 윤리적 규범과 가치들이 모방하는 사람에 의해 수용된다. 가족과 교육 기관에서 이 미메시스의 과정들은 대개 의식되지 못한 채로 있으며, 바로 그렇기 때문에 각별히 강한 영향을 끼친다. 그 과정이 진행되면서 공식적인 가치 및 규범들과 모순관계에 있을 때가 많은 숨겨진 가치와 규범들도 습득된다. 이 미메시스 과정들은 강렬하게 이루어지기 때문에 플라톤은 젊은이들이 나중에 사회에서 맡을 과제를 지각하는 능력에 거스를지도 모를 모든 것을 젊은이들에게서 멀리 떼어놓고자 했다. 플라톤은 모범의 중요성을 인식한 반면, 사회적 미메시스의 결과들을 낳는 여러 상이한 개인적 전제 조건들이 지닌 의미는 간과했다. 그렇지만 이 전제 조건들이 바로 부정적인 모범과 재현이 각 개인에게 어떤 영향을 미치는지를 결정한다. 부정적 모범이 필연적으로 부정적 결과를 낳는다는 가정은 속단이다. 미메시스의 과정이 가져오는 결과들은 단일하지 않다. 미메시스 과정은 부정적 모범과 관련하여 부정적 결과를 낳을 수 있다. 그러나 그 과정은 부정적인 것에 면역되는 결과를 가져올 수도 있다.

부정적 영향을 배제한다고 반드시 교육에서 긍정적인 결과를 보장받는 것은 아니다. 이 점은 아리스토텔레스가 이미 인식했는데, 그는 미메시스의 힘을 직시하고서 부정적인 재현 및 영향과 대결하는 일이 낫다고 여겼다. 이로써 인간이 그 영향에 굴복하지 않고 면역된다는 것이다. 따라서 부정적인 것을 배제하고 기피하는 것이 아니라 오히려 그것과 대결하는 일이 과제가 된다. 이러한 견해는 아리스토텔레스의 비극론에도 부합하는데, 그의 비극론은 줄거리를 구성하는 일과 그로부터 나오는 카타르시스적 효과가 그 중심에 있다. "플롯"을 미메시스함으로써 관객은 "공포를 불러일으키는 것"과 "비참한 것"에 맞서 자신을 강화할 수 있게 된다는 것이다. 공포의 기피가 아니라 그 공포가 가져올 영향에 맞서 내면을 강화하는 일이 목표가 된다.

사회적 미메시스는 살아 있는 모범들을 모방하고 지각함으로써만 이루어지는 것이 아니다. 예술, 시문학 또는 과학이 생성하는 관념이나 재현들에도 미메시스적 활동이 관련될 수 있다. 실제적인 사회적 행동만이 아니라 상상적인 행동, 재현, 이미지도 사회적 미메시스의 기준점이 될 수 있다. 미메시스의 태도가 실제적인 상황, 행동 또는 태도에 관련되거나 상상적이거나 문학적·예술적으로 형상화된 상황, 행동 또는 태도에 관련된다면 우리는 사회적 미메시스를 이야기할 수 있다.

일상세계의 사회적 상황에서 상호적인 미메시스의 관계를 흔히 볼 수 있다. 한 사람에게서 어떤 타인에게로 향하는 미메시스 행위를 통해 그 타인은 그를 향한 행동에 마찬가지로 미메시스적 행동으로 반응하도록 유도된다. 사회적 미메시스는 타인들과 미메시스적으로 관계하는 사람들에게서 변화를 유발하고, 그 결과 드물지 않게 처음 사회적 미메시스의 기준점이 되는 이들에게서도 변화를 유발한다. 그리하여 사회 상황에 특징적인 상호적인 미메시스의 영향관계가 생겨난다. 그러한 상황은 예술작품, 문학작품, 음악의 미메시스에서 일어나는 일방적인 과정과 구별된다. 후자의 경우 "예술작품"이라는 출발점은 수용자의 미메시스를 통해 변하지 않는다. "대면 상황"에서는 미메시스적 나선형 상승이 발생하는데, 이것이 진행되면서 처음의 사회 상황은 그 상황에 가담한 사람들의 상호적인 미메시스적 움직임을 통해 계속 발전한다.

사회적 과정의 미메시스적 요소들이 사회과학적 문헌에서 거의 주목받지 못했기 때문에 다음에서 몇 가지 요소를 약술하는 일이 우리가 보기에 매우 중요하다. 미메시스 과정은 가족, 학교, 기업체와 같은 사회 제도들에서 이루어지는데, 그 제도들 각각의 구조가 미메시스 과정의 가능성과 한계를 결정짓는다(Liebau/Schumacher-Chilla/Wulf 2001). 각각의 제도적 구조에서 **권력 상황**이 표현되며, 이 권력 상황은 사회적 미메시스 과정에서 연속적으로 전달된다. 상징적 코드들을 통해 제도들의 사회적 규범과 가치들이 확정되고 또한 의식적로든 무의식적으로든 연속적으로 전달된다. 이때 결정적인 것은 사회 제도들이 미메시스 과정에 연속성과 지속성을 부여한다는 점이다.

사회 상황에서 미메시스를 통해 **실제적 지식**이 습득된다. 실제적 지식이란 사회 상황에서 장기간에 걸쳐 형성되는 습관적 지식을 가리킨다. 한편으로 그것은 예전의 행동에서 유래하는 경험들의 결과다. 다른 한편 그렇게 습득된 지식은 장래 행동의 출발점이 된다. 실제적 지식은 규칙에 의해 유도되거나 분석적 성격을 띤 지식이 아니라 행동적 지식이다. 따라서 그 지식을 논리나 개념으로 파악하는 것은 불충분하다. 사회적 실천을 일의적으로 파악하려는 시도는 사회적 행동들이 비교적 열려 있고 규정되어 있지 않다는 점에서 실패한다. 그런가 하면 그 사회적 행동들에 대한 여러 해석은 그 행동들에 그것들이 지니지도 않고 필요로 하지도 않는 일의성과 논리를 부여한다. 사회적 행동들은 물론 상징적으로 조직된 의미의 장 속에 있지만 이 의미의 장을 통해 일의적으로 규정할 수 없는 신체적 과정들과 관련된다. 사회적 미메시스를 통해 다의적인 실제적 신체 지식이 만들어지는데, 이것은 그 자체가 다층적이고 모순적이며 이론화하기 어려운 실제적 삶의 일부다.

사회적 미메시스는 상징적으로 코드화되고 규범적으로 규정된 신체의 움직임을 향하는데, 그러한 움직임에는 무엇보다 제스처, 리듬, 음성이 속한다. 감각적 지각과 유사해지는 과정을 통해 이것들은 미메시스적으로 행동하는 사람의 실제적 지식에 수용된다. 사회적 행동 방식들은 재연되며, 이미지, 음성의 연쇄 또는 움직임의 연쇄로 사람들의 내면으로 수용된다. 그 행동 방식들은 내면의 이미지와 음향과 움직임의 세계의 일부가 되고, 상상력 속에 자리를 잡으며 새로운 맥락에서 활성화되고 수정될 수 있다. 사회적 미메시스를 통해 새로운 행동 방식이 습득된다. 유사해지기의 과정을 통해 지금까지의 생활 형식들이 확장된다. 낯선 것과 이해할 수 없는 것이 그렇게 해서 접근 가능해진다. 사회적 행동 방식이라는 것이 낯선 문화들을 "**설정하는 일**settings"에서 출발한다면, 그 문화들을 이해하기 위해서는 미메시스적 태도를 통한 접근이 필요하다. 다른 한편 사회적 미메시스 과정에는 사회적인 것의 **다의성**이 보존되어 있다.

우리가 지금까지 숙고한 것은 다음과 같은 중간 결과로 요약할 수 있다. "사회적 미메시스"란 사람이나 사건, 또는 사물들 **사이**에서 일어나는 행동, 관계, 상황의 거대한 계열을 지칭한다. 우리의 일반적인 개관에서 인지할 수 있었듯이 그러한 미메시스적 관계들은 고대 이래 성찰의 차원에서나 사회적 행동 자체의 차원에서나 엄청난 역할을 해왔다. "사회적 미메시스" 개념을 도입하고 발전시키는 데는 그것이 지닌 심미적 차원이 중요하다. 이 차원은 그 개념을 지식과 삶의 심미화 경향 속으로 사라지게 만들지 않으면서, 그 경향과 관계를 맺게 한다.

사회적 미메시스는 **사이적 성격**을 지니는데, 외부와 내부 사이, 각 개인 사이, 사물과 그 사물에 대한 내적 이미지 사이가 그것이다. 사회적 미메시스는 다리를 놓고, 결합이 생겨날 토대로서 사이를 구성하는 가운데, 세계와 타인에 동화되는 데 기여한다. 사회적 미메시스는 미메시스적으로 행동하는 사람이 관계하는 행동의 우위에서 출발한다. 그것은 사회세계를 어떤 주어진 관계의 틀로 환원하는 것이 아니라 주체 외부의 사회세계에 유사해지기 및 동화되기를 통해 그 틀을 확장하는 것을 목표로 삼는다.

지금까지 살펴본 사회적 미메시스의 특징에서, 왜 플라톤 이래로 미메시스적 행동 방식들이 거슬린다는 평판을 받게 되었는지가 명백해진다. 윤리적 행동의 관점에서 볼 때 진선미의 내밀한 통합이라는 생각에 의해 유도된 사유에 사회적 미메시스는 전적으로 의심스러운 특징을 지닌다. 하지만 플라톤뿐만 아니라, 사유**와** 세계의 질서, 그리고 인식의 명징함을 자신의 이상으로 삼았던 플라톤 이후의 많은 사상가, 예술가, 작가에게도 사회세계와 성찰에서 미메시스적 관계들은 그야말로 거슬리는 것으로 여겨져왔다. 사회적 미메시스는 미학과 행동의 결합을 지향한다. 그것은 물질적인 것, 감각적인 것, 욕구, 소망과 자신을 분리하지 않는다. 그것은 권력의 관점과 결부되며 역사성의 흔적들로 각인되어 있다. 무엇보다 사회적 미메시스 과정들은 통제할 수 없다. 그 과정들은 다의성을 지니며 해석을 위한 공간으로 둘러싸여 있다. 명징하고 명료한 인식이라는 이상에 충실하고자 하며 세계를 묘사하고자 하기 때문에 미메시스적 관계들과 대결하는 철학자, 예술가, 작가들에게 이것이 의미하는 바는, 현실이 있는 그대로 재현되어서는 안 된다는 것, 그 현실은 순수한 인식과 순수한 언어를 통해 정화되어야 한다는 것이다. 이 장의 후반부에서 우리는 미메시스의 관계들을 두고 벌이는 윤리적 특성을 띤 논쟁의 예를 선별해서 다룰 것이다.

전반부에서 사회적 미메시스의 주요 특징들이 언급된 뒤에 후반부에서 윤리적인 것이 어떻게 미메시스적 행동에 개입할 수 있는지를 언급할 것이다. 사회적 미메시스는 일반적으로 우리가 단 하나의 세계와 관계를 맺고 있지 않고 (적어도) **두 개의** 세계와 관계를 맺고 있다는 점으로 특징지어진다. **두 번째** 세계로부터 **첫 번째** 세계 쪽으로 관계가 맺어진다. 이 첫 번째 세계는 현존하는 것으로 가정되거나 요청된다. 두 번째 세계는 미메시스적 세계로서 실제적으로, 또 감각적-신체적으로, 어떤 **매체** 속에 현존한다. 그 세계는 제스처, 음성, 문자, 연기, 회화, 재현의 행동, 의례 등이다. "사회적 미메시스"라는 표현은 두 번째 세계가 **사회적 행동**을 통해 어떤 매체 속에서 생성된다는 점을 강조한다. 더 나아가 그 표현은 커다란 계열의 사회적 행동에서 작용하는 **미메시스적인 것**을 가리킨다. 즉 그것은 이 행동들이 다른 세계와 관계를 맺는다는 것을 가리킨다. 그리하여 이를테면 의례나 놀이에서, 학습할 때, 규칙을 따를 때, 이해할 때, 사회적 관습을 지킬 때 그러한 일이 일어난다.

그 두 세계는 독자적으로 존재하며 나름대로 자율성을 주장할 수 있다. 두 세계는 그 자체로부터 이해될 수 있다. 그러나 여기서 도식이 복잡해진다. 두 세계는 그것이 미메시스적으로 결합되어 있는 한, 상호적인 미메시스적 관계의 관점에서 볼 때 서로에게 의존하고 있다. 그리하여 두 번째 세계는 첫 번째 세계와 관련된다. 그 세계는 (논리적 의미에서) 이 첫 번째 세계에 종속된다. 그러나 첫 번째 세계는 적어도 두 번째 세계로부터 완전히 독립해 있는 것은 아닐까? 이것은 지나치게 단순한 생각이다. 왜냐하면 미메시스의 특징을 띠는 관계에서는 첫 번째 세계도 두 번째 세계가 그 세계에 관계한다는 사실에 의해 영향을 받기 때문이다. 첫 번째 세계의 성격도 변한다. 예를 들어 한 사회적 행동이 어떤 작은 장면으로 연출될 때 그 행동은 더 이상 동일한 행동이 아니다. 역사가나 정신분석가와 같은 이들이 행하는 서사적 해석은 그 해석이 보고하거나 분석하는 것에 결정적으로 영향을 끼친다. 첫 번째 세계를 통해 어떤 두 번째 세계를 형성하는 일, 이처럼 함께 생성하는 일은 많은 경우 심미적 성격을 띤다. 그리하여 제스처적인 놀이, 언어적 묘사, 서사, 해석, 픽션, 연극, 사진을 통한 재생산, 국가의 재현[1] —이것들은 모두 자신의 매체와 자신의 미학을 지닌다.

---

1 왕의 초상화를 통해 국가를 재현하는 일에 대한 루이 마랭의 인상적인 연구를 참조할 것.

이 관점은 비트겐슈타인의 『논리철학 논고』에 나오는 이미지론에 의해 가장 선명하게 표현되고 있다. 언어는 대상의 세계를 모사模寫한다. 하지만 이것을 행하는 것은 일상적 언어가 아니라 논리적인 이상언어다. 비트겐슈타인은 형식논리적 관계를 논리의 언어로 재현하는 일을 어떤 주어진 첫 번째 세계에 존재하는 관계의 감각적 이미지, 글로 쓰인 이미지로 파악한다. 그처럼 "a R b"는 사실의 세계에 주어진 관계를 모사한다.

이 모사의 관계는 뒤집을 수도 있다. 논리적 이상언어를 만들어냄으로써 사실의 세계는 이미지의 특질을 얻는다. 즉 사실의 세계 자체가 이미지를 보여주기도 하는데, 그것도 언어 속의 관계들의 이미지를 보여준다. 그 두 세계의 이미지는 서로를 지시하며, 상호적으로 드러난다. 이 가역성이 바로 사회적 미메시스에 전형적이다. 그 가역성이 서로 착종되어 있는 한 쌍의 세계를 형성한다. 미메시스적 관계가 이처럼 역전될 수 있는 양상은 모사의 관계를 훨씬 넘어서 작용한다.

사람들은 『논리철학 논고』가 보여주는 것과 같은 논리적 언어의 엄격한 이미지론을 오늘날 더는 받아들이지 않을 것이다. 그러나 세계 쌍의 구성, 즉 대상의 세계와 언어의 세계라는 쌍이 상호적인 관계 속에서 만들어진다는 것은 비트겐슈타인 자신이 출발시킨 "언어학적 전환" 이래 오늘날까지 언어철학이 가정하는 것이다. 언어적 표현, 말하기, 명명하기, 연기적이고 성향적인 표현, 언어학적 구성 같은 것들의 세계는 경험적으로 주어진 세계를 비로소 우리를 위한 것으로 만든다. 그 역도 성립한다. 경험적으로 주어진 세계, 그 세계의 물질성, 감각성, 행동의 신체성은 언어의 기호들에 의미를 싣는다. 그것들은 언어의 체계에 세계와의 관계를 부여하며 그 언어 체계를 묘사와 해석을 위한 도구로 만든다. 언어분석적 철학의 핵심은 대상의 세계든 언어의 세계든 그 자체로 받아들일 수 없다는 점이다. 그 두 세계 **사이**의 상호 작용이 비로소 의미, 이해 가능성, 해석, 인지, 지식을 생성한다. 『논리철학 논고』와는 달리 우리는 여기서 단지 세계 쌍을 다루는 것이 아니다. 오히려—제스처, 의례, 발화, 실제적 상호 작용, "언어유희"의 세계와 같은—사회적 행동의 세계가 대상세계와 결합되고 언어와도 결합된다는 점에서 **세** 개의 세계를 다루는 것이다. 굿맨[2]이 보여주었듯이 그와 같은 세계들의 연쇄는 이미지적 재현에서도 찾아볼 수 있다. A의 초상은 A라는 사람을 유사성에 근거해서 재현하는 것이 아니라 그 초상이 **A의 초상으로 여겨지기** 때문에, 다시 말해 그 이미지가 A의 이미지로 취급되는 어떤 행동의 복합체라는 것이 있기 때문에 재현한다. 유사성 일반, 특히 한 이미지와 원본 사이의 유사성은 재현관계를 관찰할 때 미리 주어진 것이 아니라 서로 다른 종류의 세 세계(이미지, 주장된 모범, 사회적 행동) 사이의 상호 작용의 결과다.

언어적 재현과 이미지적 재현은 사회적 미메시스를 통해 세계들 **사이**의 특수한 관계가 만들어진다는 사실을 인식하게 해준다. 이 관계 속에 무엇이 그 두 세계(또는 세 세계)를 특정한 관점에서 동일하거나 유사하게 만드는지가 드러난다. **사이세계**Zwischenwelt의 관계들이 사회적 미메시스의 핵심이다. 『논리철학 논고』에서는 언어와 사실들의 세계가 똑같은 내적 구조를 지닌다고 가정된다. 이것은 우리가 사회적 미메시스에서 일반적으로 발견하는 한 특징, 즉 여러 세계

---

2 In: N. Goodman, *Languages of Art*.

의 토대에 놓인 내적 구조 또는 질서들의 일치라는 특징을 매우 특수하게 첨예화한 경우다. 입장에서의 차이는 그 구조와 질서를 **어디에서** 찾을 수 있고 그것이 어떤 종류의 것이냐는 물음에서 생겨난다. 그 구조와 질서가 심층에 숨어 있는 특수한 방식을 통해, 즉 주어진 세계와 언어를 그것들의 원초적인 형식, 보편적인 규칙, 생성적인 원리나 운동 법칙의 측면에서 분석하는 방식을 통해 발견되어야 할까? 아니면 그 구조와 질서는 표면에 있고, 후기 비트겐슈타인처럼, 또는 세계의 연관관계는 말하자면 사물과 사건의 외피에서 인지할 수 있다고 한 프루스트의 견해처럼, "**숨겨진 것은 아무것도 없다**"(N. Malcolm)는 원칙에 따라 눈앞에 있는 것일까?

첫 번째 세계와 두 번째 세계가 대체 어떻게 해서 관계를 맺게 되는 것일까? 흔히 **통通세계적 관계**Transwelt-Relationen라 불리는 이 관계는 세계들 자체와 함께 주어진 것이 아니다. 그 관계는 **한** 세계에서 재현되는 것이 아니라 사이의 영역에서 발견될 수 있을 뿐이다. 각각의 세계는 그 세계를 다른 세계에 대해 자율적으로 만드는 고유한 준거의 틀을 지닌다. 이로써 한 세계의 다른 세계로의 번역 가능성이란 없다는 문제가 생겨난다. 첫 번째 세계를 두 번째 세계와 이어주는 어떠한 다리, 법칙, 방식도 없다. 사실들 세계의 내부 구조는 마치 거울이미지처럼 어떤 논리적 언어의 내적 구조 속에서 단순히 스스로 모사되지 않는다. 무엇이 상이한 세계들 사이를 연결하는 고리일까? 겉보기에 평범한 통용어도 그것의 진실한 질서의 명백한 비밀을 드러내기 위해서는 제대로, 다시 말해 언어분석적 방법을 통해 고찰되지 않으면 안 된다. 몬드리안에게 그가 그리고자 했던 자연의 실제 성질은 현상세계의 심층에서 찾을 수 있는 것이었다. 이해하고자 하는 사람 속으로 자신을 전치시키는 해석학자는 자기 자신을 완전히 소거하고 타인이 되어야 한다.

이 문제의 핵심은 세계 생성의 과정 속에 있다. 이러한 생성이 잘못된 영향이나 후유증, 오염 등이 없이 깔끔하게 이루어진다는 보증이 있어야 한다. 미메시스적 세계를 창조하는 사람은 모든 위조와 허위를 배제하지 않으면 안 된다. 철학자 비트겐슈타인(초기와 후기 모두)에게 이것은 화가 몬드리안이나 건축가 아돌프 로스[3]에게서와 마찬가지로 철학적인 생성 또는 형상적인 생성의 순수성 문제다. 즉 그것은 미메시스적 생산의 윤리적 태도의 문제다. 다시금 초기 비트겐슈타인이 이 원칙을 『논리철학 논고』에서 간명하게 표현하고 있다. "윤리학과 미학은 하나다."[4] 생성된 세계의 심미적 형식은 생산 과정을 이끄는 윤리를 토대로 해서 생겨났다. 여기서 구성되거나 재구성된 질서가 진실한 질서다.

이러한 의미에서 비트겐슈타인은 빈에 자기 누이의 집을 지었다.[5] 건물 전체는 방, 테라스, 계단과 같은 단순한 대상들로 분해된다. 방들은 다시 문, 창문, 바닥, 조명과 같은 요소들로 이루어진다. 이것들은 다시 문의 손잡이와 자물쇠, 바닥의 타일들, 전등의 테와 전구와 같은 개별 요소들의 조합으로 이루어진다. 이 모든 것은 원초적인 것들로 분해되고, 분리되며, 그 자체로 완전한 명징함 속에서 드러나고, 아무것도 은폐되지 않는다. 그것들 사이에 존재하는 마지막 요소와

3　Adolf Loos, 1870~1933: 오스트리아 태생의 혁신적인 근대 건축가. 미국에서 기능주의 건축 양식을 배운 뒤 귀국해 근대 합리주의에 입각한 건축물을 제작했다. 평론 「장식과 범죄」(1908)에서 빈의 심미적 경향을 맹렬하게 비난했다.—옮긴이

4　시사하는 바가 많은 『자기목적으로서 명징성』이라는 M. 크로스의 연구를 참조할 것.

5　게바우어, A. 그뤼넨발트, R. 오메, L. 렌췰러, Th. 슈페를링, O. 울의 비트겐슈타인 집에 대한 연구를 참조할 것.

관계들은 관찰자의 눈앞에 열려 있다. 윤리적-심미적 태도로서의 정화淨化는 『비트겐슈타인의 빈』(Janik/Toulmin)의 원리이고, 프리츠 마우트너의 언어정화, 프로이트의 정신분석, 쇤베르크의 신음악, 로스의 건축 원리다. 최대의 적은 밝혀지지 않았기에 불명확하고 부정한 형상화 작업인데, 바로 "범죄"로서의 장식(Loos 1908)이 그것이며, 그것은 예술에 대해서뿐만 아니라 윤리에 대해서도 저지르는 위반이다.

통세계적 관계들은 20세기 초부터 예술적 미메시스와 철학적 미메시스의 중심 문제에 속한다. 그러나 이전 시대에 마지막 원리로 귀환하거나 지고의 정점을 지향하면서 찾으려 했던 무엇인가를 이 세계들 **사이의** 관계가 성취해야 한다는 점은 분명하게 인식할 수 있다. 예술적 사유와 철학적 사유는 한 세계를 다른 세계와 연결하는 사이 공간과 건널목(이행하는 지점)에서 움직인다. 한 세계는 다른 세계와의 관계 속에서 이해 가능하고 의미 있게 되거나 해석 가능해져야 한다. 세계들 사이의 관계 맺기를 표현할 정확한 개념을 찾아내는 것은 어렵다. 여기서 관건은 순수하게 인지적이거나 이론적인 양태의 인식이 아니라 생성의 실제적인 면, 감각적인 면, 신체적인 면, 그리고 상호적인 자기 생성이 본질적인 부분으로 작용하는 **다른** 어떤 양태다. 사이세계의 관계들이 이념이나 신이나 절대적인 것과 같이 세계를 초월하는 심급들을 지향하는 자리에 들어선다. 세계 **내적인** 질서들만 있는 것이다. 이것은 **초세계적** 관점에서 출발하는 진리라는 것도 있을 수 없음을 뜻한다. 경험적 현실에 대한 진리는 어떤 상징적 세계의 내부에서 접근할 수 있는 것이 아니라 세계들 **사이**에서 발견되어야 한다. 미메시스적 세계의 진실을 최후로 보증하는 것은 그 세계를 창조하는 사람의 윤리다. 그의 윤리가 바로 궁극적으로 그로

하여금 세계를 순수하게, 즉 위조함 없이 만들어내게끔 한다. 윤리적으로 이론의 여지가 없는 생성 작업이 그의 세계를 진실한 세계로 만들며, 그와 동시에 그 세계의 순수함 속에 그것의 아름다움이 놓여 있다. 철학자에게 파리 잡는 유리병에서 탈출할 길을 가르쳐주고 학자를 점진적으로 진리에 접근하도록 하는 것은 (칼 포퍼의 이미지에 따라) 윤리적 태도다.

경험세계는 그 자체로 받아들일 수 없으며, 그 세계를 해석하기 위해서이든, 그 세계의 이미지를 해명하기 위해서이든, 또는 그 세계의 원리를 밝히기 위해서이든, 그 세계의 발생사를 재구성하기 위해서이든, 그 세계의 구조를 드러내기 위해서이든, 어쨌거나 미메시스적으로 생성된 사이세계를 필요로 한다. 두 번째 세계는 첫 번째 세계를 밝혀주지만 미메시스적 활동은 어떤 세계 쌍에 머물러 있지 않으며, 일련의 통세계적 관계의 **연쇄** 속에서 **여러** 세계를 횡단하며 나아간다. 이것은 고유한 질서를 지닌 인식의 원리인 듯 보인다. 그것은 예술과 역사적 과학에 전형적이다. 한 세계에서 다른 세계로 나아가면서 우리의 지식은 확장된다. 미메시스적 세계인 두 번째 세계의 심미적 형식과 그것을 생산하는 윤리가 20세기에 각각의 **첫 번째** 세계를 인식하는 양태를 위한 근본 토대임은 명백하다. 그 첫 번째 세계에 대한 인식은 한 세계에서 다른 세계로 나아간다는 원리에 근거를 두고 작동하는 인식이다. 여기서 생성되는 지식은 매우 다양하다. 그것은 갑자기 어떤 규칙을 이해하게 된 학생의 통찰부터 상징적 구성물들의 상호 의존성에 대한 지극히 복잡한 형태의 지식에까지 이른다. 어떤 차원에서든, 그것은 세계 생성의 순수성이라는 계율, 모든 계율 가운데 이행하기가 가장 어려운 그 계율 아래에 있다.

11.
사회적 행동의 미메시스적 토대
세계의 전유와 의례 행위

미메시스는 주체가 구성되는 데 핵심적인 역할을 한다. 미메시스는 심미적 능력일 뿐만 아니라 인간학적 능력이기도 하며, 아이, 청소년, 성인의 학습활동에 그 능력이 지니는 의미는 각별하다. 부모, 교사, 교육자들은 오래전부터 이것을 알고 있었다. 그럼에도 이러한 앎은 주체의 구성이나 주체의 교육과 훈련에 대해 숙고할 때 거의 고려되지 않았다. 오히려 그 앎은 교육 분야에 종사하는 사람들의 실제적인 지식 속에서만 자리 잡았다. 그들은 외부세계, 타인, 그리고 자기 자신과의 미메시스적 관계 맺기가 얼마나 중요한지 알고 있다. 그들은 모범들이 주체가 발달하는 데 어떤 중심적 역할을 하는지, 새로운 능력과 기예가 생겨나는 데 연습과 반복이 얼마나 중요한지를 안다. 가족, 학교, 대학은 제도 특유의 제스처와 의례들을 통해 미메시스적 과정을 유발하고 촉진한다. 미메시스 과정을 통해 제도의 요구들이 충족되고 제도의 가치와 규범들이 내면화된다. 그 가치와 규범들은 체화되고 이로써 사회적 능력과 제도적 능력의 한 조건이라고 할 수 있는 실제적 지식이 된다. 교육, 노동, 공동체 분야에서 인간의 많은 능력이 미메시스 과정을 통해 발달한다. 미메시스 과정이 어떻게 수행되고, 어떤 결과를 낳으며, 또 일정한 시기에 어떤 의미를 띠는지는 그 과정의 사회적이고 문화적인 조건들에 달려 있다.

미메시스의 의미장意味場은 원칙적으로 양가적이다. 미메시스 과정은 한편으로 흉내 내기의 과정으로서 주어진 것, 굳어진 것, 살아 있지 않은 것에 적응하는 데로 이끌 수 있다. 주체의 구성이라는 맥락에서 이처럼 미메시스가 흉내 내기로 변전하는 것은, 미메시스 과정이 어떤 형상화 작업에 참여함 없이, 주어진 것에 단순히 적응하는 과정으로 퇴화함을 뜻한다. 가족, 학교, 노동세계에서 이루어지는 의례화된 많은 과정이 이에 속한다. 예컨대 학교에서 이루어지는 의례화된 상호 작용은 수업에서 주어진 내용에 학생들이 적응하고 이 내용을 시험에 대비해 외우는 일이 흔히 벌어진다. 이로써 수업에서 다루는 내용이 그 내용 자체 때문에 논쟁의 주제가 되는 것이 아니게 된다. 오히려 그 내용은 시험 대상으로 정의가 바뀌고 이 목적을 위해 기능화된다. 수업 내용이 청소년의 정신적이고 사회적인 발달을 위해 지니는 교육적 가치를 밝히는 작업이 이루어지지 못한다. 미메시스 능력에 내포된 교육의 가능성들이 펼쳐지지 못하게 되는 것이다.

다른 한편 미메시스 과정에는 많은 희망이 내재되어 있다. 그 과정은 외부세계, 타인, 자기 자신을 생생하게 경험하게 해준다. 미메시스 과정은 "굴절된 의도"를 지닌 과정[원래의 의도가 변하는 결과를 낳는]으로 기술할 수 있다. 그 과정은 어떤 목표에 빠듯하게 종속되는 데 저항하며, 그에 따라 자신의 외부에 있는 목적으로 기능화되는

데 저항한다. 미메시스 과정은 지극히 실험적이며 제한적으로만 계획할 수 있다. 그 결과는 열려 있다.

미메시스 과정은 그 목표와 가치가 거의 자체 내에 있다. 그 과정은 세계와 비도구적으로 관계할 가능성을 만들어내며, 그러한 관계 속에서 주체 구성에 매우 중요한 개별적인 것이 보편적인 것에 맞서 보호되고 사물과 인간이 돌봄을 받게 된다. 미메시스 과정은 비동일적인 것을 경험할 수 있는 공간을 제공하며, 이 경험 속에서 외부와의 대결 과정 자체가 목표가 된다. 이러한 미메시스 과정의 필요성이 교육 기관에서 강하게 제기되기는 하지만 그것이 실현되는 데 한계가 있음은 자명하다. 그렇지만 제도화된 학습의 조건들은 원칙적으로 주어진 창의적 학습의 가능성들에 비추어 측정되지 않으면 안 된다. 물론 이것은 미메시스 과정이란 미메시스에 내포된 가능성들이 남김없이 사용될 때에만 이루어진다는 것을 뜻하지는 않는다. 이 가능성들의 아래 단계에서도 고도의 영향력을 지닌 미메시스 과정이 교육 기관들에서 끊임없이 이루어지고 있다.

미메시스의 능력은 신체적 과정과 밀접하게 결부되어 있고 사회적 추상화 과정에 맞서 작용한다. 그 능력은 외부, 세계, 타인과 연결되는 다리를 놓는다. 그 능력은 주체-객체의 엄격한 분리, 존재와 당위 사이에 선명하게 벌어진 차이를 줄이려고 한다. 주체가 외부세계나 타인과 유사해지는 과정에서 경험되는 것은 "사이"에 대한 이해인 경우가 흔하다. 미메시스 과정은 합리적인 요소들을 내포하며, 그럼에도 그 요소들로 소진되지는 않는다. 미메시스 과정에서 인간은 자기 자신 밖으로 나오며, 세계에 동화되고, 또한 외부세계를 자신의 내부 세계로 끌어들일 가능성을 얻는다. 그 과정은 객체와 타인에 접근하는 데로 이끌며, 이로써 이해를 위한 필수 조건이 된다.

현대의 합리적 사유가 개개의 고립된 인식 주체들과 관련된 반면, 미메시스는 언제나 사람들 사이의 관계망을 형성하는 일이다. 어떤 상징적 세계를 미메시스적으로 생성하는 일은 다른 세계들, 그리고 그 세계를 창조한 사람들과 관계를 맺는 일이며, 다른 사람들을 자신의 세계 속으로 포함하는 일이다. 그 생성 과정은 세계와 인간 사이의 교류, 그 속에 포함된 권력의 측면을 인정한다. 교육과 훈련에서 미메시스의 역사는 상징적 세계를 생성할 권력, 자신과 타인을 재현하고 세계를 자신의 표상에 따라 해석할 권력을 둘러싼 싸움의 역사다. 그 점에서 미메시스는 특히 교육과 사회화 과정의 분야에서 권력 관계의 역사에 속한다.

미메시스 과정은 아이, 청소년 또는 성인이 무언가를 개인적으로 형상화하기를 요구한다. 여기서 조건들이 상이하기 때문에 개인적인 편차가 다양하게 나타난다. 많은 미메시스 과정은 욕망하고 소망하는 과정, 감각적 지각과 경험의 과정과 뗄 수 없게 결부되어 있다. 우리는 주체의 구성, 교육과 훈련, 사회화 과정과 사회적 행동에서 미메시스 과정이 지니는 의미를 묻고 있는데, 이 물음은 복합적인 연구 분야를 이룬다. 이 연구 분야에서 세 가지 사례를 통해 미메시스가 주체 구성에 대해 지니는 의미를 서술하고자 한다. 우선 발터 벤야민의 자서전적 텍스트를 통해 사람들이 어떻게 세계를 미메시스적으로 해명하는지 보여줄 것이다. 그러고 나서 의례에서 사회적 미메시스가 공동체에 대해 수행하는 구성적인 기능을 서술할 것이다. 마지막으로 미메시스의 사회적 의미에 대한 그 밖의 전망을 몇 가지 명제로 풀어볼 것이다.

세계의 전유와 주체의 구성

자서전『1900년경 베를린의 유년시절』에서 벤야민은 여러 기억의 이미지를 통해 유년기의 장소, 공간, 길, 집, 대상, 사건들을 묘사하고, 그것들이 아이의 내적 성장에 대해 지니는 의미를 서술한다. 그는 대상, 장면, 사건들을 기억하는 가운데 자신의 유년기에 대한 특별한 시각을 전해준다. 그가 보여주는 기억의 이미지들은 전통적으로 자서전이 추구하는 구상, 즉 자아 인식과 자아의식이 발생하는 과정에 대한 탐색 작업에 속하지 않는다. 그 이미지들은 유년기의 행복감과 불안감에 관해 이야기하는 개개의 텍스트로 이루어져 있는데, 이 텍스트들은 그처럼 자신에 관해 증언하면서도 사람들이 주체로서의 아이를 알아차리지 못하게 한다. 그럼에도 지극히 개인적인 기억들의 틀을 이루는 조건들은 "베를린"이라는 장소와 "1900년경"이라는 시간을 통해 명시된다.

벤야민의 자서전적 텍스트는 자신을 탐구하는 주체의 자기 재현, 그와 결부된 것으로서 자신의 삶의 역동성을 의식하는 주체의 "중앙 투시법"의 전통, 아우구스티누스와 루소로 소급되는 그 전통을 파기한다. 그 자리에 주체의 질서에 순응하지 않는 이미지, 장면, 소음들이 들어선다. 이 텍스트는 "기호들의 연쇄"로 이루어져 있는데, 이 속에서 개개의 기호는 환유적換喩的 놀이마당으로 들어서고 자신의 진리를 자신 속에서 발견한다. 이러한 환유적 움직임을 통해 그 텍스트는 전승된 기호 체계를 무효화하고, 문자와 경험의 새로운 가능성을 탐색한다(Schneider 1986).

이 기억의 이미지들은 도시, 유년기, 시간 사이의 긴장에 찬 장 속에서 펼쳐진다. 첫 장면에서 이미 도시는 자체 속에 뒤엉킨 미로로 나타나며, 그 미로에서 아이는 수많은 장애에 부딪히면서 전체를 개관할 수 없게 되고 길을 잃는가 하면 예기치 못한 상황에 거듭 빠져든다. 미로로 지칭된 이 도시는 길이 없는 곳, 위험, 위협적인 신화적 힘들, 괴물들에 대한 기억을 불러일으킨다. 미로의 경험은 도시에만 한정되지 않는다. 그 경험은 부모의 저택에서, 그리고 유년기로 가는 길을 어렵게 찾아가는 기억 속에서 계속 이어진다.

성인에게 유년기는 이미 지나갔다. 단지 언어를 통해서면 이 유년기에 대한 기억이 가능하다. 그래서 이 자서전적 텍스트에는 체험된 유년기, 그리고 그 유년기에 대해 나중에 이루어지는 재현, 즉 유년기에 대한 언어적 서술 사이의 차이가 구성적 역할을 한다. 체험된 유년기와 기억되고 재현된 유년기 사이에는 전이轉移가 일어나며, 이 것이 전기가 지닐 일의성을 방해한다. 예전에 기록해둔 것, 사진, 영화들을 동원한다고 해도 전기적 텍스트는 재구성으로 남는다. 유년기에서 떠오르는 이미지들은 휙 스쳐 지나간다. 그 이미지들을 기억으로 고정하려면 그것들을 읽어야 하고 삶의 맥락 속에 집어넣어야 하며 그 의미를 해독해야 한다. 기억들은 현재와 미래를 향한 약속들로서, 그것을 구성하는 작업에는 나중에 (그 약속이) 이행된 모습이 포함된다. 그렇기 때문에 기억이 형성되는 장소와 시점을 정확하게 규정할 필요가 있다. 벤야민의 이 텍스트에서 기억들은 해독되기를 기다리는, 알레고리와 엠블럼을 내포한 사유이미지Denkbild들로 농축되고 있다.

벤야민의 견해에 따르면 아이는 세계를 미메시스적으로 체험한다. 예전의 마법사처럼 아이는 자신과 외부세계 사이의 유사성을 만들어낸다. 아이는 세계를 "읽고" 이 과정에서 상응관계들을 "만들어낸다". 예를 들어 아이는 팔을 뻗고 그 팔을 돌리며 이때 필요한 바람을 입으로 일으키면서 "풍차"가 된다. 이를 통해 아이는 경험을 확장한다. 즉 아이는 바람이 어떻게 풍차를 돌리는지를 파악한다. 아이는 바람의 힘과 인간이 자연을 이용하는 힘 같은 것을 경험한다. 아이는 인간의 생산력에 매료된다. "풍차"로 변신하는 미메시스적 행위에서 아이는 자연에 권력을 행사하는 자신의 잠재력을—적어도 그 놀이에서나마—체험한다. 아이의 신체가 "풍차"가 되는 가운데 아이는 최초 형태의 기계와 친숙해지고 인간 신체의 기계적 성격과 친숙해진다. 그와 동시에 아이는 자신의 신체를 재현과 표현의 도구로 경험한다. 이때 아이는 구체적인 재현과 표현의 가능성만을 획득하는 것이 아니다. 아이는 자신의 신체를 특정한 목적을 위해 투입할 줄 알고 이로써 사회적 인정을 받는 경험도 하게 된다. 이와 같은 미메시스 과정에 상징적 해석이 곁들여짐으로써 그 속에서 사유와 말하기도 발달하게 된다.

벤야민의 자서전적 텍스트는 거리와 광장, 여러 공간과 방이 딸린 부모의 집을 미메시스적으로 밝히는 많은 사례를 담고 있다. 세계에 대한 아이의 마법적인 해석 속에서 사물들의 세계는 살아 숨 쉬면서 아이에게 응답하는데, 이러한 해석 작업은 유년기의 이미지들에 동화되고 유사해지는 과정을 통해 이루어진다. 그 이미지들은 아이가 이미 예감한 의미, 그렇지만 나중에 삶을 살아가면서 비로소 표현을 얻게 되는 의미들과 결합된다.

그리하여 벤야민은 부모 집의 현관에 대한 기억을 이렇게 적고 있다. "어린 시절 나를 지켜보았던 카리아티드[1]와 아틀란트,[2] 나체 동자

상과 포모나[3] 중에서 내 마음에 가장 든 것은 먼지 쌓인 문지방 신神들이었다. 그들은 삶으로, 혹은 집 안으로 들어가는 발걸음을 수호하는 문지방 신들이었다. 내가 그들을 좋아한 이유는 기다림이 무엇인지를 그들은 알고 있었기 때문이다. 그들이 기다린 것이 어떤 이방인이든, 옛 신들의 귀환이든, 혹은 30년 전 가방을 메고 그들 발치를 스쳐 지나갔던 아이이든 그들에게는 상관없었다.˝(Benjamin 1980, p. 238)[4] 이 기억의 이미지를 만들어낼 때, 아이가 원래 지각한 형상들은 새롭게 보이고 해석된다. 그 형상들은 저자가 미메시스적으로 접근하는 가운데 아이의 경험 위에 침전되는 새로운 의미층을 전개한다. 그 형상들은 아이, 신들, 이방인을 기다리며 이들을 동시에 기다리고 있다. 이때 아이의 세계와 신들의 신화적 세계 사이의 차이가 사라진다. 두 세계는 재현된 형상들에 생명이 미메시스적으로 불어넣어지면서 서로 착종된다. 그 형상들은 한 세계에서는 생명이 그 속에 불어넣어지고, 다른 세계에서는 알레고리와 엠블럼이 된다. 일종의 고고학적 작업을 통해 이미지들이 유년기의 퇴적층에서 들어내어지고 귀중품으로 수집되며 새로운 의미 내용을 부여받는다. 전기를 이루는 세밀화Miniatur로서 개인적 역사의 표현이 되는 의미상징과 상징들이 형성된다. 이미지, 엠블럼, 문자들이 기억의 담지자가 되는데, 그 속에서 개인적인 것과 일반적인 것이 혼합되어 쌓인다.

이 기억 이미지들의 주제는 유년기의 사물, 공간, 사건들의 의미다.

---

1 Karzatide: 들보를 바치고 있는 여인상.―옮긴이
2 Atlant: 대들보를 받쳐주는 남자 형상의 기둥.―옮긴이
3 Pomona: 과수, 원예의 여신.―옮긴이
4 벤야민, 『벤야민 선집』 3권: 1900년경 베를린의 유년시절/ 베를린 유년기, 길, 2007, 39쪽.―옮긴이

세계에 대한 이 최초의 기억들은 도취적인 성격을 띨 때가 많다. "로지아"[5]에 대한 기억 이미지에서 벤야민은 이렇게 쓴다. "갓난아이를 깨우지 않으면서 가슴에 안고 있는 엄마처럼, 우리 삶도 오랫동안 유년 시절에 대한 부드러운 추억을 품에 안고 있다. 어두컴컴한 로지아들이 있는 골목 마당을 바라볼 때보다 유년 시절에 대한 추억을 강렬하게 떠올리는 적은 없었다. 그 로지아 중에서 여름이면 차양으로 덮이던 곳이 있었는데, 내게 그 로지아는 도시가 신참 시민을 위해 마련한 요람 같았다."(Benjamin 1980, p. 294) 아직 말랑말랑한 존재인 아이의 사고는 나중에 지각과 체험의 가능성을 앞질러 형성하는 이 최초의 인상들에 의해 규정된다. 아이의 내면에 침전하는 상징적으로 코드화된 사물, 이미지, 알레고리를 통해 성인의 감정과 사고가 특성을 띠게 된다. 공간과 시간, 문화와 역사성에 대한 이러한 첫 경험들 속에 아이의 삶이 뿌리를 내리고 있다. 아이의 세계가 불확실성, 불안정성, 공포로 가득 차 있기 때문에 아이는 그것들을 해석하고 그것들과 친숙해지려고 시도하지 않으면 안 된다. 어른들에게서 넘겨받은, 처음에는 이해할 수 없는 명칭과 개념들이 해석될 때는 질서와 의미가 생겨나도록 해석되며, 그렇게 해서 세계는 낯설고 위협적인 성격을 잃게 된다. "꼽추 난쟁이"는 바로 그와 같은 과정에서 등장한 형상으로서 아이를 바라보고 아이의 이미지들을 포착하는 상대가 된다. "그리하여 (…) 밤에는 창끝이 방향을 바꾸어 꿈속에서 나는 지하실의 구멍을 통해 나를 겨냥하는 어떤 시선들에 의해 완

---

5 로지아Loggia(복수는 Loggien)는 큰 저택 건물 위층에 발코니처럼 생긴 공간으로서 지붕으로 덮여 있지만 바깥쪽으로 벽 없이 트인 공간을 가리킨다. 발코니는 돌출되어 있는 데 반해 로지아는 방과 같은 공간이다.—옮긴이

카리아티드가 있는 로지아.

전히 포착되었다. 뾰족한 모자를 쓴 난쟁이들이 바로 그 시선의 주인 공들이었다. 그러나 내가 그들 앞에서 뼛속까지 공포심을 느끼자마 자 그들은 어느 틈에 다시 사라졌다."(Benjamin 1980, p. 302) 그와 같 은 경험은 아이가 어른들의 세계와 부딪치면서 잘못을 저지르는 순 간 필요해지는 것으로서 자신으로부터 무의식적인 거리두기의 표현 으로 파악할 수 있다. "꼽추 난쟁이"는 불안을 일으키는 방해물의 이 미지가 된다. 아이가 자라면서 사물들이 변한다. 사물들은 어디서나 아이보다 먼저 와 있는 "꼽추 난쟁이"의 어른들 세계에 병합된다.

유년기 세계에 대한 기억들에는 이미지뿐만 아니라 음향, 목소리, 소음이나 냄새와 촉감도 큰 역할을 한다. 이 비가시적인 인상들이 이 미지들을 알 수 없고 의식할 수 없는 것으로 변형시킬 때도 많다. 그 리하여 "사람을 취하게 만드는 공기 속 소음"이 언급된다. 또 가스 심 지의 타들어가는 소리가 시대의 문턱을 넘어 속삭이는 "꼽추 난쟁 이"의 소리가 된다. 또한 볼 수 있고 붙잡을 수 있는 것의 세계는 전화 통화 뒤에 남는 여운, "밤의 소음들", 볼 수 없는 것, 인지할 수 없는 것에서 끝난다.

미메시스 과정을 통해 유년기 초기의 많은 이미지와 소음이 "깊은 자아" 속에 침잠해 들어갔다가, 시각이나 청각의 자극을 받아 다시 의식으로 불러내질 수 있다. 이 기억 자체가 다시금 미메시스적으로 이루어질 때가 많다. 기억의 행위 속에서 기억의 자료에 대한 미메시스적 관계가 생겨나며, 그 관계는 이 기억의 자료를 그때그때 상황마다 특이한 방식으로 재현한다. 기억들은 기억되는 순간 예를 들어 강렬함과 의미에서 차이가 난다. 똑같은 사건을 기억하는 행위들 사이에도 차이가 나는 것은 기억하며 구성하는 작업, 미메시스적으로 재현하는 작업에서 생기는 차이로 파악할 수도 있다.

아이의 세계에서는 보고 듣는 일뿐만 아니라 만지고 냄새 맡고 맛보는 행위도 중요한 역할을 한다. 그리하여 벤야민의 텍스트에서 장롱, 빨래, 양말에 대한 기억이 이렇게 펼쳐진다. "손을 가능한 한 깊숙이 양말 안에 집어넣을 때 느끼는 만족감은 무엇과도 비교될 수 없었다. 그것은 털실의 온기 때문만은 아니었다. 나를 주머니의 깊숙한 심연으로 끌어넣은 것은 둘둘 말린 양말의 안쪽에서 언제나 내 손에 쥐여졌던 '그 선물'이었다. 그것을 주먹으로 꽉 움켜쥐고 털실로 된 부드러운 덩어리가 내 수중에 들어왔음을 확신할 때 비밀을 벗기는 숨막히는 유희의 제2부가 시작되었다."(Benjamin 1980, p. 284) 이 장면에서는 감각적 경험의 에로틱한 중첩 현상이 벌어진다. 양말 털실의 온기가 아이가 주머니에서 꺼내는 "선물"과 결합된다. "형식과 내용, 껍질과 껍질에 싸인 것, 선물과 주머니"는 하나였으며, 그것도 제3의 사물로서 그것은 위의 두 가지가 변해서 만들어진 양말이었다.

아이에게는 세계 속에 살아남고 그 속에 정착하기 위해 그 세계와 유사해져야 하는 초기의 강박 같은 것이 작용한다. 아이는 자신과 세계 사이의 유사성들을 발견하는데, 그 유사성들은 아이에게 죽어 있는 것이 아니라 생생히 살아 있다. 나이가 들어 세계를 마법으로 홀리고 자기 스스로 홀리게 하는 능력이 사라지면서, 놀이의 매력도 형식과 내용의 동일함이 주던 매력과 함께 사라진다. 세계와의 미메시스적 교류 속에서 "마법의 행위들"이 발전하지만, 이 행위들은 서서히 그 힘을 잃어간다. 아이가 나비가 되고 이로써 자신을 잃을 위험에 처하게 되는 나비 채집에서 아이는 그 나비를 죽임으로써 비로소 외부와의 경계 및 그 외부의 이질성과의 경계를 획득한다. 이제 아이는 나비라는 낯설고 불안한 것 속으로 해체될 위험에 더는 처하지 않는다. 아이는 나비를 죽임으로써 그 동물과의 경계 짓기를 수행한다. 아이는 주체-객체의 분리를 이루어내며, 그것이 아이를 자아 상실로부터 보호해준다. 아이는 나비를 죽이는 일을 통해 "문명적인 폭력 행위"를 수행하며, 이 행위를 통해 아이는 흉내를 내야 하는 강박에서 해방되어 주체가 될 수 있다.

세계와 관계를 맺고 그 세계와 유사해지며 그 세계를 읽는 아이의 미메시스 능력은 벤야민의 견해에 따르면 언어와 문자 속으로 전화하여 들어간다. 이때 예전의 "투시력의 토대"였던 "미메시스적 재능"은 언어와 문자 속에서 "비감각적 유사성의 완벽한 서고"를 구축한다. 이 관점에서 볼 때 아이가 습득하는 언어는 "미메시스 능력의 최고 사용 단계를 나타내고, 그 안으로 이전에 유사성을 지각하는 능력들이 남김없이 들어간 매체가 되었을 것이다. 이 언어라는 매체 속에서 사물들은 예전처럼 더 이상 직접적으로 예언자나 성직자의 정신에 따라 서로 관계를 맺는 것이 아니라 그 사물들의 정수精髓, 지극히 민속하고 섬세한 실체들, 사물들의 독특한 향香, Aromen들이 서로 만난다"(Benjamin 1980, p. 209). 유사해지는 것은 아이의 발달 과정에서 세계, 언어, 자기 자신에 대한 관계가 점차 형성되는 중심적인 계기들을 나타낸다. 이 과정을 통해 상징적으로 코드화된 세계에서 표현되는 구조와 권력의 상황에 적응하는 일이 이루어지며, 나중에 가서야 이 상황에 대해 거리 두기, 비판, 변화가 가능해진다. 자신의 미메시스 능력의 도움으로 아이는 대상의 의미, 재현과 행동의 형식들을 넘겨받는다. 미메시스적 운동 속에서 아이는 외부와 연결되는 다리를 구축한다. 미메시스적 활동의 중심에 타자와의 관계가 있고, 이 타자를 아이가 자신에게 동화시키는 것이 아니라 자신이 그 타자에 동화되는 것이 중요하다. 이 운동에는 "미메시스 충동mimetischer Impuls"에 특징적이라 할 수 있는, 일종의 행동의 정지, 수동성의 요소가 들어 있다.

세계와의 미메미스적 만남은 모든 감각을 동원하여 이루어지며, 이 감각들은 그 과정이 진행되면서 감수성을 펼친다. 아이가 세계를 미메시스적으로 해명할 가능성은 나중에 성인이 되어 감각적·감정적으로 느낄 수 있는 능력이 발현되기 위한 전제 조건을 이룬다. 이 것은 특히 아이의 심미적 감수성, 공감 능력, 동정심, 호감과 사랑의 능력이 발달하는 데 해당된다. 미메시스 능력은 타인의 느낌을 대상화하거나 냉담하게 반응함 없이 그 느낌을 추체험하는 일로 이끈다. 미메시스 능력은 사물의 비밀스러운 면, 심미적 체험에서 아우라적 요소, 그리고 "살아 있는 경험"(Adorno)의 가능성을 가리킨다.

의례, 주체의 구성, 공동체

사회적 미메시스 과정은 감각적이다. 그 과정은 지각을 통해 이루어지지만 감각적 지각Aisthesis에만 국한되지 않는다. 사회적 미메시스 과정은 내면의 관념세계, 상상력의 세계까지 뻗쳐 있는데, 이 상상력의 세계 속에서 그 과정은 외부세계를 내부세계로 옮겨옴으로써 외부와 내부 사이의 결합을 만들어낸다. 이 과정을 통해 미메시스는 그것이 사회적인 것, 교육, 사회화 과정에 대해 지니는 의미를 펼친다. 의례와 의례화 과정이 지니는 사회화하는 힘도 미메시스의 이러한 "기능 방식"에 바탕을 둔다. 사람들은 가족, 학교, 공동체, 정치에서 의례와 의례화 과정에 참여하고 그것을 지각하며 또 그 지각 속에서 추체험하는 가운데 그 과정을 장면으로 연출한 것을 그것이 지니는 가치, 태도, 행동의 요소들과 함께 자신의 관념세계로 옮겨오고, 그 관념세계 속에서 그 과정이 영향력을 행사한다.

　의례란 우선 말없이 제스처로 표현되는 행동들이라고 파악할 수 있다. 레비스트로스는 의례를 행동이면서 언어로 환원될 수 없는 것, 언어가 아니면서 언어적 역할을 하는 파라-언어paralanguage라고 불렀다. 의례는 시작과 끝이 있는 신체의 움직임으로서 정돈되어 있으며 참가자들에게 일정한 위치를 부여한다. 우리는 의례를 현실을 생성하고 해석하며 보존하고 변화시키는 신체의 과정, 상징적으로 코드화된 과정으로 파악할 수 있다. 의례는 공간에서 이루어지고 무리에 의해 수행되며, 또 그것이 표준화된 요소들을 포괄하고 이 요소들에서 일탈되는 것을 가능케 한다는 점에서 규범적으로 규정된다. 의례가 실행되는 과정에서 신체의 움직임을 통해 감정이 생성되는데,

이 감정은 다시금 의례적 행동을 변화시키는 데 기여한다. 이로써 의례의 건설적인 사회적 잠재력이 생겨난다.

의례는 아이와 청소년들의 신체를 이용함으로써 그것이 목적한 교육적이고 사회적인 영향력을 행사한다. 의례는 그것이 상징적으로 코드화된 신체의 움직임일 경우 어떤 역사적이고 문화적인 맥락에서 행해진다. 그렇지만 의례는 그것이 지닌 상징적인 의미로 환원될수 없다. 의례는 신체적 행동을 나타낸다. 의례가 수행되고 이해되는데 감각을 필요로 하지 않는 경우란 없다. 의례는 인간이 가족과 학교를 포함하여 문화적 세계를 만들어내고 유지하며 변화시키는 데필요한 역동성을 관찰할 수 있게 해주는 "창문"과 같은 역할을 한다.

의례는 연구의 구성물로서, 그 구성적 성격은 종종 행동과 행동의해석 사이의 관계를 부당하게 단순화할 위험을 내포한다. 구성물이란 특정한 구상의 전제 조건 및 그 전제 조건들에 내포된 가치와 규범들에서 출발한다. 이런 상황에 직면하여 의례를 맥락화하는 작업이 특별한 의미를 얻게 된다. 이러한 맥락화 작업을 통해 의례에서 강조된 성격이 상대화되고, 의례가 지니는 사회적 기능에 대한 진술을 일반화하는 것을 조심하게 된다.

의례와 의례화 과정에 대한 문화인류학적 연구의 틀 내에서 세 가지 중점을 구별할 수 있다. 첫 번째 중점은 의례를 종교, 신화, 예배의 맥락에서 연구하는 일이다(Max Müller, Herbert Spencer, James Frazer, Rudolf Otto). 두 번째 중점에서 의례는 사회 구조와 가치를 분석하는 데 기여한다. 여기서 밝혀내야 할 점은 의례와 사회 구조사이의 기능적 연관관계다(Fustel de Coulanges, Emile Durkheim). 세 번째 중점에서는 의례가 텍스트로 읽힌다. 여기서 목표는 사회의 문화적·사회적 역동성을 해명하는 일이다. 이때 의례가 문화적 상징화와 사회적 소통에 대해 지니는 의미를 주목할 필요가 있다(Victor Turner, Clifford Geertz, Marshall Sahlins). 의례를 읽는 일이 미메시스적 행위이기 때문에 미메시스와 의례의 관계에 대한 우리의 고찰은 무엇보다 문화 현상을 우선 텍스트로 읽어내고자 하는 세 번째 중점의 맥락에 속한다. 지금까지 의례를 미메시스 측면에서 연구한 이론은 없다. 그러한 이론 틀 내에서, **의례가 사회적 미메시스의 현상으로** 파악될 수 있다는 점을 드러낼 수 있을 것이다. 그러한 관찰 방식은 의례와 의례화 과정, 그리고 의례적 태도를 교육학적 맥락에서 이해하기 위한 일련의 새로운 시각을 개발할 수 있을 것이다. 의례는 교육학적 상황을 신체적·감각적·상상적으로 연출하는 일로서 교육학적 인류학의 중요한 연구 영역이 될 수 있다.

우리의 준거 틀을 이렇게 규정했다면, 다음으로 우선 우리는 중요한 삶의 전환기에 거행되는 의례와 달력상의 의례를 구별하고자 한다. 그 두 의례에는 공동체 내에서 주체 구성에 핵심적 의미가 부여된다. 의례가 동반되는 중요한 삶의 전환기에는 이를테면 탄생, 사춘기, 결혼, 이혼, 죽음이 속한다. 이 맥락에는 학교나 대학을 졸업할 때나 상위 직책을 맡았을 때처럼 지위가 상승할 때의 의례도 속한다. 이러한 경우 의례는 개인과 가족 차원에서 치르는 사건 또는 소규모 집단의 틀 내에서 치르는 사건과 관련된다. 예전에는 이러한 의례를 수행할 때 행동의 여유 공간이 비교적 작았던 데 반해 오늘날에는 전승된 의례가 개인들의 선택 사항이 되었다. 각 개인은 자신이 어떠한 규모로 의례에 관여하고 싶은지, 그리고 그 의례를 변경하거나 새로이 형상화하고 싶은지를 스스로 결정할 수 있고 또 결정해야 한다.

이때―행동의 여유 공간이 확장되었음에도 불구하고―개인의 행동 가능성은 한정되어 있다. 개인이 크게 노력을 기울여야만 의례 또는 의례화 과정을 피하는 것이 가능한 경우도 많다.

달력상의 의례도 상황은 그다지 다르지 않다. 삶의 중요한 전환기에 개인이나 소규모 집단에서 행해지는 의례와는 달리 달력상의 의례는 대규모 집단에 의해 동시적으로 치러진다. 물론 이 달력상의 의례로부터 사람들이 추체험하고 사회적 미메시스를 행하라는 요구가 제기되기는 하지만, 이 분야에서도 개인이 결정하고 행동할 수 있는 여유 공간이 예전에 비해 커졌다. 그리하여 예컨대 어린아이가 있는 한 가족 안에서 크리스마스 축제가 평소와는 다르게 치러질 경우 그러한 결정을 내리는 데 각별한 노력이 요구된다. 의례에는 매년, 세대마다, 가족마다, 개인마다 그 의례를 행하고 추체험할 것을 요청하는 전승된 사회 형식이 들어 있다.

그와 같은 상황에서 사람들은 개인적으로 변형하고 꾸밀 수 있는, 무릇 미메시스적 행동에 주어진 가능성을 갖고서 사회 형식들을 미메시스하는 데 이른다. 미메시스적 행동에 주어진 유희 공간이 비로소 의례의 개인적 전유를 가능하게 한다. 만약 다양한 문화와 역사적 시기마다 달라지는 이 개인적 꾸밈과 고유한 꾸밈의 유희 공간이 존재하지 않는다면, 그것은 미메시스적 행동이 아니라 복제하는 행동, 어쩌면 심지어 시뮬라크르를 만들어내는 행동이 될 것이다. 그것은 미메시스적 행동에서 기대되는 사회적 효과를 가져오지도 않을 것이다. 사회적 미메시스가 유발하는 가장 중요한 효과에는 의례를 "공연하는aufführen" 공동체가 스스로를 확인하는 작업이 속한다. 그 효과들은 집단적인 문화적 전통에 미메시스적으로 관계를 맺음으로써 생겨난다. 이 과정에서 사람들을 결집시키는 효과가 생겨나며, 이 효과가 공동체의 미래에도 영향을 미치게 된다.

의례의 기능과 구조를 이해하는 데 아르놀트 반 헤네프가 통과의례[6]에 관해 숙고한 것들이 도움이 된다. 반 헤네프는 통과의례를 어떤 장소, 상태, 지위 또는 연령대가 바뀔 때 동반되는 의례로 규정하면서 다음의 세 단계로 구별한다. 첫째 단계에서 어떤 개인이나 집단이 사회 구조의 이전 단계 또는 일련의 문화적 조건에서 분리되는 일이 일어난다. 둘째 단계인 이행, 전이, 경계 또는 문턱의 단계에서 주체는 양가적인 상황에 처하게 되는데, 이 상황에서는 예전의 특징들도 나타나지 않고 기대하는 미래 상황의 특징들도 나타나지 않는다. 셋째 단계에서는 새로운 상황으로의 전이와 그 상황에 편입되는 일이 이루어진다.

이행의 의례와 사회적 미메시스 과정을 이해하는 데 문턱 상태와 경계의 상황이 각별한 관심의 대상이 된다. 낮은 상태에서 높은 상태로 이행하는 이 단계가 지니는 사이적 성격에서는 불안정성과 모호함이 특징적이다. 이 이행 단계는 흔히 각별한 성격을 띤다. 그리하여 예컨대 부족사회의 사춘기 의례에서는 평소에 요구되지 않는 비하와 침묵에 익숙해지는 훈련, 음식과 음료의 섭취를 금하는 일, 신체적 학대와 굴욕을 가하는 일, 공동체 전체의 권위에 복종하는 일이 벌어진다. 여러 형태의 능멸이 그 뒤에 이어질 지위 상승을 준비하는 과정으로 여겨진다. 우리는 이것을 문턱 상태의 고유한 교육학이라 칭

---

6 rites de passage: 네덜란드의 인류학자·민속학자인 아르놀트 반 헤네프(1873~1957)가 처음 사용한 용어. '추이의례推移儀禮'라고도 한다. 탄생, 성인成人, 결혼, 출산, 죽음 등 인생의 고비마다 또는 어떤 장소에서 다른 장소로 이동할 때 등과 같이 사람의 사회적 지위나 속성이 변할 때 집행되는 의례를 말한다.—옮긴이

할 수 있을 것이다. 이 교육학에는 지금까지의 사회적 정체성을 파괴하는 일, 빈 공간의 사이 단계를 만들어내는 일, 이로써 새로운 사회적 정체성을 준비하는 일이 그 중심에 있다. 현대사회에는 고등학교 수학능력 평가나 영미권 국가의 졸업식에서 볼 수 있듯이 그 특징과 강도가 줄어들기는 했지만 이와 유사한 이행의 의례가 있다. 이러한 의례와 결부된 시험 상황에서 우리는 수험생들을 능욕하는 형식을 동반하는 이행 상황의 요소들을 볼 수 있는데, 이 상황을 거치는 대가로 수험생들은 나중에 더는 학생이나 대학생이 아닌 새로운 사회적 신분이나 교원의 신분을 부여받게 된다. 이러한 의례들은 각각 그 강도와 목표가 분명히 다르기 때문에 여기서 어디까지 의례, 의식, 의례화 과정이라는 개념을 적용할 수 있는지의 물음이 대두된다. 그렇지만 우리는 이 물음을 이 맥락에서 더 추적하고 싶지는 않다.

이 현상을 고찰할 때 우리는 우선 의례를 그것이 지닌 일련의 특징들을 두고 볼 때 다른 사회적 행동의 형식들과 구별되는 사회적 실천의 형식, 사회적 행동의 전략으로 파악할 수 있다. 물론 의례와 의례화 과정에 전형적인 특징을 몇 가지 언급할 수 있다. 하지만 이 규정들은 만족할 만한 정의를 제공해주지 못한다. 이것은 그 규정들을 두고 논란이 일고 있는 만큼 더더욱 그렇다. 의례의 많은 특성이 맥락에 달려 있으며 제한된 정도로만 일반화될 수 있다. 이러한 사정은 의례를 범세계적인 구성물, "문화를 여는 열쇠"(Durkheim)로 파악하는 것을 포기하고 그 대신 의례와 의례화 과정의 특수한 가능성 및 한계를 묻게끔 한다.

의례의 복합적인 성격은 의례에 대한 연구를 거듭 그 한계에 부딪히게 했다. 그래서 의례의 복합적 성격을 적절하게 파악하는 것이 거의 불가능한 듯이 보인다. 종교적 예배의 맥락에서 의례는 종교적 입장, 상징, 신화와는 구별되지만 그 의미를 펼치기 위해서 그러한 것들을 필요로 할 수도 있는 행동으로 이해할 수 있다. 신앙의 입장, 상징, 신화들은 의례 없이 존재할 수 있지만, 의례는 그것들 없이는 존재할 수 없다. 의례에서는 재현하고 표현하는 행동들을 통해 집단적인 신앙의 표상들이 동시에 산출되고, 경험 가능해지며 유효한 것으로 확인된다. 의례는 사회생활의 재현으로 파악할 수 있는데, 이 재현이 개인에게 의례에 참여할 가능성을 준다. 의례의 연출을 통해 종교적이고 사회적인 연속성과 전통이 만들어지며, 이 연속성과 전통에 변화와 역사적 변천도 포괄된다. 의례가 사회적 변천에 기여할 가능성은 오랫동안 간파되지 못했으며 최근에 와서야 주목을 받게 되었다.

한 의례의 상징성 속에서 삶이 이루어지는 세계와 상상된 세계가 서로 넘나들며, 그 두 세계가 하나의 세계로 나타난다. 이를 통해 의례가 세계의 모델이 되고 세계를 위한 모델이 된다. 의례는 한편으로 사회적이고 심리적인 현실에 스스로를 연관시키고, 다른 한편 이 현실을 스스로에게 연관시키는 가운데 사회적이고 심리적인 현실에 형식과 의미를 부여한다. 의례는 신앙의 입장, 이념, 신화들을 체현한다. 의례는 그러한 것들이 물질화되고 현실화된 상태를 나타내며, 행동과 사고가 이분법적으로 나뉜 상태를 극복한다. 의례는 상징적 행동으로서 그것이 여러 상이한 해석을 도발한다는 점에서—그 해석들의 이질성은 의례적 행동 속에 묶여 있는데—의미가 과도하게 부여되어 있다.

의례는 사회적 행동인 동시에 그 행동의 해석이기도 하다. 의례는 상징체계들을 체현하고 물질화하며 극화하고 연출한다. 물론 이렇게 표현한다고 해서 행동이 상징체계에 종속되어 있다고 결론 내려서는 안 된다. 클리퍼드 기어츠의 견해에 따르면 의례에는 서로 상대의 것으로 환원할 수 없는 두 가지 요소가 있는데, 하나는 어떤 문화의 인지적이고 실존적인 측면으로서 "세계관Weltsicht"이며, 다른 하나는 사회적이고 의례적인 행동이 이루어지기 위한 전제 조건으로서 각 문화 특유의 분위기와 동기부여로서의 "성향Disposition"이다. 기어츠의 이 관점에 따르면, 우리가 상징적인 세계관과 문화 특유의 행동 성향 사이에 위계질서를 구성하려 한다면 그것은 오류다. 오히려 그 둘은 똑같이 원천적이다.

의례는 사회의 권력 구조를 표현한다. 흔히 의례는 존재하는 사회 구조를 불변적인 것으로 연출하고 확인하는 데 기여한다. 의례는 "자연적" 질서를 표현한다는 외양을 띰으로써 자신에 내재하는 문화와 자연 사이의 갈등, 레비스트로스와 부르디외가 지적했고 의례의 매개를 통해 거듭 표현되는 그 갈등을 은폐한다. 의례는 그렇다면 그것이 "자연적인" 분류의 질서를 깨뜨리고 새로운 "문화적" 질서를 발전시키는 데 작용할 경우 사회적 변천에 기여할 수 있다. 통상 의례는 이를테면 자연, 문화 또는 사회 체계와 같은 대립적인 질서들을 성공적으로 다루는 데 기여한다.

빅터 터너[7]는 의례에서 사람들이 흔히 간과하는 혁신적 성격을 거듭 지적했다. 의례는 그것이 문화적 질서를 만들어내고 공고하게 하려는 시도를 나타내는 한, 무질서한 것, 질서에 거역하는 것과도 관련된다. 터너는 이러한 측면을 "리미날리티liminality" "반구조Anti-

---

7 Victor Turner, 1920~1983: 영국의 사회인류학자이자 상징인류학자.—옮긴이

Struktur"" "코뮤니타스Communitas"[8]와 같은 개념으로 기술했다. 이러한 차원들이 일반적으로 의례화 과정의 결과로 서술되는 서열화되고 견고하게 된 사회 구조를 보충하는 필수적인 것들을 이룬다. 경계적이거나 반구조적이라고 지칭된 "코뮤니타스"란 "구조화되어 있지 않거나 퇴화된 구조를 띠며 비교적 미분화된 공동체"를 가리킨다. 사회생활은 구조화되어 있고 구조화하는 사회와 공동체 사이, 분화와 동질성 사이, 불평등과 평등 사이, 과거와 지금 여기 사이의 변증법적 과정으로 파악할 수 있다. 사회 구조와 반구조 또는 코뮤니타스 사이의 관계가 균형을 유지하는 데 의례가 중요한 역할을 한다. 의례는 그것이 사회 구조의 한 지점에서 다른 지점으로 넘어갈 때의 경계 상황, 지금까지의 사회적 정체성이 해체되면서 미래의 사회적 정체성이 준비되는 그러한 경계 상황을 만들어내는 데 기여한다는 점에서, 사회 구조와 공동체적 반구조의 관계를 규정하는 데 중요한 의미를 지닌다.

의례에서는 사회생활의 이 두 분야 사이에 있다는 경계적 성격 때문에, 평소 가시화되는 데 저항하는 어떤 사회적인 것이 가시화된다. 마르틴 부버는 이것을 자신의 고유한 언어로 다음과 같이 기술하고

---

8 빅터 터너는 신성하고 종교적인 순간을 '리미날리티 단계'라 칭하고, 이러한 단계에 머물러 있는 사람들이나 그들이 모여 있는 상황 및 공간을 '코뮤니타스'라고 불렀다. 리미날리티란 '문지방'을 의미하는 리멘limen이라는 말에서 파생한 것으로, 문지방에 서 있는 것과 같이 평소에는 금기로 여겨지는 공간과 행위의 존재를 상정하는 것이다. 터너의 리미날리티와 코뮤니타스 개념은 반 제넵의 통과의례 개념에서 발전된 것으로, 특히 과도기에 드러날 수 있는 다양한 현상을 집중적으로 분석함으로써 축제 연구의 이론적 기반을 확고히 다진 개념으로 평가받는다. 터너에 따르면 사회관계에는 두 가지 양식이 있는데 하나는 정치적·법적·경제적인 지위가 구조화되고 분화된 계급적인 체계로서의 양식이고, 다른 하나는 평등한 개인으로 구성된 미조직되고 미분화된 중간 집단으로서의 양식이다. 이 후자를 그는 코뮤니타스communitas라고 칭했다. 터너는 사회생활이란 구조와 코뮤니타스를 연속적으로 경험하는 변증법적 과정이라고 이해했다. 코뮤니타스의 예로서는 양의적 심벌리즘symbolism이 나타나는 통과의례의 경계 단계, 천년왕국운동, 카니발 등을 들 수 있다.(출전: 류정아, 『축제 이론』, 커뮤니케이션북스, 2013; 21세기 정치학대사전, 한국사전연구사)—옮긴이

자 했다. "공동체라는 것은 (…) 다양한 사람이 나란히 있는 상태인 것이 아니라 함께 어울리는 상태로서, 사람들은 어떤 목표를 향해 함께 나아가고 있다고 할지라도 어디서나 엎치락뒤치락하면서 역동적인 마주침, 나와 네가 넘쳐흐름을 경험한다. 공동체는 공동체가 일어나는 곳에 있다."(Buber 1984, p. 185) 규범과 규칙에 의해 이끌어지며 비교적 추상적인 사회 구조와는 반대로 부버와 터너가 "공동체"라고 칭하는 분야에서는 의례의 도움으로 경계 상황이 만들어지는데, 이 경계 상황에서 자발성, 직접성, 구체성이 표현되고 발전될 수 있다. 그렇기 때문에 의례는 이 사회적인 것의 차원들이 공고하게 구조화된 사회에서도 살아내는 것을 가능케 한다. 의례는 근본적으로 규정 불가능한 잠재적 요소들을 나타내며, 이로써 사회적 저항과 사회적 혁신의 저장고를 나타낸다.

의례는 사회적 권력 구조를 공고하게 하는 데 기여하기도 하고 그것을 변화시키는 데도 기여한다. 의례는 전승된 형식들을 지킬 것을 요구하지만, 변형들을 발전시킬 가능성도 제공한다. 특히 저항의 의례에서는 새로운 형식들을 발전시키고 확산할 가능성이 이용된다. 정치적 투쟁이나 세대 간 갈등에서는 지금까지 존재하지 않았고 그 영향이 바로 그것의 혁신적 성격에 있는 의례들이 고안되고 투입된다. 전승된 의례와 마찬가지로 이 새로운 의례들도 공동체를 결집시키며, 이들은 그 의례들을 사용함으로써 자신을 다른 공동체나 집단과 구별한다. 이 공동체들은 새로운 의례를 만들어내는 가운데 다른 집단과의 차이를 강조하며 자신을 의례와 동일시함으로써 스스로를 확인한다.

의례는 사회적 공연으로 파악될 수 있다. 의례는 그 자체가 예컨대 스포츠 행사와 같은 다른 사회적 연출들과 공통점을 지닌다. 스포츠 행사처럼 의례도 특정한 장소 및 시점에 전승된 형식과 행동 방식에 들어 있는 상징적 내용을 체현하고 조직한다. 의례는 종종 사회 상황이나 "사회적 드라마"를 재현하는데, 그 속에서 한 문화의 가장 중요한 가치들, 그 문화의 구성원들에게 충분히 의식되지 못한 채 의례에서 가시화되고 접근 가능하게 되곤 하는 가치들이 표현된다. 여기서 이 가치들이 의례적 재현을 통해 그 자체로 파악되는지 또는 파악되지 못하는지는 그리 중요하지 않다. 결정적인 것은 문화적 공동체나 사회 구성원들이 의례적 공연에서 그러한 가치들에 참여하고 "사회적 드라마"에서 그 가치들을 표현하는 데 참여한다는 점이다.

이러한 참여는 의례적 연출의 미메시스를 통해 일어난다. 의례적 연출이 진행되는 동안 그 연출에 참여한 사람들이나 그것을 바라보는 사람들 사이에 "유사해지기" 과정이 이루어진다. 이 과정에서 획득되는 것을 논증적 인식으로 보기는 어렵다. 오히려 의례적 행동의 미메시스를 통해 감각과 감정이 생겨난다. 이제 의례적 공연이 가져오는 효과에 결정적인 것은 이 정서가 개인들에 의해 느껴지기만 하는 게 아니라 집단적으로 체험된다는 점이다. 정서가 지니는 집단적 성격을 통해 공동체를 만들어내는 의례의 작용이 생겨난다. 의례에서는 어떻게 공동으로 행동해야 할지를 재현해주는 집단적으로 수용된 행동과 태도의 형식들이 연출된다. 미메시스 능력을 통해 의례적 공연은 영향을 펼치는데, 설령 개인이 의식적으로 그러한 공연에 거리를 둘지라도 그로부터 영향을 받는다. 심지어 의례가 지니는 효과에는 그것이 자체의 효과를 상실하지 않으면서 수정과 거리두기를 허용할 수 있다는 점도 포함될 것이다.

의례적 공연이 드라마적 요소를 다분히 포함할지라도 사람들은 의례적 공연을 오늘날 우리가 이해하는 연극과 구별하려고 여러 가지로 시도하면서, 원래 연극이란 배우들이 아니라 청중에게 영향을 주기 위해 연출된다는 점을 지적했다. 그에 비해 의례에서는 행동하는 사람들 자신이 의례적 공연의 수신자다. 그럼에도 의례가 가져오는 효과를 두고 볼 때 그 의례에 직접 참여하지 않는 공동체 구성원들에게도 중요한 기능이 부여된다. 하지만 이렇게 구별되는 특징도 한계를 지닌다. 예를 들어 많은 부족사회에서 의례를 행하는 사람들이 아니라 조상과 신들, 자연과 우주가 의례적 행동의 주요 수신자가 된다.

의례와 드라마 사이에는 이러한 변별점 외에 일련의 유비되는 특징들을 들 수 있다. 예컨대 "문화적 공연"의 유사한 두 형식으로서 의례와 드라마에는 공동의 틀 조건이 바탕에 놓여 있다. 이 조건에는 줄거리가 지니는 각별한 성격, 그 줄거리의 시간성·집단성·공공성, 그리고 사람들의 견해뿐만 아니라 사람들 자체를 변화시킬 수 있는 권력이 속한다. 의례와 연희(놀이), 의례와 텍스트에서 관찰되는 이러한 비교점은 의례의 구조와 기능에 대한 그 밖의 통찰을 가져다준다. 물론 여기서 생겨나는 공통점과 차이점들은 단지 상대적으로만 유효하다. 이것은 예컨대 의례적 연출과 연희에서 볼 수 있는 자기 표현 및 자기 재현의 요인들에 해당된다. 두 공연의 형식에서 모두 행동하는 사람들이 이전과 이후라는 것을 모른 채 일종의 자기망각 상태에 이른다. 의례에서 행동하는 사람은 여기와 지금에 집중하며 이때 고도의 강렬함과 쾌감을 경험한다. 이러한 자기망각적인 강렬함은 내면의 흐름으로 기술될 수도 있다. 미하이 칙센트미하이[9]가 이러한 과정을 상세히 연구했는데, 그는 그 과정의 자기목적적 성격을 밝혀내는

가 하면 그것에 "흐름의 체험Flow-Erlebnis"이라는 개념을 부여했다.

일련의 다른 사회적 행동의 형식들에서처럼 의례에도 신체적·연출적·표현적·자발적·상징적 측면이 있다. 의례는 규칙적이고 정형화되어 있으며, 비도구적이고 효율적이다. 의례는 일의적이지 않다. 의례는 연희로 형상화되면서 여러 상이한 것과 모순적인 것을 결합한다. 한편으로 의례는 연희적인 배치를 반복하며, 이를 통해 전통적인 질서와 구조, 그리고 이것들에 내재하는 권력관계를 반복한다. 다른 한편 의례는 새로이 구성되고 자발적인 성격을 띠며, 혁신적 힘들을 표현한다. 청소년 하위문화에서 볼 수 있는 저항의 의례라든지 삶의 양식의 의례가 그 예다. 의례는 합리적인지 비합리적인지, 논리적인지 정서적인지, 인지적인지 감성적인지와 같은 구별을 통해서 충분히 기술되기 어렵다. 사회적 행동의 한 형태로서 의례는 그와 같은 규정으로 적절히 기술되기에는 아주 복합적이다.

그에 비해 의례와 의례화 과정을 사회적인 것의 차원으로 파악하는 생각들은 논의를 더 이끌어갈 수 있게 해준다. 이 시각에서 보면 위에서 언급한 의례의 특징들은 사회적 행동의 양상들로 파악될 수 있으며, 사실 이러한 양상들 없이 사회적인 것은 전혀 가능하지 않을 것이다. 반복, 정형화, 연희적 편성, 상징적 성격, 표현성 등―의례화 과정은 이로써 사회적 행동과 사회적인 것 전반의 본질적 요소가 되며, 이 사회적인 것의 영향은 현저한 정도로 미메시스 과정을 통해 일어난다.

---

9 Mihaly Csikszentimihalyi, 1934~ : 헝가리 태생의 심리학자.―옮긴이

전망

마지막으로 미메시스가 교육, 훈련, 사회화 과정에 어떤 의미를 지니는지에 관해 몇 가지 생각을 명제로 펼쳐보고자 하는데, 이 생각들의 일부는 이미 말한 것에 접목되며 또 일부는 새로운 전망을 제시할 것이다.

1) "미메시스" 개념을 사용하면 시뮬라시옹 개념과는 달리 사람들이 다가가고 스스로 유사하게 만드는 어떤 외부, 그러나 스스로 그 속으로 "해체"될 수 없는 외부, 따라서 차이가 존속하는 그런 외부가 확고히 존재한다. 어린아이와 청소년이 움직여가는 이 외부는 타인일 수도 있고 환경의 일부일 수도 있으며 또는 구성된 상상적 세계일 수도 있다. 어떤 경우든 외부세계에 접근하는 일이 일어난다. 이 외부는 미메시스 과정에서 감각과 상상력을 통해 내면의 이미지·음향·촉각·후각·미각의 세계로 전이되는 가운데 아이의 숨길 수 없는 신체성에 결부된 생생한 경험이 생겨나게 한다.

2) 미메시스 과정은 신체성과 함께 주어져 있으며 인생에서 매우 이른 시기에 시작된다. 그 과정은 나와 네가 분열되고 주체-객체가 분리되기 전에 이루어지며 인간의 심리적, 사회적 발생과 페르소나persona의 발생에 기여한다. 미메시스 과정은 초기의 콤플렉스나 무의식적 이미지Imagines와 밀접하게 연관되어 있으며 전의식前意識에까지 이른다. 탄생, 이유離乳, 욕망을 통해 신체가 구성되는 최초의 과정에 점착되어 있기 때문에 그 영향이 매우 지속적이다.

3) 우리는 사고와 언어가 형성되기 전에 세계와 우리 자신, 그리고 타

인을 미메시스적으로 경험한다. 미메시스 과정은 여러 감각과 결부되어 있다. 특히 운동중추적 능력을 습득할 때 미메시스적 재능이 중요한 역할을 한다. 하지만 언어 습득도 미메시스적 재능 없이 생각할 수 없다. 유년기 초기에 미메시스는 아이의 생활 형식이다.

4) 미메시스 과정을 통해 성적인 욕망이 깨어나고 발전한다. 성적 정체성이 형성되고 성적 차이가 경험된다. 욕망은 다른 욕망과 미메시스적 관계에 있다. 그 욕망은 전염되고 또 자신을 전염시킨다. 그 욕망은 주체의 의도와 자주 모순되는 역동성을 갖고 펼쳐진다. 한때 펼쳐진 관념들은 수정되고 새로운 관념이 시험된다. 거듭해서 다른 구상과 실험들과의 관계가 전개된다. 이 과정은 무의식적으로 진행되는 경우가 많다.

5) 미메시스 과정은 인간의 다중심성을 지지한다. 미메시스 과정은 의식에서와는 다른 힘이 결정적으로 작용하는 신체성, 감성, 욕망의 층위에 닿아 있다. 이러한 힘들에는 공격성, 폭력, 파괴가 속하는데, 이 힘들은 미메시스 과정을 통해 일깨워지고 발전된다. 집단이나 대중의 상황에서 이 힘들이 각별히 강하게 작용할 수 있는데, 그것은 그 상황에서 사람의 조절력과 책임감의 중심이, 도취적인 전염을 통해 개인이라면 할 수 없을 파괴적 행동을 기능케 하는 집단이나 대중의 성향으로 대체되기 때문이다(Canetti 1960).

6) 가족, 학교, 기업체에서는 그 제도들에서 체현되는 가치, 태도, 규범들이 미메시스적 과정을 통해 아이, 청소년, 성인에 의해 내면화된다. 예컨대 "은밀한 강의 계획heimlicher Lehrplan"[10]을 둘러싼 토론이 보여준 바 있듯이 그 제도에서 실제로 작용하는 가치들은 그 제도가 의식하는 자기 이해와 심하게 상충할 수 있다. 제도 분

석, 이데올로기 비판, 제도 상담,[11] 제도적 변화 등은 이 모순을 의식화하고 구제책을 강구할 수 있다.

7) 이와 유사한 것이 인간의 교육 과정과 사회화 과정의 효과에도 적용된다. 이 과정들도 일반적으로 가정한 것보다 더 광범위하게 미메시스 과정을 통해 이루어진다. 여기서도 교육자가 자신에 대해 갖고 있는 이미지와 그의 행동이 실제로 가져오는 효과 사이에 어긋난 관계가 존재한다. 예컨대 교사와 교육자의 인격을 통해 전달되는 무의식적이고 비의도적인 영향이 아이와 청소년에게 더 지속적으로 작용하는 경우가 드물지 않다. 특히 교사 스스로 느끼고 생각하고 판단하는 방식이 미메시스적으로 소화된다. 이때 동화와 거부가 각각의 경우마다 상이하며 그 결과를 쉽게 예측할 수 없는 역할을 한다. 교육 현장에서의 태도가 가져올 영향을 예측하기 어려운 것은 한 교사나 교육자의 태도가 한 사람의 삶의 여러 단계마다 상이하게 평가된다는 점에서도 유래한다.

8) 벤야민의 기억 이미지들에서 장소, 공간, 대상을 미메시스적으로 전유하는 것이 아이의 성장에 얼마나 중요한지가 분명히 드러난다. 유년기 초기부터 아이는 자신을 둘러싼 세계, "영혼이 불어넣

---

10 1960년대 후반에 부상한 이 개념은 문화인류학자 필립 잭슨(*Life In Classrooms*, 1968)이 말한 "숨겨진 커리큘럼hidden curriculum"에서 유래한다. 이 "제2의 강의 계획"은 사회의 규칙, 규제, 정형화된 틀을 학습하게 하는 기초 과정으로서, 커다란 해를 끼치지 않으면서 학교를 통한 길에서 이루어지도록 하기 위해 도입된 것이다. 원래 의도한 강의 계획의 외부에서 작용하는 힘들이 있다는 생각은 이미 다른 문헌에도 등장한다. 그리하여 교육개혁가이자 분석가인 지크프리트 베른펠트는 1952년에 이미 학교 체제가 교육자들의 노력에도 불구하고 강의의 틀을 넘어서는 은밀한 힘들이 작용하는 장소라고 비판했다.(출전: 독일 위키피디아 "heimlicher Lehrplan" 항목)—옮긴이

11 "제도 상담Instituionsberatung"은 페터 퓌르스테나우가 1970년 전문적인 토론으로 끌어들인 개념이다. 이 개념이 형성된 출발점은, "제도들이 원래 계획했고 또 통제하는 변화를 해가는 도정에서 어떻게 하면 그 제도의 목표와 구성원의 능력과 관심에 더 어울리는 탄력적인 구조와 노동 조직을 찾아낼 수 있을까" 하는 문제였다. Peter Fürstenau, *Zur Theorie der Schule*, Weinheim: Beltz Verlag, 1969, p. 221 참조.—옮긴이

어진" 것으로 체험하는 그 세계와 미메시스적으로 관계를 맺는다. 아이는 이러한 유사해지기와 동화 과정을 통해 그 세계 속으로 자신을 확장하며, 그 세계를 자기 내면의 상상계로 수용하고 이로써 자신을 형성해간다. 그런데 이 세계는 역사적·문화적으로 규정된 세계이고 이 세계의 대상들이 의미를 지니기 때문에, 즉 상징적으로 코드화되어 있기 때문에, 이러한 미메시스 과정을 통해 아이와 청소년은 문화에 편입된다.

9) 대상과 제도, 상상된 형상과 실제적 행동은 사회적 권력관계에 편입되어 있고, 이 권력관계는 유사해지기와 동화 과정을 통해 매개된다. 그 권력관계는 미메시스 과정을 통해 체험된다. 그렇지만 그 권력관계가 간파되지는 않는다. 미메시스적으로 체험한 것을 파악하기 위해서는 분석과 성찰이 필요하다. 이러한 분석과 성찰을 거치면서 비로소 적절한 평가와 판단이 이루어진다. 미메시스 과정은 생생한 경험이 생겨나기 위한 결정적 전제 조건이다. 또한 이러한 경험이 펼쳐지기 위해 분석과 성찰이 필요하다.

10) 미메시스 과정은 양가적이다. 미메시스 과정에는 동화되기를 원하는 충동이 내재해 있고, 그 충동은 이전 세계의 가치와는 전혀 무관하게 일어날 수 있다. 그리하여 굳어진 것 그리고 생명이 없는 것과 유사해지는 과정이 일어나서 아이의 내적 성장을 차단하거나 엉뚱한 곳으로 유도한다. 미메시스는 시뮬라시옹과 흉내 내기로 타락할 수 있다. 그러나 미메시스는 아이나 청소년이 주변 세계로 확장되고, 외부세계와 연결되는 결과로 이끌 수도 있다. 주변 세계에 대한 미메시스적 동화 과정의 특징은 그것이 비폭력적으로 이루어진다는 점이다. 세계를 형상화하거나 변화

시키는 것이 미메시스 과정의 목표가 아니다. 오히려 그 세계와 만나는 가운데 스스로 발전하고 형성하는 일이 미메시스 과정에서 일어난다.

11) 미메시스 과정에서는 타인에 비非도구적으로 접근하는 일이 일어난다. 미메시스적 운동은 타인을 원래 그 모습 그대로 두며, 변화시키려 하지 않는다. 그 운동은 낯선 것을 그대로 두고 그것에 접근하되 둘 사이의 차이를 해소할 것을 요구하지 않는 가운데 그 낯선 것을 열린 태도로 대한다. 타인을 향한 미메시스적 충동은 그 타인의 비동일성을 받아들인다. 미메시스적 충동은 타자의 타자성을 위해 일의성을 포기한다. 타자의 일의성은 그 타자를 똑같은 것, 이미 알려진 것으로 환원함으로써만 가능할 것이다. 일의성을 포기함으로써 경험의 풍부함과 낯선 것의 이질성이 보장된다.

12) 미메시스적 운동에서는 상징적으로 생성된 세계로부터 이전의 세계가 해석되는데, 그 이전의 세계는 이미 해석되어 있다. 이렇게 해서 이미 해석된 세계에 대한 새로운 해석이 이루어진다. 이것은 반복이나 단순한 재생산의 경우에도 해당된다. 그리하여 거듭 수행되는 어떤 제스처는 처음 그 제스처를 실행했을 때와는 다른 의미 구조를 만들어낸다. 그 제스처는 어떤 대상이나 사건을 익숙한 맥락에서 끄집어내어 고립시키며, 이전의 세계가 지각되었던 수용 상황과는 다른 수용의 관점을 만들어낸다. 고립시키고 관점을 바꾸는 일은 플라톤 이래 미메시스와 미학 사이에 있다고 주장되어온 밀접한 친화성에 연계되는 심미적 과정의 특징들이다. 미메시스에서 이루어지는 새로운 해석은 새로운 지

각이고 무엇으로 보기Sehen-als다(Wittgenstein). 미메시스적 행동에는 상징적으로 생성된 세계를 그것이 특정한 세계로 보이도록 드러내려는 의도가 내재해 있다.

12.

놀이, 언어, 몸

놀이는 놀이의 세계를 만들어낸다. 놀이는 놀이 자체의 규칙을 세우는 질서들과 원초적 방식으로 각각의 문화 질서에 포함되어 있는 질서들을 산출한다. 많은 놀이는 어떤 사회적 실천에서 규칙적으로 신체를 사용하는 일과 미메시스적 관계에 있다. 놀이는 사회적 상황 내에서 일종의 규칙을 따라 이루어지는 행동을 나타낸다. 놀이를 하는 사람들은 공동으로 미리 주어진 어떤 "놀이"와 관계를 맺는다. 놀이를 "공연"하는 일은 앞선 놀이의 미메시스가 된다. 놀이를 단지 명시적인 규칙들을 따르는 일로 파악하는 견해는 지나치게 순진한 해석이다. 놀이를 할 수 있으려면 놀이의 규칙들을 알아야만 할 뿐만 아니라 "실제적 감각sens pratique"이라는 부르디외의 구상에 유비될 수 있을 만한 "놀이 감각Spielsinn"이 필요하다. 놀이 감각이 놀이를 그 자체로 이해될 수 있는 세계로 창조해낸다.

놀이의 요소들은 인간의 행동을 모든 차원에서 관통한다. 놀이의 요소들은 신체적 행동과 태도의 일부이며, 언어와 말하기를 형상화하고 새로운 세계를 생성하는 데 관여하고 있다. 놀이는 사회 행위의 미메시스이고 새로운 사회적 관계를 만들어낸다. 놀이는 놀이의 파트너로서 타인을 만들어낸다. 놀이의 세계를 만들어내는 일이 사회적 권력관계와 사회 구조에 미메시스적 관계를 맺는 경우는 드물지 않다. 놀이 감각의 생산성은 차이와 변형을 생성한다. 놀이 감각과 신체적·감각적·상상적 세계가 착종된 상태는 자발성과 다양한 형상을 가능케 한다.

놀이와 미메시스와 신체 사이에는 어떤 연관이 있을까? 우리는 스포츠 경기와 비트겐슈타인의 언어놀이 구상의 사례를 통해 이 물음에 천착하고자 한다. 스포츠에서 놀이는 한편으로 유럽사회에서 모범적으로 여겨지고 지속적으로 사회 구조를 결정하는 경쟁적·협동적 행동과 태도를 요구하는 사회적 실천을 나타낸다. 경기(시합)는 사람들 사이에 일어나는 신체적 사건을 낳는데, 이 사건은 여러 감각을 매개로 이루어지고, 상징적으로 코드화되어 있으며 또한 규범적으로 정해진 신체운동을 포괄한다. 다른 한편 언어놀이는 비트겐슈타인의 구상에 따르면 그것이 얼마나 신체적인 것과 언어적인 것이 미메시스적 행위 속에서 서로 긴밀히 엮여 있는 기초적인 생활 형식의 놀이적 부분을 이루는지를 보여준다.

스포츠에서의 놀이

스포츠 경기는 놀이의 한 형식이다. 그것은 어떤 배우의 행동도 아니고 의례적 행위도 아니지만 그 둘과 많은 점에서 공통된다. 의례와 마찬가지로 스포츠 경기도 이미 주어져 있고 특징을 갖추고 있으며 자주 수행되는 어떤 움직임의 전형, 어떤 원형을 실행하는 일이다. 그와 동시에 스포츠 경기는 개인들의 연극적 행위이기도 하다. 스포츠 경기는 일종의 무대에서 일어나며, 극적으로 연출된 공연으로서 그 공연이 이루어지는 극장은 경기장이나 체육관이다. 그러나 실제로 스포츠는 둘 모두가 아니다. 그것은 예술도 아니고 의례도 아니며, 이 둘에 대한 대안으로서, 원래의 공통된 길에서 갈라져 나온 제 3의 길과 같다. 연극, 의례, 스포츠 모두 공연에 속한다. 시간의 경과와 신체적 형상화가 여기서 중요한 역할을 한다. 제스처가 주도적인 요소를 이룬다. 제스처는 재현하면서 움직임의 전형을 해석한다. 연극, 의례, 스포츠는 공연의 세 가지 신체적 매체로서 우연히 유사한 성격을 띤다는 점을 넘어서 서로 친화성이 있다. 그것들은 재현의 세 가지 상이한 표현이고 양식이며, 각각 다른 세계 생성의 원리를 지닌 미메시스의 세 가지 방식이다.

다른 두 유형과 비교해볼 때 스포츠 놀이에서 개인은 다른 사람들을 행동하는 자아로서, 그리고 다른 행동들을 현재의 행동들로서 포괄하는 훨씬 더 큰 전체의 일부라는 점이 눈에 띈다. 사람들은 혼자서 놀이를 하지 않듯이 혼자서 스포츠를 하지 않는다. 개인은 놀이에서 어떤 포괄적인 관계망의 작은 일부일 뿐이다. 스포츠 행위에서는 개인을 넘어서는 많은 것이 존재한다. 동작, 함께 경기하는 사람들, 경쟁자들, 관중, 비교할 수 있는 예전의 상황과 결과들이 그것이다. 스포츠의 원리는 한 개인으로 환원하는 데 있지 않고 인간을 확장하는 데 있다. 스포츠를 개인으로부터 관찰하는 대신 우리는 시각을 뒤집어보기로 하자. 스포츠는 일종의 매체로서, 개인을 미메시스적으로 생성된 세계 속으로 받아들인다. 사람들은 놀이를 할 수 있으려면 이미 놀이 속에 있어야 하기 때문에 최초의 놀이를 고안해 낼 수는 없다. 놀이를 하는 사람은 놀이를 자신 속에 받아들이는 것이 아니라 놀이가 신체적 사건으로서 사람들 사이에 있다. 스포츠의 동작들은 놀이를 하는 사람들의 신체나 공연 상황에서 분리될 수 없다. 신체는 기껏해야 돌, 카드, 주사위와 같은 다른 물리적 대상들로 대체될 수 있을 뿐이다. 앎이 놀이 속에 있는 한, 그것은 실제적 앎이고 실제적 감각인 것이며 신체 감각과 직접 결부되어 있다. 놀이 속의 다른 사람들, 동료 선수와 경쟁자들도 신체적 현존을 보유한다. 놀이 속 다른 사람들은 물론 놀이의 위치, 전술과 전략, 규칙, 기대 등 추상적인 것을 대리하는 자로 여겨지기는 하지만, 그렇게 대리하는 가운데 그들은 결코 자신의 감각적 현존을 잃지 않는다. 즉 공연에서 그들은 위치, 전략, 규칙, 기대에 전형적인 어떤 태도를 보여준다. 그들은 개념이나 일반화된 것의 추상성을 획득하지 않는다. 놀이 속 타인들을 우리는 일반화할 수 없으며, 그들은 일반화된 타자가 되지 않는다.

우리는 놀이의 공연적 성격을 사상捨象할 수 없다. 타인이 개념으로 증발하지 않는 것처럼 행동의 전형과 원형들도 순수 형식이 아니다. 그것들은 이상적인 기호가 실현된 형태가 아니다. (그리하여 스포츠는 언어로 간주할 수 없다.) 스포츠 놀이의 전형적인 움직임은 경험으로 충일되어 있으며 미메시스적 성격을 띤다. 그 전형들은 사회적 실천으로 소급되며, 특히 주변 세계 및 타인과의 교류에서 연원한다. 그 전형들은 그러한 교류에 특정한 형식을 부여한다. 그 전형들에서는 실천의 상황에서 습득한 경험이 확고한 형태를 얻는다. 스포츠 놀이에서는 행동하는 사람이 자기 정신의 도움으로 실제 경험에서 더 상위 단계, 추상의 단계로 상승하는 것이 아니다. 오히려 그는 이미 존재하는 것을 수용하여 그것을 변형한다. 그는 사회적 실천에서 스포츠 또는 연극이나 의례로 옮겨간다. 세 가지 행동 분야 모두 사회적 실천을 각각 다른 매체에서 계속하는 것이다. 세 가지 행동 모두 기억의 매체들이다. 연극은 어떤 것(인물, 행동)이 어떻게 보이는지에 대한 기억이고, 의례는 사람들이 어떤 상황에서 어떻게 행동해야 하는지에 대한 기억이며, 스포츠는 사람이 주변 세계(물질세계든 사람들의 세계든)에 직면하여 어떻게 처신하는지에 대한 기억이다.

이 세 가지 미메시스적 매체가 관계를 맺는 사회적 실천은 한편으로는 주변 세계를 마주하여 신체를 규칙에 따라 사용하는 일이다. 그 사회적 실천은 이 주변 세계 자체를 규칙적이게끔 만든다. 다른 한편 그 사회적 실천은 나와 타인이 관계하는 어떤 사회 상황 내부에서 규칙에 따라 이루어지는 행동이다. 이에 관해서는 나중에 더 언급할 것이다. 우선 신체를 사용하는 일을 두고 보자면, 손은 만지고 붙잡고 움켜쥐고 가르고 신체에 동화시킨다. 손은 자신이 채우고 구조화하고 형상화하는 어떤 공간을 만들어낸다. 대상들이 시간과 함께, 그리고 시간 속에서, 특정한 리듬에 맞춰 고정된다. 대상들은 재인식될 수 있는 사물이 된다. 신체적 행동은 실제적 해석이다. 신체적 행동은 주변 세계가 그에 딸린 대상 및 사회적 관계들과 함께 존재한다는 확신을 만들어낸다. 신체적 행동은 자신의 고유하고 확실한 기반을 만들어낸다. 실천적 해석을 통해 세계가 최초로 탄생한다. 물론 세계는 생성된 그 상태로 머물러 있지 않는다. 나중에 새로운 해석이 덧붙여진다. 세계는 확대되고 변형되고 복잡해지고 추상적이

된다. 그러나 세계가 존재한다는 확신은 지속된다. 또한 그 세계가 처음에 어떻게 존재했는지, 신체가 주변 세계를 마주하면서 행동하는 가운데 그 세계가 어떻게 탄생했는지에 대한 기억은 남아 있다. 사물 자체 속으로 파고들고 싶어하는 현상학자들의 소망은 그들을 거듭 기억 속으로의 여행으로 이끈다. 그러나 그 소망은 무의미한 꿈으로 남을 수밖에 없다. 왜냐하면 그것은 순수한 인식의 장소가 아니라 신체의 기억, 철학의 개념으로 번역된 기억이기 때문이다. 기억의 매체, 신체적 보존의 매체로서 스포츠는 사람들이 세계를 어떻게 스스로 확인하는지를 보여준다. 스포츠의 움직임들은 확인의 동작이다.

스포츠 놀이가 기억에서 불러내어 떠오르게 하는 이 세계는 저항, 지원, 가속, 감속과 같은 움직임의 리듬으로 시작된다. 스포츠 놀이는 반복이다. 그 놀이는 이 경험들을 다시 한번 재현한다. 그 놀이는 기억에서 얻은 동작들에 어떤 새로운 차원도 덧붙이지 않는다. 그 놀이는 새로이 조합하는데, 그렇지만 예술이 하듯이 있음 직한 어떤 세계도 형성하지 않는다. 스포츠 놀이는 플라톤이 예술에서 비난하는 가상을 지니지 않는다. 그 놀이는 실제 세계의 자리를 대신하는 다른 어떤 세계를 만들어내는 것처럼 행하지 않는다. 그 놀이는 경험 세계를 다시 한번 만들고 실천의 세계가 지니는 전형적인 것 또는 원형적인 것을 재현하는 가운데 세계에 대한 실천적 해석을 가리킨다. 가리킨다는 것은 특별한 형식의 해석 작업이다. 그 점에서 스포츠 놀이는 해석의 해석이다. 다른 두 유형의 공연인 연극과 의례도 그러한 해석이다. 그것들도 해석하는 실천에 대한 이차적 해석이다. 이 연극이나 의례와 비교해볼 때 스포츠 놀이는 실제적 세계의 확실성을 가리키는 일에 국한된다. 스포츠 놀이에서 우리는 이 확실성이 어떻게 만들어지는지 엿볼 수 있다. 즉 우리는 사람들이 (스포츠의) 동작을 통해 어떻게 자신을 표현하고 주위를 탐색하고 포착하고 각색하는지, 그리고 사물과 타인과의 안정된 관계를 만들어내거나 이미 존재하는 관계를 공고하게 만들고 완성하는지를 볼 수 있다.

세계에 대한 실제적 해석을 새롭게 하는 일에는 대상에 대한 태도뿐만 아니라 타인들과의 관계도 매우 중요한 부분으로 속한다. 스포츠 공연에서 사람들이 맞서거나 함께하는 모습이 재현된다. 사람들은 경쟁하거나 협동한다. 이 점에서도 스포츠의 놀이는 원형을 나타내며, 최소한으로 축소된 순수한 관계를 나타낸다. 경쟁과 협동은 스포츠가 산출한, 사회 내에서의 사회적 조직의 중심 유형이다. 경쟁적인 것과 협동적인 것은 상호 침투한다. "경쟁Agon"은 그리스어로 원래 사람들이 모이는 광장, 공동의 장소를 지칭했다. 서로 싸운다는 것은 사람들이 무언가를 공유하고 공동으로 행한다는 것, 경기 조건과 틀을 만들어내고 그것을 지킨다는 것을 전제로 한다.

스포츠의 놀이가 중요한 위치를 차지하는 사회에서는 경쟁 원리가 사회적 관계의 토대에 속한다. 물론 사회 구성원들 사이의 관계가 전적으로 경쟁적 인간학으로 규정되는 것은 아니지만, 협동의 중요한 분야는 대항관계를 바탕으로 조직되어 있다. 공동체의 삶이 사람들을 떼어놓는 원리, 그들 사이에 경계를 짓는 원리 위에 세워진다. 경쟁적인 사회 분야들은 그 속에서 각자가 자신을 위해 있다는 점을 전제로 한다. 한 사람만이 경기에서 이길 수 있다. 승자만이 중요하며 다수의 패자는 중요하지 않다. 그러나 한 명의 개인과 한 명의 승자가 있다는 것은 오로지 그들이 모든 개인 사이에 규정된 관계를 내포하는 사회 구성원들이기 때문에 가능하다. 그와 같은 사회는 분할의 원칙에 따라 조직되어 있다. 그 사회의 이상은 경기에서 주어져 있는 것과 같은 일관성 있는 분류다. 승자 한 사람이 남을 때까지 지원자들이 차례로 퇴출되는 것이다. 스포츠에서 우리는 경기가 개인의 확신, 사회적 실천에서 형성된 그 확신을 어떻게 해석하는지를 알아차릴 수 있다. 여기서 선별 작업은 신체적 행동을 매개로 일어나는데, 즉 그 작업은 선별하는 신체적 행동, 손으로 하는 행동, 다시 말해 골라내고 붙잡고 살펴보고 치우는 행동, 오른손과 왼손, 좋은 손과 나쁜 손이라는 이원적 원칙에 따라 하는 행동을 현재화하는 일로 행해진다. 손으로 가려내는 일은 스포츠에서 경기 대회를 해석하는 형태를 띤다. 대회에서 벌어지는 대결에서 승자의 확신은 극화된다. 한 경기 대회의 승자는 마지막에 남는 사람이라는 뜻보다 더 많은 것을 내포한다. 그는 적법한 개인이고, 그의 정체성은 경기를 통해 승인되었다. 그래서 대결은 신명재판神明裁判의 형태로 인정받을 수 있었다. 그리하여 많은 위대한 육상선수가 하는 진술, 즉 승리의 순간에만 자신을 "실제로 느낀다"고 한 진술을 이해할 수 있다. 경기 대회에서 경기 순서는 치밀하게 조직되어 시간적 요소가 거의 논리적 요소로 변한다. 우리가 사는 사회의 중요한 기초적 신념들, 특히 개인의 지위, 사람들 사이의 관계, 사회의 구성, 주변 사물세계와의 교류에 대한 신념들이 스포츠, 연극, 의례를 공연하는 데서 극적으로 재현된다.

개인, 타인, 대상의 확실성과 함께, 그리고 선별의 원칙 및 준準논리적 순서로서의 시간의 조직과 함께 전체적으로 축이, 즉 그것을 중심으로 사회적 실천이 배치되고 또한 스포츠, 연극, 의례에서 이루어지는 그것의 미메시스가 배치되는 어떤 축이 주어져 있다. 그 축은 여러 세계를 가로질러 동일하게 남아 있는 요소이며, 그 세계를 관통하는 통通세계적 요소다. 확실성은 개인들에 의해 생성되는 것이 아니라 개인들의 세계, 그 세계의 (논리적 의미에서의) 시간적·사회적 조직에 선행한다. 그 확실성은 어떤 특수한 세계에 대한 모든 특수한 해석, 모든 구성의 바탕에 놓인 것으로서, 우리가 행동하기 시작할 때 이미 존재하는 확고한 토대다. 그것은 우리가 행동을 통해 어떠한 세계를 생성할지, 타인들이 우리에게 무엇인지, 우리가 대상을 마주하여 어떻게 처신할지를 정할 때 출발점이 되는 기반이다. 놀이에서 우리에게 맞서는 타인은 우리의 거울상, 즉 거기에서 우리가 그의 신체와 우리 자신의 신체 사이의 유사성을 근거로 우리를 재인식할 수 있게 되는 그런 거울상이 아니다. 그 타인과 우리를 연결해주는 다리를 놓는 것은 유사성이 아니다. 유사성은 사람들이 무엇인가 비교 가능한 것을 구성한 연후에 확인된다. 타인은 자아와 동일한 원칙에서 생성되었고, 자아와 동일한 해석 과정에서 생성되었다. 협동과 맞섬도 마찬가지이고, 자아와 타인이 위치한 놀이도 마찬가지다. 놀이는 이러한 모든 확실성을 생산하는 발전기다. 놀이는 우리 자신과 타인이 가능하기 위한 조건이다. 그렇기 때문에 우리는 놀이를 믿는다. 이 믿음은 추상적인 것이 아니며 초월적인 심급도 아니다. 오히려 그 믿음은 실천에서의 행동에 결부되어 있다. 그 믿음은 우리가 놀이하는 방식, 우리가 신체적 반응에 이르기까지 놀이에 포함되어 있는 방식에서 드러난다. 신체는 자신이 하는 놀이를 믿는다.

놀이에서 생성되는 확실성은 필연성을 지니지 않는다. 사회적 실천을 우리 (서양) 문화에서와 다르게 해석하는 것은 가능하다. 다른 신념이 있을 수 있으며, 이 신념을 중심으로 해석된 세계들이 배치될 수 있다. 경기도 없고 연극도 없는 문화는 많다. 이것은 그 문화에 다른 형태의 확실성이 존재한다는 징후, 예컨대 분할 과정이 이들 문화에서는 사회와 사회 구성원들 사이의 관계에 본질적이지 않다는 징후로 여겨질 수 있다. 이들 문화가 스포츠의 형식을 넘겨받으면 이것은 사회세계에 대한 확실성의 토대 위에서가 아니라 움직임의 전형들 Bewegungsmuster의 토대 위에서 일어난다. 이때 그 전형들은 다른 어떤 사회적 질서를 보존하는 기억과의 관계를 만들어낸다. 물론 이러한 스포츠도 주변 세계의 확실성을 보여주지만, 그 스포츠가 사회적인 것을 해석하고 공연하는 내용은 우리 문화와 다르다.

우리가 고찰한 것으로부터 우리 문화에서 스포츠 놀이에 대한 분화된 이미지가 생겨난다. 경쟁적인 것, 대항관계는 협동 없이는 성립할 수 없을 어떤 한 측면일 뿐이다. 경기에서는 개인이라든가 분리하는 것만이 중요한 게 아니며 타인과의 관계 맺기도 중요하다. 즉 자아와 타인의 결합 및 맞물림이 중요하고, 어떤 공통점을 바탕으로 그 결합이 드러나는 일이 중요하다. 스포츠의 놀이는 공동의 실천, 집단적인 실제적 해석에 대한 기억이다. 그렇기 때문에 스포츠의 놀이는 무엇보다 결속의 공연으로 간주될 수 있다. 언어가 물론 일인칭의 표현을 가능케 하지만 특수하고 탁월한 자아의 말하기로 수렴되지는 않는 것과 마찬가지로 스포츠 놀이는 그 속에서 자신을 표현하는 모든 사람을 통합하는 매체다. 각각의 자아는 타인을 함께 모사한다. 스포츠 놀이에서도 마찬가지다. 각각의 육상선수는 동시에 다른 육상선수들의 재현이다. 이런 식으로 스포츠 놀이는 사회가 어떻게 결속되는지를 보여준다. 뛰어난 육상선수 속에는 경기에 참여하는 모든 선수가 현전해 있다.

연극에 참여하는 사람도 이와 다르지 않다. 그는 위대하고 숭고할 수도 있으며 동정심을 유발하는 비천한 존재일 수도 있다. 그는 자신의 (신체적) 연희를 통해 연희에 참여하는 모든 사람도 재현한다. 이러한 관계 맺기의 사실이 비로소 그를 우리에게 위대하고 숭고하거나 동정심을 유발하는 비천한 존재로 만든다. 왜냐하면 그는 관중에게도 해당될 수 있는 인간의 자질들, 관중을 놀라게끔 하는 자질들을 재현하기 때문이다. 연극에서와 마찬가지로 스포츠에서도 우리는 손, 발, 얼굴, 표현과 태도의 가능성을 지닌 사람들과 관련된다. 나치시대의 조각상들이 역겨운 이유는 그것들이 이러한 관련을 거부하기 때문이다. 스포츠, 경기 또는 개인 일반의 역사를 기술하는 작업은 언제 어떤 상황에서 사람의 미메시스적 관계들이 포기되고 지워지거나 망각됐는지를 추적해야 할 것이다. 즉 언제 경쟁적인 것이 절대적인 것으로 설정되었고, 언제 개인이 독자적인 세계로 간주되었으며, 언제 그 개인에게 일회성이나 초인성이 부여되었는지를 탐구해야 할 것이다. 아무하고도 유사하지 않기―이것은 스포츠 놀이의 이상理想이 아니다. 이러한 이상이 선전되거나 장려된다면, 그것은 비인간적인 것에 이르는 길을 트게 된다. 일회적인 것이나 초인적인 것의 인간학이 들어서면 스포츠는 자신의 기억을 잃게 된다.

스포츠 놀이는 해석의 체현이다. 즉 우리가 확실하게 아는 것, 우리의 확실성의 체현이다. 그것이 스포츠 놀이를 단순하면서도 심오하게 만든다. 스포츠 놀이는 우리의 세계를 이루는 것을 규약화한 것으로서 (우리) 모두에게 속한다. 그것은 기억의 매체로서 보수적이며, 다른 무엇도 아닌 실천적 행동들을 다른 매체 속에서 계속하는 작업이다. 그러나 사람들이 다른 매체에서 다시 한번 똑같은 것을 한다고 해서 그것이 실제로 보수적일까? 실천을 모방하는 데에는 해방도 들어 있다.

언어놀이

언어놀이는 생활 형식의 일부다. 언어놀이에서는 어린아이의 놀이나 스포츠 연습에서와 마찬가지로 신체적 요소와 언어적 요소가 착종되어 있다. 우리는 모든 언어놀이가 그 자체로 이해 가능한 어떤 세계를 생성한다고 말할 수 있다. 그 세계는, 언어놀이가 재현적 성격을 지니는 한, 다른 어떤 세계와 관계를 맺는다. 어떤 고유한 세계를 생성하고 다른 세계나 타인의 세계와 관계를 맺는다는 특징은 언어놀이가 미메시스적 성격을 띤다는 점을 인식시켜준다. 언어놀이는 일종의 틀을 통해 다른 사건들과 변별된다. 언어놀이는 사람들이 여느 활동과 달리 "체스"나 "테니스"라는 놀이를 인식하듯이 특정한 놀이로 (재)인식된다. 모든 놀이는 사람들이 이미 어떤 놀이를 할 수 있다는 점을 전제로 한다. 사람들은 최초의 놀이를 배우는 것이 아니다. 오히려 사람들은 자신이 이미 알고 있는 놀이를 변형하거나 복잡하게 만든다.

비트겐슈타인은 놀이라는 개념으로 여러 측면을 강조한다. 규칙이 있는 사회적 행동이라든지, 놀이의 현상을 대부분의 인간 행동을 통해 확산하는 일, 놀이의 종류가 엄청나게 많은 점, 놀이가 원시적인 형태에서 시작되어 전제 조건이 많고 복합적인 기술적 행동에 이르기까지 다양하다는 점, 그리고 놀이는 그것이 제아무리 단순하거나 복잡하다고 해도 세계를 생성한다는 점 등이 그것이다. 놀이는 어떤 질서를 이중적 의미로 형상화한다. 즉 놀이는 우선 그 놀이 속에 존재하면서 그 놀이 자체를 규정하는 어떤 질서를 형성한다. 또한 놀이는 놀이가 관계를 맺는 일차적 세계의 질서를 보여준다. 놀이에서 하는 행동들에는 원초적이면서 거의 표현되지 않은 방식으로 해당 문화의 질서가 포함되어 있는 경우가 많다. 놀이에서는 한 문화가 조직되는 원칙들뿐 아니라, 그 문화의 위계질서가 어떻게 구성되고 결정이 내려지는지, 권력이 어떻게 분배되고 사유가 구조화되는지가 드러난다. 그와 같은 질서는 하위징아가 잘못 가정했듯이 놀이에서 생성되는 것이 아니다. 그러나 놀이가 질서를 재현하기 때문에, 즉 놀이가 질서를 원초적 방식으로 현상으로 드러나도록 하기 때문에 놀이는 그 질서를 표현하고 꾸미고 때로는 극단으로 몰고 가는 데 관여한다.

비트겐슈타인이 묘사하는 상황들은 구술문화에 속하는 것처럼 보인다. 즉 그가 묘사한 상황에서 서술된 언어는 문자언어적이 아니며, 눈에 띄게 신체적으로 현전하는 사람들이 지금 여기에서 하는 행동을 묘사한다. 의미라는 것을 맥락과 무관하고 정의 가능하며 체계적이고 문자화된 구성물로 전제하는 언어관과는 달리, 의미는 언어놀이의 세계에서 말하고 행동하는 과정에서, 그리고 타인과 관계를 맺는 가운데 생성된다. 언어는 흐름 속에 있고 생성 중에 있으며, 또한 그것을 사용하는 초인격적인 맥락에 엮어 들어간 것처럼 보인다. 언어적 행동은 공적인 사건이다. 내면은 외부의 기준들을 필요로 한다. 사적 언어라는 생각은 플라톤적인 실체라는 생각과 마찬가지로 거부된다. 행동은 신체적인 측면, 특히 감각적인 측면을 지닌다. 말하기는 놀이에서 행동하기이고, 규칙을 따라 움직이는 일인데, 이 움직임은 공적으로 규제되며, 그 움직임에는 이지적으로 파악된 규칙 준수와 같은 그 어떤 정신적인 움직임도 상응하지 않는다. 확실성은 우리 신체를 사용하는 일을 통해 설정되는 것이지 통찰을 근거로 생겨나지는 않는다. 철학은 가르침이 아니라 가르치는 행위다.

구술문화를 연구하는 맥락에서, 문자가 없는 사회는 어떻게 문화적 지식을 보존하고 전승할 수 있는지의 물음이 제기된다. 상황과 관습의 흐름 속에 뭔가 똑같은 모습으로 유지되는 게 있는 것일까? 관습의 동일함, 문화적 요소, 기술技術들을 보증하는 심급이나 행동 방식이 있는 것일까? "동일함"은 구술의 조건 아래서 정체성으로 이해될 수 없으며, 재인식을 가능케 하는 동질성이나 "가족유사성"으로 이해될 수 있다. 이 물음은 언어놀이와 (언어) 사용에 대한 비트겐슈타인의 구상에서—물론 전혀 다른 조건에서—제기되는 것과 유사한 문제로서 우리의 주의를 환기시킨다. 변천하고 변화하는 언어놀이들 사이에 어떻게 동일함이 만들어질 수 있을까라는 물음이 그것이다. 비트겐슈타인은 모든 놀이와 놀이에 참여하는 사람들의 태도를 규제할 심급, 규칙을 설정하는 그 어떤 심급도 가정하지 않고 그 어떤 주도적인 내부 원리도 가정하지 않는다. 우리가 찾는 동일함은 행동 자체에서만 만들어질 수 있다. 구술문화에 대한 연구에서 우리는 이것이 어떻게 가능할지에 대한 힌트를 얻는다. 즉 신체와 언어를 정형화된 형태로 사용함으로써, 그리고 반복과 연습이 두드러진 특징인 실천에서 표준화된 동작을 통해 동일함이 만들어진다. 비트겐슈타인의 숙고도 이 방향으로 진행된다. 그에게 신체적인 행동의 실천이 얼마나 중요한지는 가늠할 수 없을 정도다.

이 행동의 실천은 한편으로 주변 세계를 마주하여 신체를 규칙적으로 사용하는 일이다. 그 실천이, 마치 사람들이 손을 사용하면서 인지할 수 있는 것처럼, 이 주변 세계 자체를 규칙적인 것으로 만든다. 이러한 실천의 세계에 언어놀이가 관계한다. 언어놀이는 반복이고 공연이다. 언어놀이는 이러한 경험을 다시 한번 재현한다. 언어놀이는 이미 특징을 띤 주어진 움직임의 전형들, 자주 수행된 움직임의 전형들, "원형들"을 놀이의 틀 내에서 재현한다. 언어놀이는 경험세계를 다시 한번, 하지만 다르게 재현하고 실천의 세계에서 전형적인 것이나 원형적인 것을 언어라는 매체에서 생산해냄으로써 세계에 대한 실제적 해석을 가리킨다(지시한다). 가리키는 행위(지시 행위)는 언어를 빌려 해석하는 형식이고, 세계에 대한 실제적 해석의 새로운 판이다. 언어놀이의 동일함과 언어놀이를 통한 사용의 동일함은 동질적인 신체적 행위로 규칙적으로 실천하고 연습하며 반복하는 데 그 토대를 둔다.

언어놀이에서는 사회적 실천에서 형성된 원형들과 미메시스적 관계가 맺어진다. 그 원형들이 반복되고 다시 한번 행해지는 것이다. 하지만 사회적 실천 자체에서와는 다르게 행해진다. 즉 이상화되고 양식화되며 규약화되어 행해진다. 그리고 그 원형들은 언어놀이에서 타인들에게 제시되고 표현된다. 그 원형들은 이미 존재하는 무엇, 이미 형성되어 있는 무엇인가가 작동되게끔 한다. 즉 예컨대 따라 하는 과정에서 그 원형들은 이미 갖추어진 운동 도식들이 다시 펼쳐지게 한다. 상위의 상징적 차원에서도 붙잡는 기술과 같은 무엇인가가 있다. 미메시스적 관계는 더욱 복합적인 기술을 통해 계속 이어진다.

여기서 서술한 미메시스의 측면에서 볼 때 언어놀이의 실현과 공연은 "이중적" 사용으로 특징지어진다. 사회적 실천에서는, 그러니까 예컨대 손을 사용하면서 실제적 해석을 하는 상황처럼 주변 세계와 하는 신체적 교류에서는, 공연이나 놀이라는 것이 아직 없다. 놀이는 실천으로 가는 중간의 공간을 통해 만들어진다. 손이 붙잡고 보유하고 접촉하는 것은 직접적으로 확실하다. 미메시스 과정은 어떤 습관화된 행동 도식이 자유롭게 작동하도록 하는 일이다. 인간의 상징체계의 역사에서 최초의 이미지 형태들은 자유로운 공간에서 생겨났음이 분명하다. 그 공간은 스스로 진행되는 리듬을 통해 만들어졌고 여러 도구와 돌로 된 표면에 자국을 남긴 손동작을 통해 만들어졌다. 손의 리듬에서 탄생한 평면 위의 흔적들 위에서 우리가 윤곽선으로 볼 수 있는 상징적 구성물들이 고착되었다. 손을 움직이는 근육, 생겨나는 형식들을 통제하는 시선, 그리고 움직일 때 나는 소음을 듣는 청각이 서로를 조율했고 "사회화하는" 리듬으로 묶였음이 분명하다. 그 리듬은 노동하는 사람들의 집단을 통합한다. 이 시나리오에 따라 앙드레 르루아구랑[1]은 구석기시대(기원전 3만 년에서 기원전 8000년 사이) 형식언어의 탄생 과정을 소개한다. 여기서 우리에게 중요한 것은 자유로이 움직이는 손이 무엇인가를 형상화하는 행동은 보고 붙잡는 행동을 조율하는 데 언어적 차원—"이중적 사용"—을 더했다는 사실이다. 여기서 선사시대의 발전 경로를 고찰하지는 않을 것이다. 그러나 이 관찰에서 얻게 된 몇 가지 관점은 언어놀이, 제스처, 미메시스의 연관에 관한 우리의 토론을 진척시킬 수 있다.

이 "이중적 사용"을 통해 자유로이 진행하는 운동 도식으로부터 상징적 형식이 생성된다. 여기서 생겨나는 제스처적 언어는 자기 자

---

1 André Leroi-Gourhan, 1911~1988: 프랑스의 고고학자·고생물학자·고인류학자.—옮긴이

신으로부터 작동한다. 그 언어는 신체가 외면화한 형태로 간주될 수 있다. 말을 통한 언어는 그 제스처적 언어가 작동하는 데 아무런 기여도 하지 않는다. 말을 통한 언어는 주해Kommentar와 같은 어떤 것, 즉 추가적인 보충적 의미를 덧붙인다. 주해가 제스처를 변화시키지 못하기는 하지만, 추측하건대 그 제스처를 안정화하는 데는 기여한다. 제스처는 사회적 실천에서 끌어낸 것이라는 점에서 그 실천에 더 가까이 있다. 제스처는 해석하고 이상화하며 보존하는 상징적 형식들의 영역으로 신체를 확장한다. 제스처는 그것이 공연되고 보인다는 점에서 타인들과 관계를 맺는다. 제스처는 공동의 리듬을 통해 타인과 함께 집단적 시간에 접합된다. 제스처는 외면화된 형태로서 공연의 공간을 생성하는데, 이 공간은 신체의 현전으로 채워져 있고 참가자들을 포괄한다. 이 공간은 개인의 촉각적 공간이 사회적 공간으로 확장되는 곳이다.

제스처는 인간 외부에 있으며, 언어놀이에 참여한 사람들 사이에 객관화된 움직임의 매체를 형성한다. 제스처는 행동하는 사람의 신체를 통해 공연된다. 그 점에서 제스처는 특정한 인물에 결부되어 있다. 놀이는 공연과는 달리 초인격적이다. 놀이는 그 놀이를 지배하는 모든 사람에 의해 그때그때 고유한 공연에서 수행된다. 상징적 상호작용주의의 대표자들은 놀이가 역할들로 이루어져 있고, 행동하는 사람들이 따를 일종의 내부 각본이라고 생각한다. 비트겐슈타인의 견해를 따르면 사정은 이와는 정반대다. 언어놀이에 가담한 사람이 행하는 것은 내부의 어떤 시나리오도 따르지 않는다. 사람들은 놀이를 하는 사람이 하는 규칙적 행동의 근거를 밝히기 위해 어떤 정신적 추종자나 사용자를 가정할 필요가 없다. 누군가가 어떤 놀이를

잘한다면, 그는 거의 모든 상황에서 자신이 어떻게 처신해야 하는지를 안다. 놀이와 놀이를 할 줄 아는 능력은 행동에 모종의 규칙성을 부여한다. 그리하여 놀이를 하는 사람이 어떤 역할을 내면화했고 특정한 태도 규범을 따르며 정신적으로 주어진 선택지 사이에서 결정을 내린다는 인상이 생겨난다. 부르디외의 표현을 빌리자면 놀이를 하는 자는 놀이 감각sens du jeu을 발전시켜 그 놀이 감각이 그로 하여금 한 놀이의 여러 상황에서 "올바르게", 즉 놀이의 의미에서 대응하게끔 한다.

사람들이 놀이를 할 때, 마치 앞으로 나아가기 위해 난간을 붙잡듯이, 규칙에 따라 행동한다는 것은 통상적인 인지과학적 관념에 속한다. 놀이는 행동하는 사람의 머릿속에서 일어나는 규칙 적용의 영역으로 여겨진다. 그것은 사고, 규칙의 이해, 통찰, 파악, 선택, 적용의 형식으로 이루어진다. 실천의 질서는 이 표상에 따르면 사고의 질서다. 미메시스적 행동의 구상에 따르면 이와는 다른 관점을 발전시킬 수 있다. 여기서 우리는 신체적 행동 자체에서 이미 어떤 질서가 (머리를 통한 우회로를 거치지 않으면서) 만들어진다는 생각을 토대로 삼고자 한다. 우리가 예컨대 스포츠와 같은 복잡한 신체적 연습을 생각하면, 움직임들이 사고로부터 조종되지 않는다는 점, 그럼에도 행동들이 질서가 있고 규칙적이며 움직임의 전형의 의미에서 정확하다는 점은 명약관화하다. 신체를 통제하는 어떤 심급에서 생겨나지 않았으면서 신체를 완벽하게 통제하는 방식이라는 것이 있다. (신체적) 공연은 그것의 규칙을 대부분 스스로 만들어낸다. 그 공연은 어떤 특수한 연마 과정을 거치면서 형태를 부여받을 수는 있다. 그러나 말하기, 걷기, 제스처를 해 보이기, 몸의 자세 등과 같은 대부분의 행동 요소는 행동하는 과정 자체, 공연하는 과정에서 만들어지는 일련의 움직임, 그리고 오래전에 습득한 도식과 신체 기술을 이용하는 일련의 움직임이다.

규칙적인 행동은 정신적인 재현을 통해 작동하지 않는다. 규칙적인 행동은 실제 행동과 떼어놓은 채 독립된 것으로 고찰할 수 없다. 규칙이 행동과 어떤 사회적 실천을 규칙적인 것으로 만드는 것이 아니며 사정은 정반대다. 어떤 실천의 맥락에서 이루어진 규칙적 행동이 규칙들, 즉 관찰한 태도에서 학자가 재구성하는 그러한 규칙들을 만들어낸다. 따라서 우리는 놀이를 규칙에서 출발하여 고찰하는 것이 아니라 어떤 규칙적인 조직, 행동에서의 규칙성 자체를 산출하는 구조화된 실제 행동으로 간주할 것이다.

사람들은 말하기와 이해하기를 개별적 사례, 장면으로 파악할 수 있는 구체적인 경우, 특정한 상황에서 배운다. 이러한 과정에 대한 비트겐슈타인의 모델은 놀이적인 행동으로서, 그는 그 행동을 축구 경기와 같은 일종의 공적인 상연으로 표상한다. 놀이의 상황을 보면 놀이를 하는 사람은 사람들이 그에게 보여주는 어떤 특별한 행동을 특정한 계기에 수행하는 처지에 놓인다. 그 사람은 그 놀이가 어떻게 작동하는지, 그리고 그가 그 놀이를 위해 무엇을 해야 하는지를 일련의 전범적인 상황에서 이해한 것이다. 배울 때 그는 적절한 가능성 몇 가지를 골라내, 자신이 그 상황에 맞는 올바른 가능성을 발견할 때까지 시험해본다. 아이는 공놀이를 배운다. 그 아이는 어떤 선에 서 있는데, 사람들은 그에게 그것이 "기준선"이라고, 즉 아이가 넘어서는 안 되는 선이라고 말해준다. 이것을 아이는 다른 놀이에서 배워서 알았다. 아이는 자신에게 던져진 공을 받는다. 아이는 공을 잡는

법을 예전에 배웠다. 그 놀이를 관찰하면서 알게 되었듯이 아이에게는 그 공을 (발이 아니라) 손으로 계속 다루어야 한다는 점이 분명하다. 하지만 아이는 그 공을 어디로 보내야 할지 모른다. 아이는 자기처럼 기준선에 서 있는 동료 선수에게 던진다―하지만 잘못 던졌다. 다음번에 아이는 상대 팀 선수 팔에 던진다―다시 잘못 던졌다. 마지막에는 달아나는 상대 팀 선수의 등에 던진다―제대로 "맞혔다".

공놀이를 하는 이 아이처럼 놀이를 배우는 사람은 대부분의 진행 방식을 이미 알고 있다. 그는 많은 놀이를 알고 있으며 역시 많은 놀이 기술을 이전에 습득했다. 누군가가 각각의 놀이에 대한 경험, 지식 또는 그 밖의 전제 조건을 아직 충분히 갖추지 못했다면 인지와 성찰이 일정한 역할을 할 수 있다. 그런 뒤 그는 그가 본 것, 사람들이 그에게 해준 설명을 토대로 놀이라는 사건을 통찰할 줄 알며, 자신이 이행해야 할 과제를 이해할 줄 안다. 즉 특정한 경우에는 사고 과정이 경험을 대체하고 학습 과정을 단축할 수 있다. 그런 뒤 놀이에 대한 설명은 암시적으로 알았던 것을 명시적으로 만드는 데 기여한다. 그러나 이러한 지적인 방식들은 배우는 사람이 놀이에 대한 경험을 충분히 갖춘 다음에만 작동한다.

우리는 지금까지 숙고하면서 비트겐슈타인이 지적한 것을 수용하여 말하기와 언어적 행동을 이해하기를 놀이 인간학의 문제로 전개해보았다. 우리가 언어를 미메시스의 측면에서 특수한 종류의 놀이로 구상할 경우 규칙의 인지적 원칙 자리에 어떤 복합적인 원칙이 들어서게 된다. 즉 우리는 언어놀이를 하는 사람의 세계가 그 자신의 공연 과정에서 생성되는 모습, 행동하는 사람이 다른 사람들과 동일하게 되는 모습을 지켜보았다. 이러한 관계 맺기를 할 때 놀이를 하는 사람은 특히 다른 사람의 신체에 정향한다. 그는 자신의 신체에서 다른 신체의 움직임을 재생산한다. 다른 사람과 동일해지는 과정에서 그는 스스로 변형된다. 이를테면 수영을 배울 때 강사가 물속에서 학생 옆에 있는데, 그 강사는 학생의 손을 잡고 올바르게 움직이면서 물속을 헤쳐나가도록 인도한다. 학생은 강사가 이끄는 팔과 손의 자세를 느낀다. 이때 학생은 물의 저항과 부력을 경험하면서 자신이 어떻게 자신의 움직임에 의해 앞으로 나아가고 있는지를 알아챈다. 마침내 그는 물속에서 신체를 영리하게 사용하는 일로서 수영 동작을 파악하게 된다. 흉내 내기의 움직임도 이와 아주 유사한 구조를 보여주는데, 여기서 사람들은 몸놀림이나 얼굴 표정을 모방하면서 다른 사람을 더 잘 이해할 줄 알게 된다.

　여기서 논의한 예들은 타인과 관계를 맺는 일에는 시각과는 다른 감각들도 참여한다는 점을 보여준다. 그리하여 우리는 다른 사람의 표정을, 말하자면 더듬는다고 말할 수 있다. 우리는 우리 신체의 움직임의 효과를 자기수용적으로propriozeptiv 알아챈다. 사회적 실천의 움직임으로부터 어떤 전형이나 전범이 형성되고 그것이 어떤 사람에 의해 공연을 통해 제스처로 생산된다면, 여기서 촉각과 시각이 자기수용적 감각과 협동하는 가운데 복합적인 체화 과정이 일어나고 있다고 할 수 있다. 학생이 하는 공연의 동일함, 타인과 관계 맺기, 서로 똑같이 되는 그 학생의 태도만을 조절하고 정돈하며 해석하는 것이 아니라 동일한 종류의 시각과 촉각과 느낌을 생성한다. 타인과 외부에서 관계를 맺는 가운데 행동하는 사람은 자신의 지각, 촉각, 자기수용성, 그리고 그와 결부된 사고를 조절하게 된다.

　"나는 실제로 펜으로 생각하는데, 그도 그럴 것이 내 머리는 내 손이 무엇을 쓰는지 아무것도 모를 때가 종종 있기 때문이다."
(Wittgenstein, *Vermischte Bemerkungen*, 1931) 제스처를 사용하는
데 세계의 이해 가능성이 들어 있다. 신체를 사용할 때 신체에 딸린
감각들을 사용하지만, 또한 여기서 생겨나는 이중적 사용, 즉 이지적
이면서 해석하는 움직임을 통합으로써, 신체 사용은 공연의 내적 양
상을 생성하고 조율한다. 학생은 타인과 관계를 맺음으로써 스스로
자신을 만들어내고, 스스로 타인이 된다.

　미메시스 구상에 따르면 놀이의 동작과 언어의 동작을 훈련하는
일은 공연을 통한 세계 생성의 과정에서 동일함을 만들어내는 일에
서 시작하며, 행동의 외적 질서와 내적 질서를 만들어낸다. 학생이
자신의 제스처를 파악하기 시작하면, 그는 자기 자신도 이해하기 시
작하는데, 즉 다른 사람들과 똑같이 되는 누군가로 이해한다. 다른
사람들은 그의 자아와 마찬가지로 미리 주어진 것이 아니다. 그는 자
신의 공연을 통해 우선 자신을 생성해야 한다. 이러한 일은 다른 사
람들이 그들의 신체적 형상을 통해, 즉 그들의 다른 모습 그대로 만
들어지는 가운데 일어난다. 미메시스적으로 행동하는 사람은 동일
함과 변별성을 하나로 생성하며, 그 둘을 그가 다른 사람들과 공유
하는 규칙적인 질서와 하나로 통합하여 생성한다. 그가 자신을 타
인 안에서 재인식한다고 말한다면 그것은 지나치게 단순화한 것이다
(Plessner). 왜냐하면 그는 다른 사람들과 자기 자신에 대한 관념을
갖기 위해 우선 미메시스적으로 행동해야 하기 때문이다.

　언어놀이에서는 놀이를 하는 사람들 자신도 일종의 이중적 사용
을 통해 공연된다. 그들은 자기 자신이 되면서 동시에 타인이 된다.
일반화된 놀이 참가자가 된다는 사실을 통해 그들은 예컨대 발화자

의 인칭(인칭대명사), 발화 장소와 시간을 가리키는 지시어적 표현들을 이해할 능력을 갖게 된다. 그리하여 한 발화자는 다른 사람이 말한 일인칭 단수의 문장들을 자기 자신의 경우에 적용해 사용할 줄 안다. 이러한 발화자의 일반화는 제스처 언어를 통해 준비된다. 즉 언어놀이에 참여한 한 사람이 그가 다른 사람에게서 보았던 제스처를 스스로 공연한다면, 그는 자신의 신체 이미지를 다른 신체의 이미지로, 즉 다른 사람의 신체 이미지로 만들게 된다. 그는 신체 이미지를 일반화함으로써 그 이미지가 자신의 신체와 타인의 신체를 포괄하게끔 한다. 공동의 신체 이미지는 아마도 언어의 가장 중요한 최초의 대상이고, 일종의 기초적인 미메시스일 것이다. 석기시대의 그래픽에서 인간의 제스처에 대한 최초의 기록들이 나중에 인간이 자기 자신에 대해 지니는 이미지가 된 것은 분명히 우연이 아니다. 인간이 스스로에 관해 만든 이 표현은 동시에 인간을 표현하기 위한 조건이 된다.

참 고 문 헌

Adorno, Th. W., *Ästhetische Theorie*, Gesammelte Schriften Bd. 7, hg. v. R. Tiedemann, Frankfurt/M., 1970.

Alpers, S., *The Art of Describing: Dutch Art in the 17th Century*, Chicago 1984 (dt. Kunst als Beschreibung, Köln 1985).

Aristoteles, *The Poetics [gr. Text mit engl. Übers. v. W. Hamilton]*, London 1965 (dt. Poetik, hg. v. M. Fuhrmann, München 1976 u. Stuttgart 1984).

Aschoff, J./Wever, R., *Spontanperiodik des Menschen beim Ausschluß aller Zeitgeber*. Naturwissenschaft 49 (1962), pp. 323-337.

Auerbach, E., *Mimesis: Dargestellte Wirklichkeit in der abendländischen Literatur*, Bern, München, 7. Aufl., 1982.

Barrett, S. C. H., Mimikry bie Pflanzen, *Spektrum der Wissenschaft* 11 (1987), pp. 100-107.

Bell, C., *Ritual Theory, Ritual Practice*, New York, Oxford 1992.

Benjamin, W., *Lehre von Ähnlichen*, in: *Gesammelte Schriften*, hg. v. R. Tiedemann/W. Schweppenhäuser, Bd. 2,1, Frankfurt/M. 1977a, S.204-210.

Benjamin, W., *Über das mimetische Vermögen*, in: *Gesammelte Schriften*, hg. v. R. Tiedemann/ W. Schweppenhäuser, Bd. 2,1, Frankfurt/M. 1977b, pp. 210-213.

Benjamin, W., *Berliner Kindheit um Neunzehnhundert*, in: *Gesammelte Schriften*, hg. v. R. Tiedemann/ W. Schweppenhäuser, Bd. 4,1, pp. 235-304; Bd.7,1, p. 385ff.(Fassung letzter Hand), Frankfurt/M. 1989.

Berthoz, A., *La décision*, Odile Jacob, 2003.

Blumenberg, H., Nachahmung der Natur: Zur Vorgeschichte des Idee des schöpferischen Menschen, In: ders., *Wirklichkeiten, in denen wir leben*, Stuttgart 1981, pp. 55-103.

Borges, J. L., Pierre Menard, Autor des Quijote, In: ders., *Fiktionen: Erzählungen 1939-1944*, Frankfurt/M. 1992, pp. 35-45.

Böhme, G., Der offene Leib: Eine Interpretation der Mikrokosmos-Makrokosmos Beziehung bei Paracelsus, In Kamper, D./Wulf, Ch. (Hg.), *Transfigurationen des Körpers: Spuren der Gewalt in der Geschichte*, Berlin 1989, pp. 44-57.

Böhme, H., Der sprechende Leib: Die Semiotiken des Körpers am Ende des 18. Jahrhunderts und ihre hermetische Tradition, In: Kamper, D./Wulf, Ch. (Hg.), *Transfigurationen des Körpers: Spuren der Gewalt in der Geschichte*, Berlin 1989, pp. 144-181.

Bourdieu, P., *Entwurf einer Theorie der Praxis*, Frankfurt/M. 1976 (frz. 1972).

Bourdieu, P., *Le sens pratique*, Paris 1980 (dt. *Sozialer Sinn*, Frankfurt/M. 1987).

Boudieu, P. (in Zusammenarbeit mit L. Wacquant), *Réponses*, Paris 1992.

Buber, M., *Das dialogische Prinzip*, Heidelberg, 5 Aufl. 1984.

Canetti, E., *Masse und Macht*, München 1976.

Csikszentimihalyi, M., *Das Flow-Erlebnis*, Stuttgart 1985.

Damasio, A., *Self Comes to Mind: Constructing the Conscious Brain*, Vintage, 2010.

Derrida, J., *De la grammatologie*, Paris 1967 (dt. v. H. J. Rheinberger/H. Zischler, *Grammatologie*, Frankfurt/M. 1974).

Derrida, J., *La dissémination*, Paris 1972.

Derrida, J., *Economimésis*, In: Agacinski, S. u. a. (eds.), Mimésis des articulations, Paris 1975, pp. 55-93.

Elias, N., *Über die Zeit*, Frankfurt/M. 1984.

Else, G. F., *Aristotle's Poetics: The Argument*, Cambridge/Mass. 1957.

Else, G. F., "Imitation" in the 5thCentury. ClassicalPhilology53(1958)2, pp. 73-90.

Fachinelli, F., *Der stehende Pfeil: Drei Versuche, die Zeit aufzuheben*, Berlin 1981.

Feldmann, H., *Mimesis und Wirklichkeit*, München 1988.

Flasch, K., Ars imitatur naturam: Platonischer Naturbegriff und mittelalterliche Philosophie der Kunst, In: ders. (Hg.), *Parusia: Festgabe für J. Hirschberger*, Frankfurt/M. 1965, pp. 265–306.

Flügge, J., *Die Entfaltung der Anschauungskraft*, Heidelberg 1963.

Früchtl, G., *Mimesis: Konstellation eines Zentralbegriffs bei Adorno*, Würzburg 1986.

Fuhrmann, M., Nachwort zu Aristoteles, In: Aristoteles, *Poetik*, Stuttgart 1982.

Gebauer, G., *Der Einzelne und sein gesellschaftliches Wissen*, Berlin, New York 1981.

Gebauer, G./Grünwald, A./Ohme, R./Rentschler, L./Sperling, Th./Uhl, O., *Wien, Kundmanngasse 19: Philosophische und morphologische Aspekte des Wittgenstein-Hauses*, München 1982.

Gebauer, G./Wulf, Ch., *Mimesis: Kultur, Kunst, Gesellschaft, Reinbek 1992*, 2. Aufl. 1998 (engl. Übers. 1995; fraz. Übers. 2004).

Gebauer, G./Wulf, Ch. (Hg.), *Praxis und Ästhetik*, Frankfurt/M. 1993.

Gebauer, G./Wulf, Ch./Wulf, Ch., *Spiel, Ritual, Geste: Mimetische Grundlagen sozialen Handelns*, Reinbek 1998 (dän. Übers. 2001; franz. 2003, jap. in Vorbereitung).

Geertz, C., *Further Essays in Interpretative Anthropology*, New York 1983.

Geertz, C., *Dichte Beschreibung*, Frankfurt/M. 1987.

Genette, G., *Figures III*, Paris 1972.

Genette, G., *Nouveau discours du récit*, Paris 1982.

van Gennep, A., *Übergangsriten*, Frankfurt/M. 1986.

Girard, R., *La violence et le sacré*, Paris 1972 (dt. *Das Heilige und die Gewalt*, Zürich 1987).

Girard, R., *Le bouc émissaire*, Paris 1982 (dt. *Der Sündenbock*, Zürich 1988).

Goodman, N., *Languages of Art*, Indianapolis 1968.

Goodman, N., *Ways of Worldmaking, Hassocks*, Suss. 1978 (dt. v. M. Looser, *Weisen der Welterzeugung*, Frankfurt/M. 1984).

Goody, J./Watt, I, Konsequenzen der Literalität, In: Goody, J. (Hg.), *Literalität in traditionellen Gesellschaften*, Frankfurt/M. 1981, pp. 45–104.

Hall, E. T., *The Silent Language*, Garden City, New York 1973.

Hall, S./Jefferson, T., *Resistance through Ritual: Youth Subcultures in Post-War Britain*, London 1993.

Heinrich, D./Iser, W., *Theorien der Kunst*, Frankfurt/M. 1982.

Havelock, E., *Preface to Plato*, Cambridge/Mass. 1963.

Horkheimer, M./Adorno, Th. W., *Dialektik der Aufklärung*, In: Adorno, Th. W., *Gesammelte Werke*, Bd. 3, Frankfurt/M. 1981.

Huizinga, J., *Homo ludens: Vom Ursprung der Kultur im Spiel*, Hamburg 1956.

Janik, A./Toulmin, S. E., *Wittgenstein's Vienna*, London 1973.

Jauß, H. R. (Hg.), *Die nicht mehr schönen Künste*, München 1968.

Jauß, H. R. (Hg.), *Ästhetische Erfahrung und literarische Hermeneutik*, Frankfurt/M. 1982.

Jousse, M., *L'anthropologie du geste*, Paris 1974.

Kaempfer, W., *Die Zeit und die Uhren: Mit einem Beitrag von D. Kamper: Umgang mit der Zeit*, Frankfurt/M. 1991.

Kamper, D./Wulf, Ch. (Hg.), *Der Schein des Schönen*, Göttingen 1989.

Kant, I., *Kritik der Urteilskraft*, Berlin, Neuausgabe, hg. v. W. Weischedel, Werke, Bd. 8. Darmstadt 1983.

Kroß, M., *Klarheit als Selbstzweck*, Berlin 1993.

Koller, H., *Die Mimesis in der Antike: Nachahmung, Darstellung, Ausdruck,* Bern 1954.

Lacan, J., *Die Familie,* Schriften III, Olten 1980.

de Lafayette, Marie Madeleine (1678), *La Princesse de Clèves*, Paris, Neuausgabe, hg. v. J. Mesnard (dt. v. H. Broemser/G. von Uslar, *Die Prinzessin von Cleve*, Hamburg 1958).

Lacoboni, M., *Morroring People: The Science of Empathy and How We Connect with Others*, Farrar, Straus and Giroux, 2009.

Leroi-Gourhan, A., *Hand und Wort: Die Evolution von Technik*, Sprache und Kunst, Frankfurt/M. 1980.

Lessing, G. E., *Gesammelte Werke*, hg. von P. Rilla, Bd. 5: *Laokoon oder Über die Grenzen der Malerei und Poesie,* 2. Aufl., Berlin, Weimar 1968.

Liebau, E./Schumacher-Chilla, D./Wulf, Ch. (Hg.), *Anthropologie pädagogischer Institutionen*, Weinheim 2001.

Malinowski, B., *Magie, Wissenschaft und Religion*, Frankfurt/M. 1973.

Marin, L., *Le portrait du roi*, Paris 1981.

Mead, G. H., *Identität, Geist und Gesellschaft aus der Sicht des Sozialbehaviorismus*, Frankfurt/M. 1968.

Merleau-Ponty, M., *Le visible et l'invisible*, Paris 1964.

Merleau-Ponty, M., *Phänomenologie der Wahrnehmung*, Berlin 1966.

Mollenhauer, K./Wulf, Ch. (Hg.), *Aisthesis/Ästhetik: Zwischen Wahrnehmung und Bewußtsein*, Weinheim 1996.

Moritz, K. Ph., *Werke,* hg. v. J. Jahn. 2 Bde., Berlin, *Weimar,* 2. Aufl., 1976.

Oelmüller, W. (Hg.), *Kolloquium Kunst und Philosophie*, 3 Bde., Paderborn

1981-83.

Paragrana: Internationale Zeitschrift für Historische Anthropologie, 10 (2001) 1: *Theorien des Performativen,* hg. v. E. Fischer-Lichte/Ch. Wulf.

Platon, *Der Staat,* Bearb. v. D. Kurz; gr. Text v. E. Chambry; dt. v. F. Schleiermacher, In: *Werke,* hg. v. G. Eigler, Bd. 4., Darmstadt 1971.

Plessner, H., Zur Anthropologie der Nachahmung, In: *Gesammelte Schriften,* Bd. VII, *Ausdruck der menschlichen Natur,* Frankfurt/M. 1982, pp. 391-398.

Ricoeur, P., *Temps et Récit,* 3 Bde., Paris 1983, 1984, 1985 (dt. *Zeit und Erzählung,* Bd. II: *Zeit und literarische Erzählung,* München 1989).

Schneider, M., *Die erkaltete Herzensschrift: Der autobiographische Text im 20. Jahrhundert,* München 1986.

Silvan T., Wissenschaft, Mythos, Fiktion: Sie alle überschreiten die Grenzen des Wirklichen und manchmal gar die des Möglichen, *Zeitschrift für Semiotik 9* (1987), pp. 129-152.

Sørbom, G., *Mimesis and Art: Studies in the Origin and Early Development of an Aesthetic Vocabulary,* Uppsala 1966.

Spariosu, M., Literature, *Mimesis, and Play: Essays in Literary Theory,* Tübingen 1982.

Staiger, E., *Meisterwerke deutscher Sprache aus dem neunzehnten Jahrhundert,* Zürich, 3. Aufl. 1957; darin: Conrad Ferdinand Meyer, Die tote Liebe, pp. 202-222.

Svenbro, J., *Phrasikleia: Anthropologie de la lecture en Grèce ancienne,* Paris 1988.

Taussig, M., *Mimesis and Alterity: A Particular History of the Senses,* New York, London 1993.

Todorov, T., *Ästhetik und Semiotik im 18. Jahrhundert, G. E. Lessing: Laokoon,* In: Gebauer, G. (Hg.), *Das Laokoon-Projek: Pläne einer semiotischen Ästhetik,* Stuttgart 1984, pp. 9-22.

Tomasello, M., *Origins of Human Communication,* Cambridge(Mass.), 2008.

Tholen, G. Ch./ Scholl, M. O. (Hg.), *Zeit-Zeichen,* Weinheim 1990.

Turner, V., *The Ritual Process: Structure and Anti-Structure,* New York 1969 (dt. *Das Ritual: Struktur und Anti-Struktur,* Frankfurt/M., New York 1989).

Turner, V., *From Ritual to Theatre: The Human Seriousness of Play,* New York 1982 (dt. *Vom Ritual zum Theater: Der Ernst des menschlichen Spiels,* Frankfurt/M. 1995).

Vernant, J. P., *Mythe et Pensée chez les Grecs*, Paris, 2. Aufl. 1988.

Virilio, P., *La machine de vision*, Paris 1988 (dt. *Die Sehmaschine*, Berlin 1990).

Weimann, R., *Shakespeare und die Macht der Mimesis: Autorität und Repräsentation im Elisabethanischen Theater*, Berlin, Weimar 1988.

Wendorff, R., Zeitbewusstsein in Entwicklungsländern, *Universitas 43* (1988) 12, pp. 1264-1276.

Wimmer, M., *Der Andere und die Sprache: Vernunftkritik und Verantwortung*, Berlin 1988.

Wittgenstein, L., *Tractatus logico-philosophicus*, In: ders., *Schriften*, Fankfurt/M. 1960.

Wittgenstein, L., *Philosophische Untersuchungen*, Frankfurt/M. 1971.

Wulf, Ch., Mimesis und Ästhetik: Zur Entstehung der Ästhetik bei Platon und Aristoteles, In: Treusch-Dieter, G. u. a. (Hg.), *Denkzettel Antike*, Berlin 1989, pp. 192-200.

Wulf, Ch. (Hg.), *Vom Menschen: Handbuch Historische Anthropologie*, Weinheim, Basel 1997 (franz. und ital. Übers. 2002).

Wulf, Ch., *Anthropologie der Erziehung: Eine Einführung*, Weinheim, Basel 2001.

Wulf Ch., Althans, B., Audehm, K., Bausch, C., Göhlich, M., Sting, St., Tervooren, A., Wagner-Willi, M., Zirfas, J., *Das Soziale als Ritual: Zur performativen Bildung von Gemeinschaften*, Opladen 2001.

Wulf, Ch./Göhlich, M./Zirfas, J. (Hg.), *Grundlagen des Performativen: Eine Einführung in die Zusammenhänge von Sprache, Macht und Handeln*, Weinheim, München 2001.

Wulf, Ch./Kamper, D./Gumbrecht, H. U. (Hg.), *Ethik der Ästhetik*, Berlin 1994.

Ziegler, L., Von der Ahmung, In: ders., *Spätlese eigener Hand*, München 1953, pp. 93-106.

Zimbrich, U., *Mimesis bei Platon: Untersuchungen zu Wortgebrauch, Theorie der dichterischen Darstellung und zur dialogischen Gestaltung bis zur Politeia*, Frankfurt/M., Bern, New York, Nancy 1984.

Zuckerkandl, V., Mimesis, *Merkur 12* (1958), pp. 225-240.

옮 긴 이 의 말

이 책의 공동 저자인 군터 게바우어와 크리스토프 불프는 베를
린 자유대학 산하의 〈역사적 인간학 연구센터〉를 이끌어오면서 이
책에서 전개한 '미메시스' 구상을 1980년대 후반부터 발전시켜왔
다. 그들 공동 연구의 첫 결실은 1992년 다음의 책으로 나왔다. 1)
Gunter Gebauer/Christoph Wulf, *Mimesis: Kultur—Kunst—
Gesellschaft*, Reinbek bei Hamburg, 1992('미메시스: 문화—
예술—사회').[1] 1998년에는 두 번째 책이 출간되었다. 2) Gunter
Gebauer/Christoph Wulf, Spiel, *Ritual, Geste: Mimetisches
Handeln in der sozialen Welt*, Reinbek bei Hamburg, 1998('놀
이—제의—제스처: 사회에서의 미메시스적 행동'). 1)은 서양에서의 미메
시스 개념사 전체를 서술한 방대한 책이고, 2)는 사회생활과 인류학
의 맥락에서 미메시스 현상을 기술한 책이다.[2]

---

1 이 책의 영어판: *Mimesis: Culture—Art—Society*, Berkeley: University of California
Press, 1996.

여기서 번역한 책은 세 번째 책인 Gunter Gebauer/Christoph Wulf, *Mimetische Weltzugänge: Soziales Handeln—Rituale und Spiele—ästhetische Produktionen*, Stuttgart: W. Kohlhammer Verlag, 2003('세계와의 미메시스적 소통: 사회적 행동—의례와 놀이—미적 생산')으로서 어떻게 보면 위의 두 책을 다시 정리·종합·보완한 것이다. 저자들은 여기서 미학과 문화, 사회, 교육 등의 포괄적 맥락에서 미메시스 현상을 서술하고 있는데, 이 책의 표지 안쪽에 다음과 같은 설명이 들어 있다.

미메시스가 문화, 사회 및 예술에 대해 지니는 의미는 최근에 재발견되어왔다. 오늘날 미메시스는 인간학의 기본 구상으로 설계되고 있다. 세계는 인간에게 미메시스 과정을 통해 열린다. 우리는 세계 질서를 우리의 규칙적인 활동 속에 수용하고 그것을 우리의 방식으로 다시 한번 만듦으로써 의미 있게 행동하는 사회적 존재가 된다. 상징적으로 만들어진 세계인 이것은 독자적인 세계이며, 사회적 규칙, 미적 가상 및 허구로서 존재한다. 미메시스 과정들은 신체적 행동에서 미적 창조에 이르기까지, 구체적인 것에서 허구적인 것에 이르기까지 추적할 수 있다. 이 책은 미메시스가 작용하는 방식들을 우선 사회적 실천의 차원에서, 그다음에 의례와 놀이의 차원에서, 마지막으로 미적인 차원에서 기술하고 있다. 이 책은 문학·연극학·문화학·교육학·철학에 관심 있는 독자들을 위해 구상되었다.

군터 게바우어 교수는 베를린 자유대학에서 철학을, 크리스토퍼 불

---

2 이 책의 프랑스어판: *Jeux, rituels, gestes: Les Fondements mimétiques de l'action sociale*, Economica, 2004.

프 교수는 인간학과 교육학을 가르치고 있다. 두 교수는 '역사적 인간학을 위한 학제적 연구센터'의 회원들이다.

그 사이 두 교수는 은퇴했지만 연구활동은 활발하게 지속하고 있다. 나는 1990년대 초부터 두 사람이 이끈 '미메시스-프로젝트'(세미나)에 여섯 학기에 걸쳐 연속적으로 참여했는데, 여기서 박사학위 논문(「미메시스와 역사적 경험: 발터 벤야민의 미메시스론 연구」)을 위한 여러 힌트와 자극을 얻을 수 있었다. 어쩌면 이 책의 번역으로 두 분께 입은 은혜에 뒤늦게나마 보답하는 셈이다. 아래에서 나는 내가 이 프로젝트를 통해 배우고 발전시킨 미메시스 개념의 역사와 의미를 나름대로 짚어보고자 한다.[3]

미메시스 이야기를 시작하며

미메시스mimesis란 대체 무엇인가? 고대 그리스에서 유래하는 이 말을 정의하기란 쉽지 않다. 미메시스는 라틴어 'imitatio'로 번역되어 전래되었고, 독일어로 'Nachahmung', 한국어로는 '모방·모의模擬·모시模寫하다', '흉내 내다'라는 뜻으로 쓰인다. 우리는 그 개념이 역사적으로 쓰여온 자취를 살펴봄으로써 미메시스가 무엇인가라는 물음에 대한 답을 어느 정도 찾을 수 있다. 그렇지만 플라톤과 아리스토텔레스에 의해 마련된 개념사적 전통은 미메시스 개념의 의미를 밝히기에 충분하지 않다. 왜냐하면 이 철학자들 이전에 이미 미메시스

---

3 이하의 서술은 졸고 「미메시스」(실린 곳: 『현대 문화이해의 키워드』, 이학사, 2007, 9∼38쪽)의 앞부분을 수정·보완한 것이다.

라는 말이 쓰인 전사가 있을 뿐만 아니라, 더욱이 미메시스가 선사시대 태초의 인간들이나 오늘날에도 관찰할 수 있는 비문명화된 토착민들의 태도를 특징짓는 말로 사용되기 때문이다. 개체발생적으로 볼 때 어린아이의 발달 과정, 특히 놀이에서 모방적 요소가 두드러지게 나타난다면, 계통발생적으로도 태초의 인간들에게 미메시스적 태도가 중요했으리라는 것을 짐작할 수 있고, 이것은 실제로 여러 인류학적 연구를 통해서도 입증되고 있다. 동식물의 세계에서도 "의태擬態, mimicry"(보호색) 현상에서 미메시스적 태도를 엿볼 수 있다.[4] 이 밖에도 제스처(몸짓)나 얼굴 표정을 뜻하는 미믹Mimik, mimic art,[5] 즉 흥희극이나 무언극 또는 이런 연극에 등장하는 배우나 광대를 지칭하는 마임mime이라는 말도 그리스어 미모스mimos(모방하다, 흉내 내다)에서 유래하며, 미메시스와 어원적으로 근친관계에 있다.

문제는 인간에게서 특징적으로 나타나는 이 미메시스적 태도, 그리고 이 태도에서 발전해온 능력으로서 유사성을 지각하는 능력이 역사가 흐르면서 창조적 합리성, 언어 능력, 논리적 사고 등으로 대체됨으로써 무의미해졌느냐, 아니면 이러한 언어와 사고로 흘러 들어와 고도로 발달된 형태로 계속 작용하고 있느냐이다. 진정한 미메시스의 대상은 무엇인가 하는 문제도 제기된다. 문학이나 예술이 자연 또는 현실의 미메시스라는 공식은 18세기까지만 해도 시학과 예술론에서 통용되었던 공식인데, 이때의 자연이나 현실은 단지 그 표

---

4 의태의 뜻풀이는 다음과 같다. "1) 어떤 모양이나 동작을 본떠서 흉내 냄늑짓늑늉 2) 동물이 자신의 몸을 보호하거나 사냥하기 위해서 모양이나 색깔이 주위와 비슷하게 되는 현상. 말벌과 흡사한 나방, 나뭇가지와 비슷한 대벌레, 해조와 비슷한 해마가 그 예다."(표준국어대사전).
5 미믹mimic은 '대사 없이 표정과 몸짓 따위의 신체적 동작으로 인물의 심리와 감정을 표현하는 연기'로 설명되어 있다(표준국어대사전).

면을 자연주의적으로 모사할 대상 이상의 무엇일 것이다. 그러나 더 중요한 물음은 만약 이러한 미메시스적 태도나 경험이 역사가 진행하면서 사라지거나 무의미해지지 않았다면 그것이 인간 삶에 도대체 어떤 이득을 가져다주느냐이다. 왜 인간은 역사와 문화의 차이를 떠나 사물이나 다른 사람을 흉내 내고 또 그것을 연기하는 모습을 보는 데서 쾌감을 느낄까라는 물음도 제기된다.

이 물음들에 답하기에 앞서 미메시스 개념의 역사와 미메시스가 20세기 들어 인류학, 사회학, 철학 등 여러 담론에서 다시 부상하게 된 배경을 살펴보고자 한다.

서양에서 미메시스 개념의 역사

플라톤과 아리스토텔레스 이후 서양 철학에서 전승된 미메시스 개념은 1950년대 이래 고전 문헌학적 연구를 통해, 주어진 어떤 대상을 단순히 비생산적으로 모방한다는 뜻을 넘어 "표현Ausdruck/Expression" 또는 "재현Darstellung/Repräsentation"의 의미를 띠었음이 밝혀지기도 했다. 헤르만 콜러는 미메시스라는 용어가 플라톤과 아리스토텔레스 이전에 사용된 흔적을 문헌학적으로 추적하여 그러한 명제에 도달했다.[6] 콜러에 따르면 서양 철학사에서 미메시스 개념이 좁은 의미로 쓰이게 된 것은 플라톤과 아리스토텔레스의 영향 때문이다. 그는 플라톤 이전에 미메시스라는 말은 모방, 모사라는 좁은 의미가 아니라 오히려 "춤으로 표현하다"라는 뜻을 지녔다고 주장한

---

6 Hermann Koller, *Die Mimesis in der Antike. Nachahmung, Darstellung, Ausdruck*, Franche, 1954.

다. 이러한 의미의 흔적은 플라톤에게서도 발견되는데, 콜러에 따르면 『국가』 제3권에서 플라톤이 미메시스의 중요성을 강조하는 부분은 피타고라스 학파에 속하는 다몬Damon의 음악과 춤에 관한 이론에서 영향을 받아 쓰였다. 여기서 플라톤은 미메시스의 긍정적 측면, 특히 교육적 효과를 강조한다. 따라서 우리는 그가 미메시스를 근본적으로 부정하고 있지는 않다는 점을 분명히 알 수 있다. 오히려 이처럼 좋은 행위의 미메시스는 허용하고 권장하는 반면 좋지 않은 행위의 미메시스는 금지하고 폄하하는 것이 그가 미메시스에 내재된 힘을 인식하고 있음을 반증한다. 그는 무엇보다 미메시스의 강력한 전염성 때문에 좋지 않은 행위의 미메시스를 무제한 허용한다면 그 결과는 통제하기 어렵게 된다고 믿었던 것이다.

한편 플라톤은 『국가』 제10권에서는 미메시스 개념을 예술과 시문학 분야에 국한하려 하면서 특히 호메로스를 공격한다. 여기서 그는 미메시스를 주로 모사하기abbilden의 뜻으로 사용하면서 부정적으로 평가하며, 무엇보다 자신의 이데아론을 배경에 깔고서 미메시스를 '허상'의 생산이라며 존재론적 관점에서 신랄하게 비판한다. 그의 이데아론에 따르면 진리의 영역은 모사 대상이 될 수 없고 단지 철학적 관조의 대상일 뿐이다. 현상세계는 그 이념의 그림자에 불과하며, 더욱이 그 현상세계를 모사하는 문학이나 예술은 이념의 영역에서 한 단계 더 멀어지기 때문에 모사된 현상을 보여주는 데 그치는 예술은 허위에 지나지 않는다는 것이다. 그리하여 그는 시인과 예술가를 자신이 구상한 이상국가에서 배제하기에 이른다. 그것은 바로 이데아의 세계를 흐리게 하는 미메시스의 해악 때문이다. 그럼에도 플라톤은 시문학 장르들을 세분화하여 서사시나 비극과 같은 장르는 폄하하는 반면 모사적 성격이 덜한 찬가Hymne와 같은 장르는 유용한 미메시스로서 허용하는 이중적 태도를 보인다.

이에 반해 아리스토텔레스는 플라톤에 의해 평가절하된 미메시스를 『시학』에서 다시 구제한다. 여기서 그는 비극Tragödie을 행동하는 인간의 미메시스 혹은 신화의 미메시스라고 정의한다. 그는 비극과 같은 문학과 예술이 실제로 일어난 사건을 기록하는 역사와 달리 있음 직한 세계(개연성), 허구와 신화의 세계를 묘사하고, 그것이 카타르시스 작용을 일으킨다는 점에서 미메시스를 높이 평가하기도 한다. 그렇지만 아리스토텔레스는 미메시스를 시문학과 예술 영역에만 한정시킴으로써 철학의 대상인 진리 영역에서 완전히 분리시키는 전통의 발판을 마련하는 이중적 역할을 하게 된다.

스콜라 철학이 주류를 이룬 중세에는 정신화된 자연 개념이 지배하면서 인간 이성이 신적인 데 바탕을 두는 한에서 자연의 미메시스는 긍정적인 의미를 띠었다. 신적인 예술은 무한한 것이며 모든 예술의 척도가 된다. 인간이 신에 의해 창조된 피조물이듯이 자연 역시 정신적인 것으로 여겨졌다. 자연의 사물들은 정신적 원리에 의해 조직되었기 때문에 모방 가능한 것으로 여겨졌다. 또 인간은 감성 면에서 자연과 유사하므로 자연은 근본적으로 인간에 의해 모방될 수 있다고 여겨졌다.

중세의 미메시스 개념사에서 특기할 만한 점은 미메시스라는 단어가 기독교 신학에서 "그리스도(예수)를 본받기Imitatio Christi"라는 의미에서 쓰였다는 점이다. 예수의 삶은 모든 기독교인에게 신앙생활에서 스스로 본받고 계승해야 할 모범으로 여겨진 것이다. 이때 미메시스적 태도와 행동은 자아Ego를 철회하고 대상(모범)에 순종하는 것, 이

웃 사랑 등 미메시스의 원래 의미와 결부됨이 분명하다. 그러나 그리스도를 본받는다는 의미에서의 모방은 하나의 특정한—그리스도의—삶의 역정을 모범으로 따른다는 의미, 특정한 윤리적-종교적 의무를 지운다는 점, 인식비판적 차원을 결여한다는 점에서 앞으로 살펴보게 될 미메시스의 다양한 차원에 부합하지 않는 한계를 지닌다.

근세 이후 인간의 창조력을 입증하는 과학과 기술의 폭발적 발달은 인간을 자연에 종속시키는 미메시스 개념에도 영향을 미쳤다. 그 결과 인간에게서 대우주와 소우주 사이의 상응관계에 대한 믿음이 사라지지 않았음에도 불구하고 미메시스는 서서히 예술의 영역으로 다시 후퇴하며 의미가 축소되기 시작한다. 근세의 예술과 문학에 대한 이론들은 무엇보다 아리스토텔레스의 시학을 수용하고 변형하는 데서 생겨났으며, 미메시스 개념의 이해에 관한 한 고대와 비교해볼 때 근본적인 변화는 일어나지 않았다. 르네상스 시대에 예술적 미메시스는 자연의 뛰어난 모방자였던 고대 또는 고대인들을 모방해야 한다는 생각이 지배했고, 시문학과 예술이 (아름다운) 자연의 모방이라는 공식은 여러 변형을 거치면서 18세기까지 주류 담론을 형성한다. 예술사가 타타르키비츠에 따르면, "바토는 『단일한 원리로 환원되는 미적 예술』(1747)에서 자신이 모든 예술의 근거에 놓이는 원리—즉 모방의 원리—를 발견했다고 선언했다. 이전의 무수한 논문은 모방의 원리를 특정한 예술군에—일부는 시에, 일부는 회화와 조각에—적용했을 뿐이다. 바토는 그 원리를 모든 예술에 대해—건축과 음악 같은 비非모방적 예술까지 포함하여—일반화시켰다."[7]

---

7 타타르키비츠, 『여섯 가지 개념의 역사』, 이론과실천, 1990, p. 342f.

17, 18세기 유럽의 시학과 미학의 영역에서 논란이 된, '예술은 자연의 모방'이라는 정의에서의 자연은 현상으로서의 자연이 아니라 이 현상을 생성하는 원리로서 자연 속에 내재한 힘(아리스토텔레스적 엔텔레키Entelechie)으로 이해되어온 전통이 지켜졌다. 여기에는 신의 창조를 모방하는 예술가의 창조활동이라는 중세 기독교 신학의 전통도 함께 어우러져 있다. 그러나 예술은 자연의 모방이 아니라 예술적 천재에 의한 창조라는 소위 천재 미학적 시각, 미 또는 예술은 오로지 그 자체와 연관을 맺고 스스로를 모방할 뿐이라는 이른바 자율성 미학이 18세기 말부터 점차 부상하면서 모방론은 약화되고 희석되기 시작한다.[8]

20세기에 들어 미메시스가 새삼스레 거론되고 주목을 받게 된 배경에는 자연과학과 기술의 발달을 주도해온 이론적 이성의 일면적 발전에 대한 자기비판의 의미가 깔려 있다. 미메시스론은 그에 따라 근대에 형성되어온 학문 체계를 지배하는 인식론적 모델과 방법들에 대한 비판적 성찰과 연관된다. 이 경우 사람들은 모방이라는 단순한 의미를 지닌 라틴어나 독일어 대신 원래의 미메시스라는 말을 번역 없이 그대로 쓰기를 선호한다. 주지하다시피 "비판이론"의 대표자로 알려진 막스 호르크하이머와 테오도어 아도르노는 『계몽의 변

---

8 그럼에도 타타르키비츠는 19세기에 통용되기 시작한 '리얼리즘'(사실주의) 역시 모방 개념의 폐기라기보다 그것의 확장으로 해석한다. "그 말[사실주의]은 이전의 '미메시스'나 모방을 대신하여 예술의 현실 의존성을 나타내는 일반 명칭으로 통용되었다. 그 명칭은 범위가 넓은 데다 100년간에 걸쳐 사용되면서 족히 '모방'에 못지않은 애매성을 띠게 되었다. (…) 마르크스주의는 사실주의를 현실의 반영으로 이해하는데, 이때 그러한 반영은 진실하고 전형적일 뿐 아니라 대중에게 이해 가능하고 사회적으로 유용하며 진보에 이바지한다는 것이다. (…) 또 어떤 예술가들은 추상예술을 사실주의적이라고 주장한다. 그것은 현실의 닮은꼴은 아니더라도 그 '구조'를 드러내준다는 것이다. (…) 칸딘스키 같은 사람들은 또 추상적 형식을 그것으로써 표현되는 '정신적' 현실과 결부시켰다."(앞의 책, p. 326f.)

증법』(1944)에서 인간의 로고스가 신화적 자연에서 해방되고 자연을 지배해온 과정에서 일면적으로 발전해온 계몽의 역사에 대한 비판적 성찰을 전개한다. 여기서 그들은 목적합리성 또는 '도구적 이성'에 대비하여 예술에서 여전히 유효하게 작용하는 것으로 파악한 미메시스에 바탕을 둔 '심미적 합리성'을 부각시킨다. 특히 아도르노는 『미학이론』(1970)에서 예술에 내재한 두 원리로서 합리성과 미메시스를 거론하면서 헤겔적 전통에서 유래하는, 자연미에 대한 예술미의 우위를 다시 뒤집어 칸트적 의미에서 예술미는 자연미의 모방이어야 한다는 명제를 내세운다. 아도르노의 철학에서 미메시스는 "미메시스적 충동" 개념으로 자주 등장하는데, 미메시스는 예술이나 미학의 영역에서만 언급되는 것이 아니라 인식론의 중심 개념으로 사용된다. 즉 아도르노는 대상의 인식과 그 인식에 바탕을 둔 자연 및 인간의 지배를 목표로 하는 동일성 사고에 맞서, 대상에 가까이 다가가고 대상에 밀착하려는 미메시스적 태도를 강조한다. 전자가 대상을 인식의 주체가 만들어놓은 개념의 망에 일치시키는 행위로서 대상에 주체의 자의와 폭력을 가한다는 의미를 함축한다면, 후자는 주체가 바로 이 동일성 사고가 왜곡하고 빠뜨릴지도 모르는 대상의 요소, 이른바 "비동일적인 것das Nichtidentische", "비개념적인 것"에 합당하고자 하는 노력을 가리킨다. 그가 강조하는 주체에 대한 "객체의 우위"도 바로 동일성 사고의 주관주의적 이성을 비판하는 맥락에서 이해할 수 있다.

그러나 아도르노에게 부정변증법의 철학은 미메시스를 이성과 이원론적으로 대결시키는 데 목적을 두고 있지 않다. 그는 스스로 계몽된 시대라고 여기는 20세기에 펼쳐진 문명의 야만화 현상들—예컨대 파시즘―이 보여주듯이 "신화로의 퇴행"으로 귀결될지도 모를 이성의 일면적 발전을 끊임없이 교정하는 철학의 비판적 역할을 바로 합리성과 미메시스가 긴장관계에 있는 예술이라는 매체를 통해 기술하고 있을 뿐이다. 즉 그는 미메시스를 이성에 맞서는 반대 심급으로 낭만화·이상화·실체화하는 태도를 경계한다.

이성의 이러한 자기비판에 비춰볼 때, 이제껏 계몽의 역사에서 등한시되어온 현상들, 이를테면 죽음, 기다림, 오해, 멜랑콜리 등, 요컨대 비합리적인 것으로 폄하되어온 현상들이 인간학적으로 재평가되고 주목받게 된 것은 우연이 아니다. 어쨌든 미메시스는 20세기에 들어 미학이나 문학 및 예술 이론에서뿐만 아니라 사회심리학, 인류학, 민족지 등에서도 일종의 "인간 조건"으로 재발견되어 연구가 활발히 이뤄졌으며, 과거에 수행된 개별 과학적 연구 성과들도 새롭게 조명되고 재해석되고 있다. 이때 미메시스는 대상의 수동적이고 비생산적인 모방이 아니라 대상을 전유하고 극복하는 능동적이며 창조적인 활동과 경험이라는 의미를 띤다.

미메시스론의 새로운 정립을 위해

미메시스는 서양 철학사에서 많은 부분 재현의 논리로 편향되어 이해, 논의되어왔으며 여기서 다소 혼란이 야기되었다. 그러나 미메시스는 재현되는 것(재현 대상)과 재현하는 것 사이의 정태적 관계를 지칭하기보다, 오히려 미메시스적 활동의 주체와 대상 사이의 역동적 관계를 일컫는 개념으로 이해할 필요가 있다. 리얼리즘 개념이 그렇듯이 미메시스는 서양 철학사에서 주로 재현의 논리로 논의되어왔기 때문에 그것이 갖는 '표현'적 요소나 여타 생산적 측면들이 간과되었다. 그리고 포스트구조주의 철학 진영에서도 미메시스는 여전히 '로고스 중심주의'에 봉사하며 그에 종속된 개념으로 폄하되고 있다. 다른 한편 적어도 독일어권에서는 서두에 밝혔듯이 1980년대 후반 이래 군터 게바우어와 크리스토프 불프가 미메시스를 "역사적 인간학"의 중요한 주제로 다루기 시작하여 일련의 연구서를 출판하면서 미메시스에 대한 새로운 관심이 촉발되었다. 이들이 연구서에서 밝히고 있듯이 미메시스는 전통적으로 그 개념이 논의되었던 시학이나 미학 또는 예술학의 분야를 넘어서 인류학·심리학·사회학·교육학 등의 분야에서도 인간사회의 제반 현상을 설명하고 이해하는 데 유용한 모델로 재발견되면서 그것이 지니는 의미와 기능의 광범위한 스펙트럼을 드러내게 된다.[9] 게바우어/불프는 특히 '사회적 미메시스'라는 표어 아래 인간의 사회세계가 형성되고 변화하는 과정에서 개인과 집단의 미메시스적 태도와 행동이 어떻게 작동하는지를 총체적으로 조명한다. 여기서 인류의 문명화 과정에서 소외되어온 인간의 '신체성'이 부각된다. 미메시스의 신체성은 춤과 놀이에서뿐만 아니라

---

9 미메시스는 상태가 아니라 과정과 행위를, 주체가 객체에 대해 취하는 태도를 나타내기 때문에 명사보다는 동사로 표현하는 것이 더 타당해 보인다. 미메시스의 의미 영역에 속하는 개념들로서 독일어에는 ausdrücken이나 darstellen과 같은 동사가 있다. 그리고 parodieren(패러디하다), ironisieren(아이러니로 표현하다), interpretieren(해석하다), zitieren(인용하다)처럼 미메시스와 연관되는 특정한 기능을 표현하는 동사들을 제외하더라도 비교적 순수하게 미메시스적 태도와 행위를 표현하는 동사로 다음과 같은 것들이 있다. abbilden, (sich) adaptieren, (sich) anähneln, (sich) anbilden, (sich) angleichen, (sich) annähren, (sich) anpassen, (sich) anschmiegen, (sich) anverwandeln, imitieren, kopieren, mimen, mimetisieren, nachahmen, nachäffen, nachbilden, nacheifern, nachmachen, simulieren, reproduzieren, übersetzen, wiedergeben, wiederholen, widerspiegeln. 이 가운데 an- 계열의 동사들은 대상과의 신체적 접촉을 표현한 단어들로서 눈에 띄는데, 특히 아도르노가 자주 사용한다. 그 밖에 유사성을 지칭하는 명사로는 Abbild, Ähnlichkeit, Affinität, Analogie, Similarität, Verwandtschaft 등이 있다. 벤야민은 「유비와 근친성Analogie und Verwandtschaft」(『벤야민 선집』, 6권, 도서출판 길, 2008, 291~97쪽)에서 이 개념들 사이의 미세한 차이를 다루기도 한다.

인간의 행동 일반에서 발견되는 중요한 특질로 발견된다.

원초적인 율동적 행동, 신체를 강조하는 퍼포먼스에는 시간이 흐르면서 여러 상이한 강세점이 주어졌다. 그 행동은 그림을 그리거나 글을 쓰는 행위로서, 혹은 자신의 손을 가지고 만들어내는 행위, 말을 하거나 악기를 연주하면서 소리를 만들어내는 행위로 표현되었다. 하지만 미메시스적 행위들 속에는 언제나 신체적인 잔재가 있다. 여기 미메시스에 신체가 참여하는 데서, 그리고 행동하는 인물이 다른 사람들에 대해 갖는 관계에서, 우리는 미메시스와 순전히 인식적인 지식 사이에 본질적 차이가 있음을 보게 된다. 미메시스는 영향, 전유, 변화, 반복 또는 존재하는 세계들에 대한 새로운 해석을 지향한다.[10]

한편 이렇게 확장된 미메시스 개념은 지나치게 부풀려진 감이 있다. 그렇기 때문에 미메시스의 구조를 개념적 엄밀성을 가지고 천착하는 작업이 병행되어야 할 것이다. '미메시스 능력'을 인간의 원초적 능력으로 파악하고 그것을 인간의 언어 능력과 결부시켜 성찰한 발터 벤야민의 독특한 구상은 이 점에서 흥미로운 시사점을 던져준다. 벤야민에게서 미메시스는 호르크하이머/아도르노에게서와 마찬가지로 근본적으로 인간학적 범주로 파악된다.[11] 또한 벤야민 자신이 미메시스 현상을 비록 체계적으로 기술하지는 않았지만 그의 여러 이

---

10 Gunter Gebauer/Christoph Wulf, Mimesis, in: *Encyclopedia of Aesthetics*, ed. by Michael Kelly, New York: Oxford Univ. Press 1998, Vol. 3, pp. 232~38, 여기서는 p. 237.

11 아도르노의 미메시스론에 관해서는 졸고 「미메시스와 미메톨로지: 아도르노의 미메시스 구상과 오늘날의 미메시스론 연구」, 『뷔히너와 현대문학』(한국뷔히너학회 편), 18호, 2002, 231~263쪽 참조.

론적 성찰에서 엿보이는 것으로서 미메시스의 신체성, 실천적 성격, 변증법적 성격도 주목할 만하다.[12] 게바우어/불프도 이 책에서 벤야민의 미메시스 구상을 짧막하게 소개하고 있으며, 특히 그의 유년기에 대한 기억 작업에서 미메시스가 작동하는 방식을 추적한다.

두 저자의 연구에 놓인 방점은 물론 미메시스를 개념적 엄밀성을 갖고서 철학적으로 논구하는 데 있지 않다. 그렇지만 문학과 예술 및 미학 분야만이 아니라 사회 생활세계의 제 분야—폭력과 희생제의의 구조(르네 지라르), 궁중과 시민사회에서 권력의 과시, 아동의 발달심리학, 언어놀이(루트비히 비트겐슈타인), 그 밖에 의례, 제스처, 연극적 공연, 교육의 현실, 스포츠 놀이, '실제적 감각'(피에르 부르디외) 등—에서 미메시스가 작동하는 방식을 면밀하게 추적하면서 기존의 인식론적 틀을 포괄적·비판적으로 바라볼 계기를 준다는 점에서 이들의 연구는 학계와 일반 독자에게 인식비판적 사유를 촉발하며, 많은 성찰할 거리를 던져주고 있음이 분명하다.

게바우어 교수에게 미메시스 책 한국어판 서문을 써주실 수 있는지 문의하면서 국내에 알려진 에리히 아우어바흐의 『미메시스』 책에 대한 평가, 『미러링 피플』과 같은 책에서 말하는 '거울뉴런' 등과의 연관성도 언급해주실 것을 부탁했는데, 놀랍게도 오늘날 뇌신경과학 연구에서 밝혀진 사실들이 미메시스 현상과 갖는 맥락을 풍부하게 첨부해주셨다. 어쨌든 이 책의 출판을 계기로 앞으로 국내에도 미메시스의 실천적 의미에 대한 관심이 촉발되면서 많은 흥미로운 연구

---

12 벤야민의 미메시스론에 관한 상세한 연구로는 『벤야민 선집』, 6권의 옮긴이의 해제 「발터 벤야민 사상의 토대: 언어—번역—미메시스」와 앞서 각주 3)에서 언급한 논문 「미메시스」의 중·후반부를 참조할 것.

와 성찰이 이어지기를 기대해본다. 이 책의 편집을 도와준 이은혜 씨와 글항아리 강성민 대표에게 심심한 감사의 마음을 전한다.

2015년 8월 31일 옮긴이

찾 아 보 기

미메시스

미메시스

: 사회적 행동—의례와 놀이—미적 생산

1판 1쇄 2015년 9월 28일
1판 2쇄 2020년 11월 18일

지은이 군터 게바우어·크리스토프 불프
옮긴이 최성만
펴낸이 강성민
편집장 이은혜
마케팅 정민호 김도윤
홍보 김희숙 김상만 지문희 김현지

펴낸곳 (주)글항아리 | 출판등록 2009년 1월 19일 제406-2009-000002호
주소 10881 경기도 파주시 회동길 210
전자우편 bookpot@hanmail.net
전화번호 031-955-2696(마케팅) 031-955-8897(편집부)
팩스 031-955-2557

ISBN 978-89-6735-248-6 93100

글항아리는 (주)문학동네의 계열사입니다.

이 도서의 국립중앙도서관 출판예정도서목록(CIP)은 서지정보유통지원시스템 홈페이지(http://
seoji.nl.go.kr)와 국가자료종합목록 구축시스템(http://kolis-net.nl.go.kr)에서 이용하실 수
있습니다. (CIP제어번호: CIP2015024327)

geulhangari.com